FIRE FORCE

26

Atsushi Ohkubo

TOKYOPOP®

rad.«

to
to you.

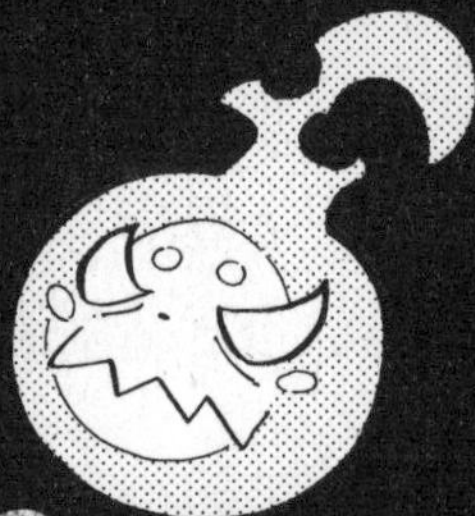

Band 26

Atsushi Ohkubo

»Sonner

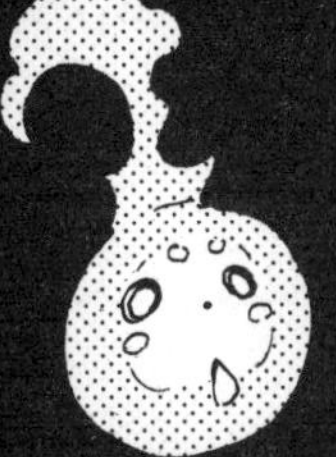

I want

give back

FIRE FORCE

Die 8. Sondereinheit der Feuerwehr

Kommandeur (ohne Fähigkeit)
Akitaru Obi

Der freundliche Chef der achten Einheit, deren Ziel die Überwachung der anderen Sondereinheiten und die Enthüllung der Wahrheit über das Selbstentzündungsphänomen ist. Auch ohne Pyrokinese hat er mit seinem gestählten Körper die Kraft und Persönlichkeit, die einem Kommandeur gebührt. Gibt Shinra auch dann nicht auf, als der wie ausgewechselt ist.

Feuerwehrsoldat zweiten Ranges (Fähigkeit der dritten Generation)
Arthur Boyle

Ein Mitschüler von Shinra aus der Ausbildungsschule. Nennt sich selbst »Ritterkönig« und praktiziert auf seine Art das Rittertum. Ein Vollidiot, dem zu viel Kopfarbeit nicht liegt. Komischer Kerl, der durch Wahnvorstellungen stärker wird. Bemerkte Shinras Veränderung und erklärt ihm, dass er genau der Teufel gewesen ist, als der er zu Schulzeiten verschrien war.

Mechaniker
Vulcan Joseph

Der beste Ingenieur seiner Zeit, wird als »Gott des Feuers und der Schmiedekunst« bezeichnet. Tätowiert Shinra während dessen Veränderung die Beine.

(Fähigkeit der dritten Generation)
Lisa Isaribe

Ehemals eine von Dr. Giovanni eingeschleuste Spionin, gehört jetzt zur achten Einheit. Kontrolliert Flammententakel.

Yu

Bezeichnet sich selbst als Vulcans Lehrling. Erholt sich nach Dr. Giovannis Angriff von seinen Verletzungen.

Wissenschaftlicher Analytiker
Victor Licht

Ein Genie, das der achten Einheit von Haijima als Chemiker zugewiesen wurde. Hat gestanden, ein Spion zu sein.

Feuerwehrsoldat zweiten Ranges (Fähigkeit der dritten Generation)
Shinra Kusakabe

Will ein Held werden, der die Menschheit vor dem Selbstentzündungsphänomen rettet! Seine Waffe sind Flammenkicks. Trägt die besondere Flamme »Adora Burst« in sich. Während der drei Monate, an die er keine Erinnerung hat, wurde er von seinem Doppelgänger beherrscht.

Schwester (ohne Fähigkeit)
Iris

Schwester des heiligen Sol-Tempels, deren Gebete bei den Seelenmessen für die Flammenwesen unentbehrlich sind. Bei ihr zeigen sich pyrokinetische Fähigkeiten.

Feuerwehrsoldatin ersten Ranges (Fähigkeit der zweiten Generation)
Maki Oze

Ehemalige Soldatin mit Talent für die Manipulation von Flammen und für die Kampfkunst. Wirkt cool, ist aber eigentlich hoffnungslos romantisch mit einer Schwäche für Liebesgeschichten.

Hauptmann (Fähigkeit der zweiten Generation)
Takehisa Hinawa

Ein kühler und nüchterner ehemaliger Soldat, der von den Neulingen wegen seiner Strenge gefürchtet wird. Seine Lieblingspistole ist ein Andenken an einen guten Freund, der sich in ein Flammenwesen verwandelte.

Feuerwehrsoldatin zweiten Ranges (Fähigkeit der dritten Generation)
Tamaki Kotatsu

War Mitglied der ersten Sondereinheit, dient nun bei der achten. Ihre Flamme hat die Form einer Nekomata.

Beziehungen:
- Akitaru Obi → Arthur Boyle: beaufsichtigt; Arthur Boyle → Akitaru Obi: vertraut
- Arthur Boyle ↔ Shinra Kusakabe: »Idiot!!«
- Akitaru Obi → Shinra Kusakabe: beaufsichtigt; Shinra Kusakabe → Akitaru Obi: vertraut
- Akitaru Obi ↔ Takehisa Hinawa: starke Verbindung
- Shinra Kusakabe → Iris: liebes Mädchen; Iris → Shinra Kusakabe: findet ihn bei Einsätzen cool
- Shinra Kusakabe → Maki Oze: findet sie stark, aber komisch; Maki Oze → Shinra Kusakabe: »Streng dich an, Neuer!«
- Shinra Kusakabe → Takehisa Hinawa: fürchtet; Takehisa Hinawa → Shinra Kusakabe: strenge Führung
- Shinra Kusakabe → Tamaki Kotatsu: macht sich Gedanken über
- Iris ↔ Maki Oze: Mädchenklub
- Maki Oze ↔ Takehisa Hinawa: respektiert

Früherer Vorsteher der Brandwächter von Asakusa
Hibachi Shinmon

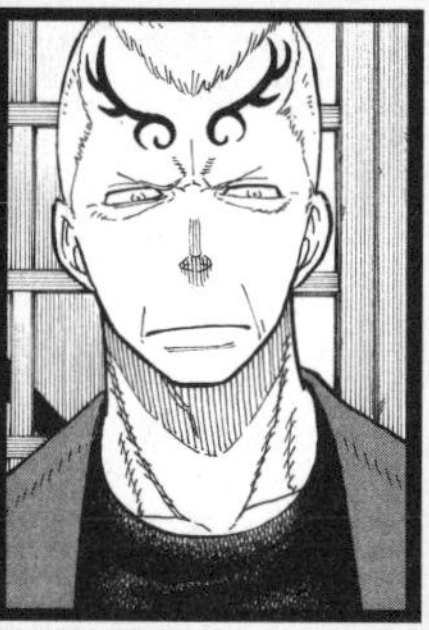

Benimarus verstorbener Lehrmeister. Vor der Zeit der Sondereinheiten führte er Asakusa und zog Benimaru als seinen Nachfolger auf. Sein Doppelgänger taucht auf und greift Asakusa an.

● Die 7. Sondereinheit der Feuerwehr

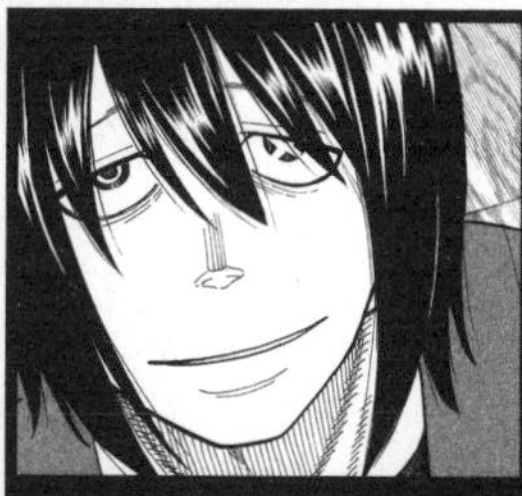

Kommandeur
Benimaru Shinmon

Ein Hybrid-Feuerwehrsoldat, der Fähigkeiten der zweiten sowie dritten Generation einsetzt. Dass er bis zu Hibachis Ableben nie dessen Anerkennung erlangt hat, macht ihm zu schaffen.

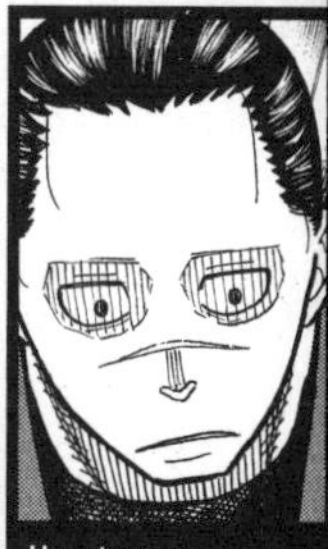

Hauptmann
Konro Sagamiya

Trägt ein »Stigma« nach der Erfahrung eines Adora Link. Spricht Benimaru mit »junger Herr« an.

● Der heilige Sol-Tempel & der Prediger

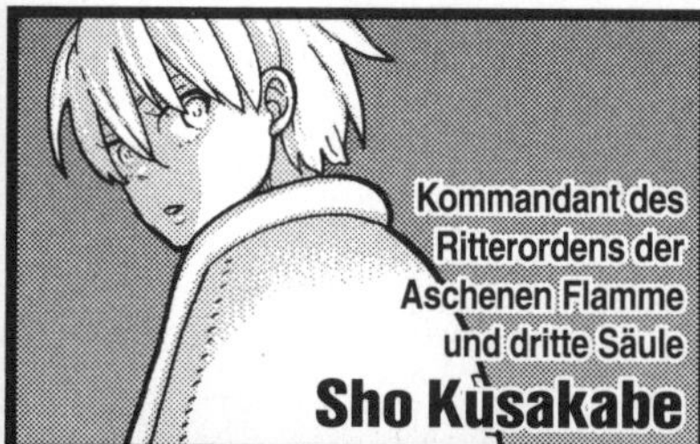

Kommandant des Ritterordens der Aschenen Flamme und dritte Säule
Sho Kusakabe

Shinras kleiner Bruder, der getrennt von diesem aufwuchs und einen Ritterorden des Predigers leitet. Mit seiner Fähigkeit kann er die Zeit für andere anhalten. War quasi Haumeas Puppe. Als er jedoch die Wärme seines Bruders spürt, verlässt er die Kirche.

Wächterin
Arrow

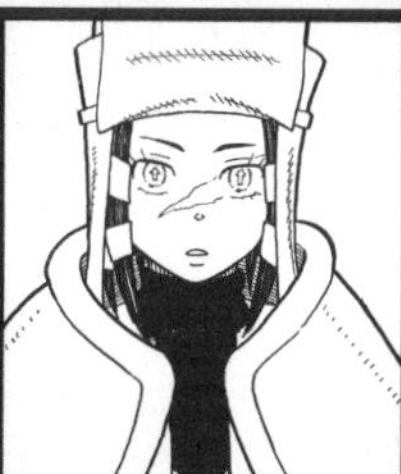

Eine der Weißen Kapuzen und Shos Wächterin. Greift mit Pfeil und Bogen aus Flammen an. Begleitet Sho bei seiner Flucht.

● Haijima Heavy Industries

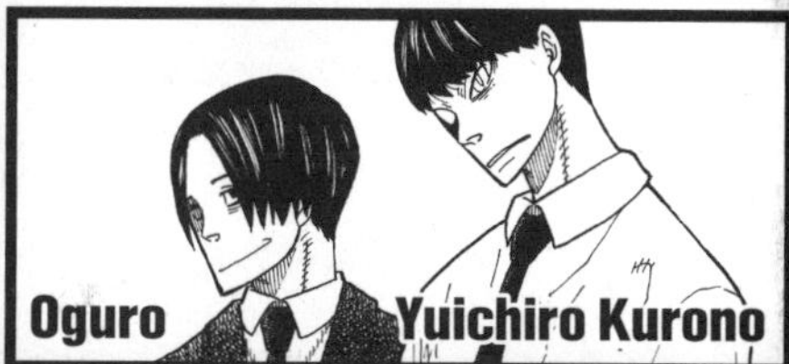

Oguro

Hat die schnellste Karriere in der Geschichte von Haijima hingelegt. Es fehlt ihm an Menschlichkeit, aber mit seinen stets perfekten Ergebnissen bringt er alle Kritiker zum Schweigen. Keine Feuerfähigkeit.

Yuichiro Kurono

Hat den Spitznamen »Todesgott« und ein Faible für Schwächere. Da er nur auf Befehle von oben hört, war Oguro gezwungen, am Einsatzort zu erscheinen. Fähigkeiten der dritten Generation.

● Die 2. Sondereinheit der Feuerwehr

Kommandeur
Gustav Honda

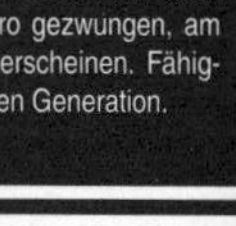

Was bisher geschah ...

Im Kampf gegen das gigantische Flammenwesen im Pazifik erhascht Shinra durch einen Adora Link einen Blick auf die Welt vor der großen Katastrophe. Als er wieder zu sich kommt, sind drei Monate vergangen, an die er keine Erinnerung hat. Seine Kameraden erzählen ihm, dass er während dieser Zeit ein anderer Mensch war. Arthur vermutet, dass Shinras Doppelgänger Besitz von ihm ergriffen hatte. Durch den Effekt der nahenden Katastrophe treten vermehrt Flammenwesen auf und die Kräfte der Pyrokinetiker wachsen. Als die erste Einheit die Seelenmesse für ein paar Flammenwesen abhalten will, taucht unvermittelt ein mächtiger Dämon auf. In Asakusa zeigt Benimaru eine Reaktion auf dessen Erscheinen ...

FIRE FORCE 26
INHALT

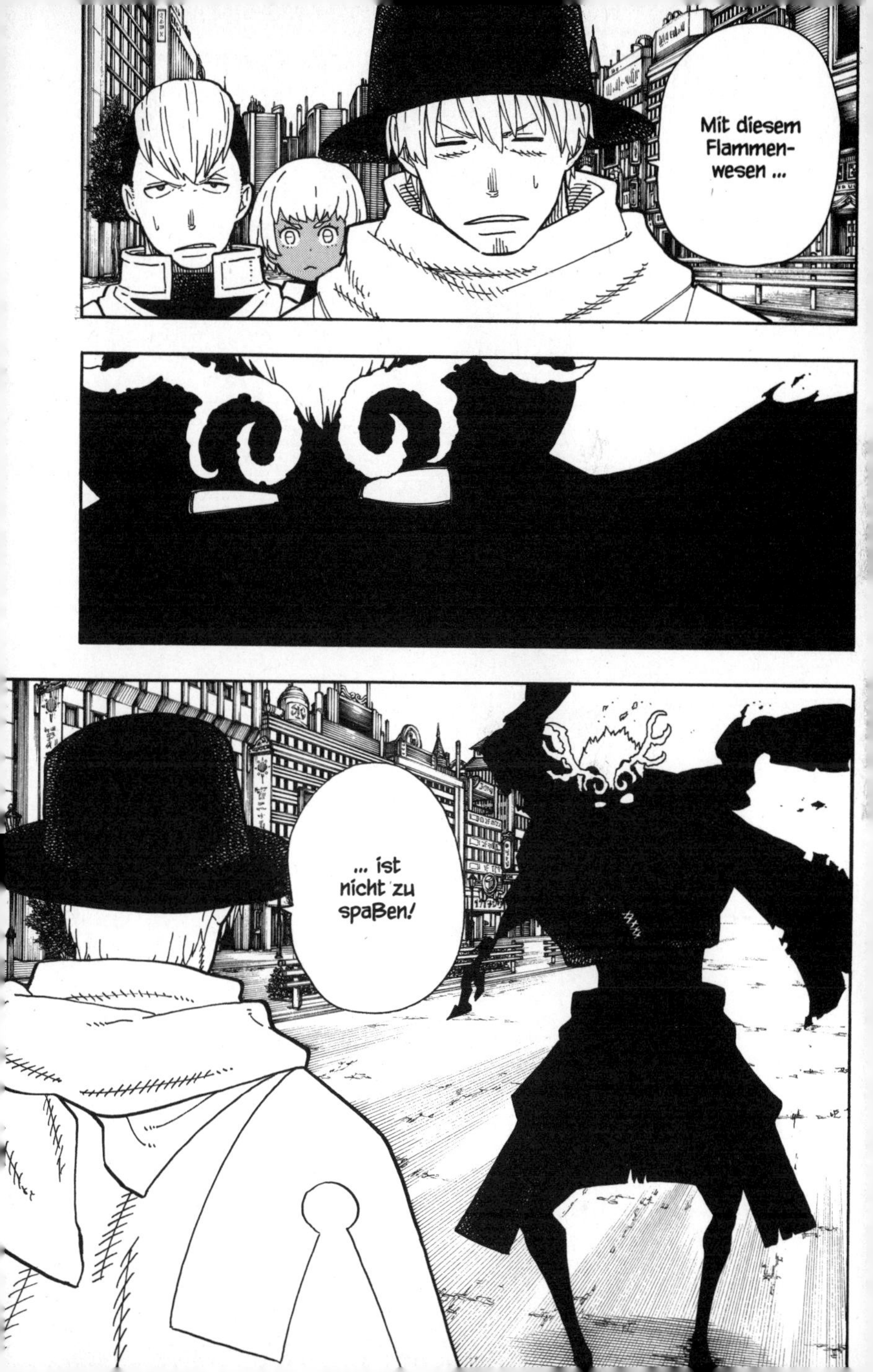
Mit diesem Flammen-wesen ...
... ist nicht zu spaßen!

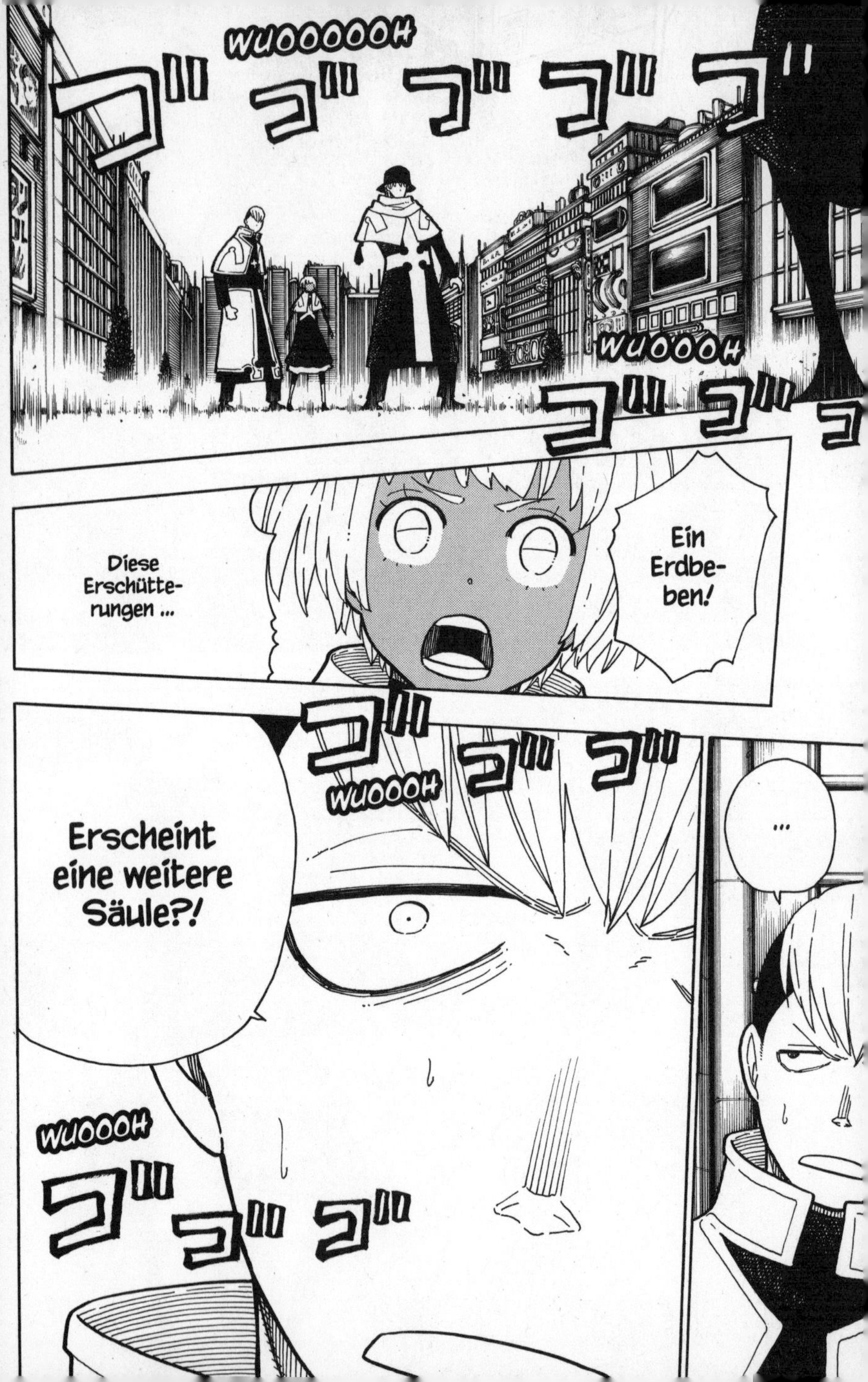
WUOOOOOH
ゴゴゴゴゴ
WUOOOH
ゴゴゴ
Ein Erdbeben!
Diese Erschütterungen ...
...
WUOOOH
ゴゴゴ
Erscheint eine weitere Säule?!
WUOOOH
ゴゴゴ

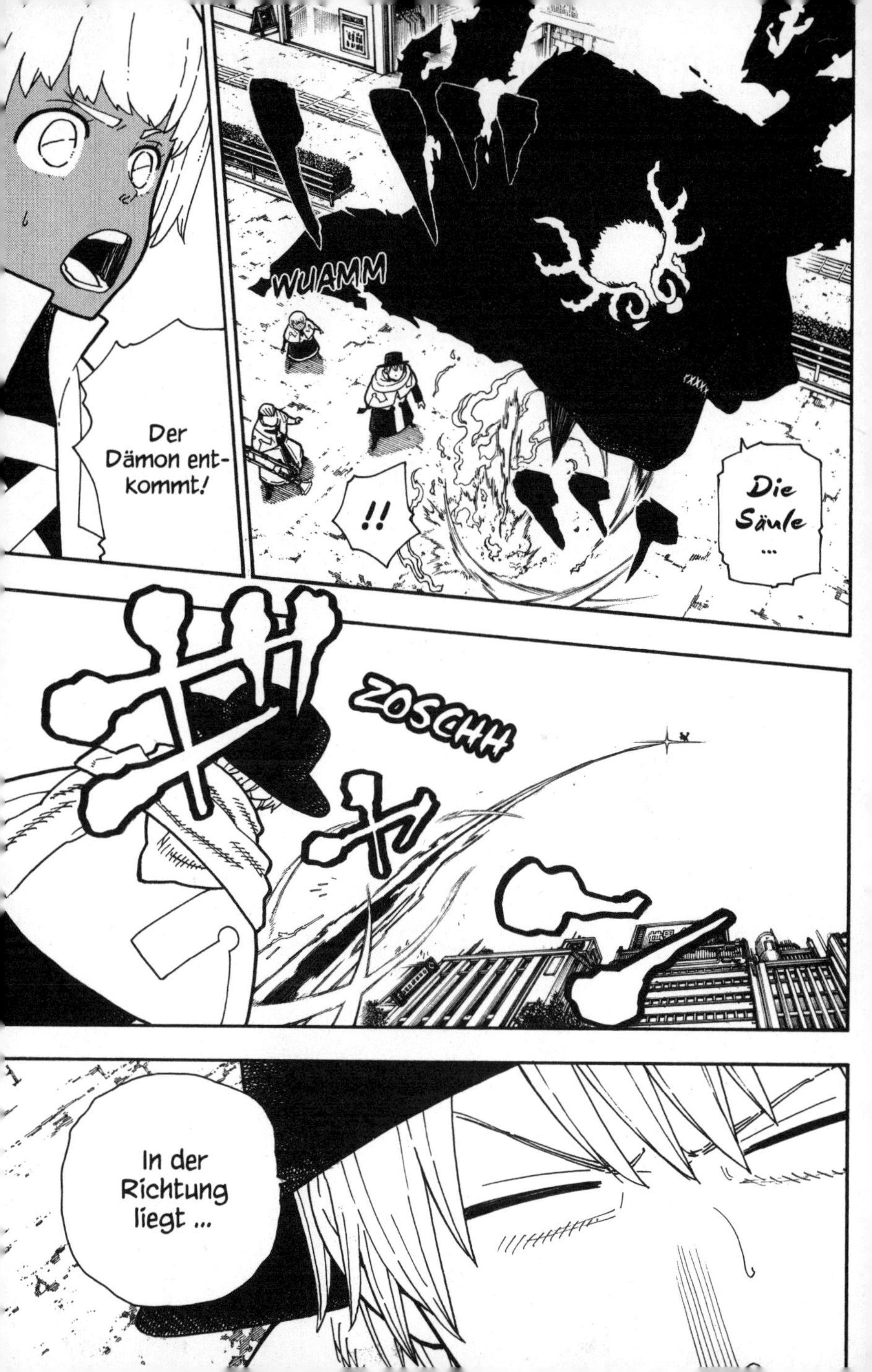
Die Säule ...
!!
WUAMM
Der Dämon entkommt!
ZOSCHH
In der Richtung liegt ...

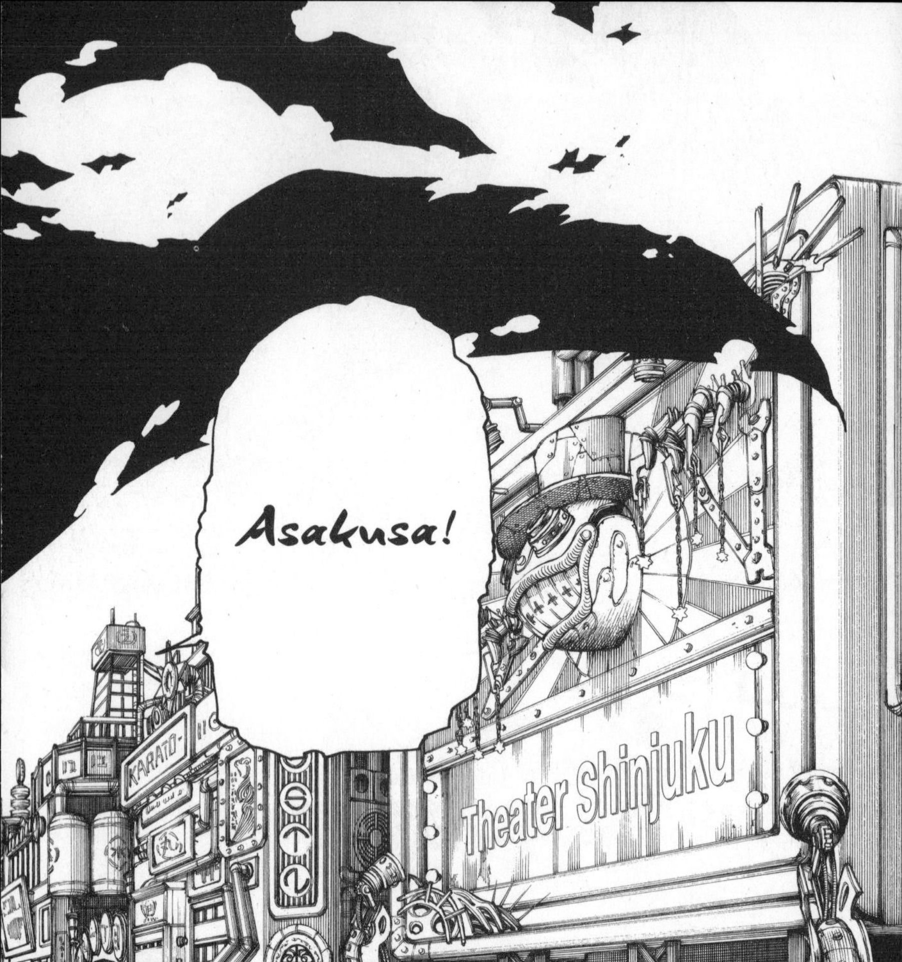

Raufbold tritt in Aktion

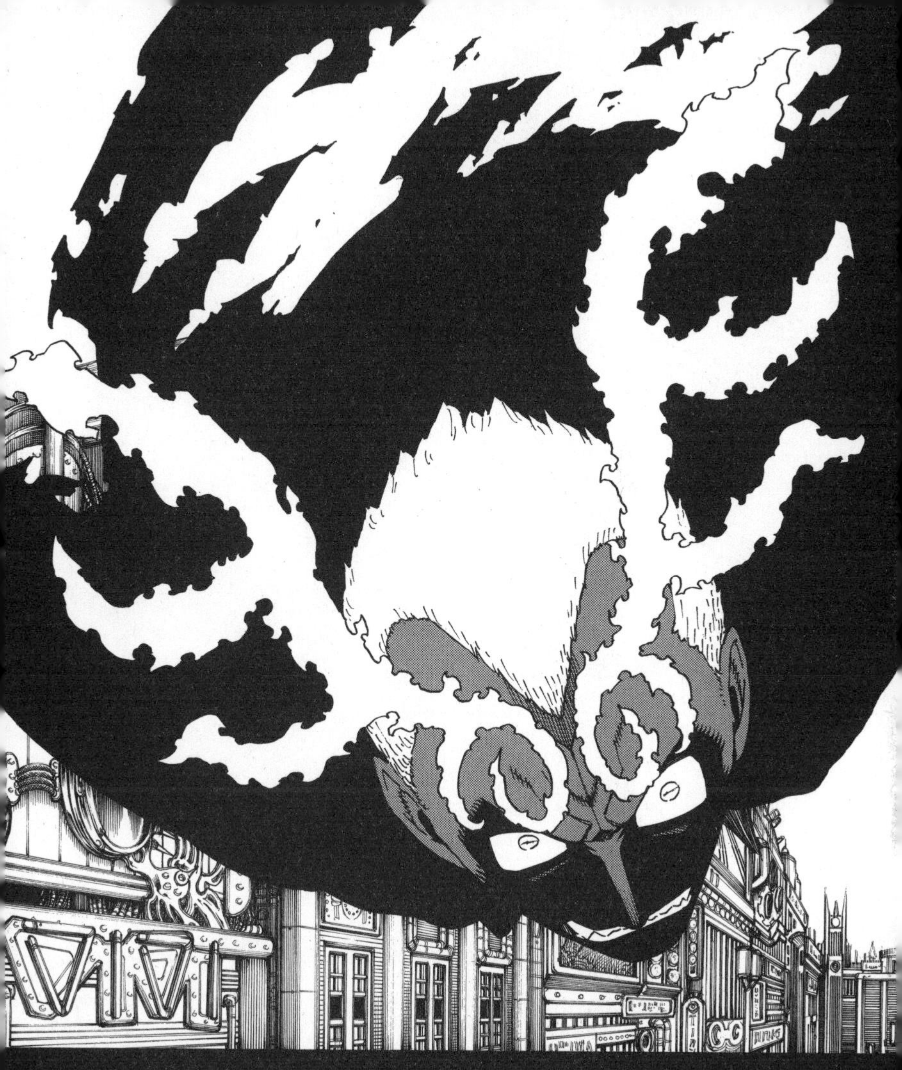

Kapitel 223: Der

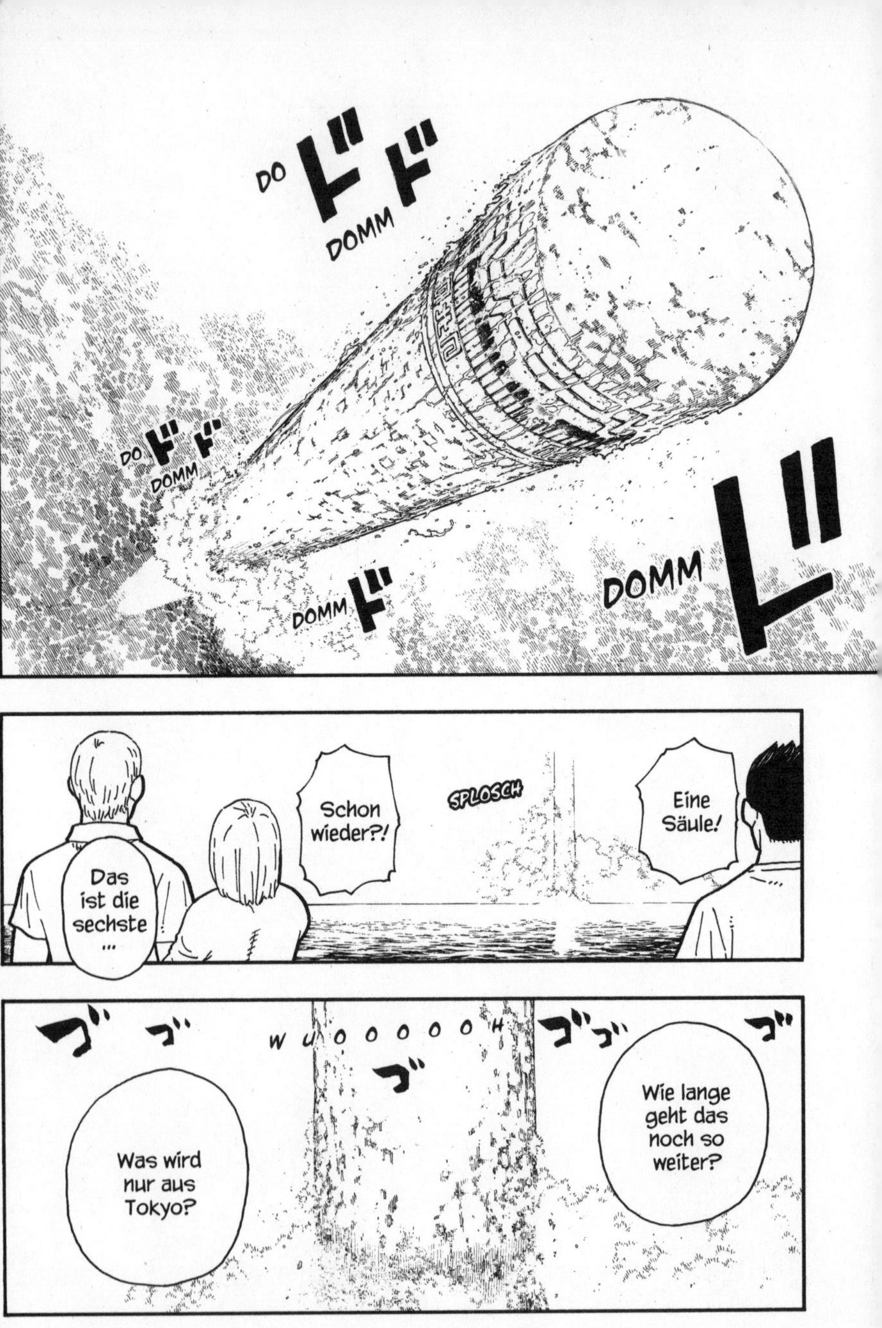
DO ドド DOMM
DO ドド DOMM
DOMM ド
DOMM ド
Eine Säule!
SPLOSCH
Schon wieder?!
Das ist die sechste ...
ゴ ゴ ゴ ゴ ゴ ゴ WUOOOOOOH
Wie lange geht das noch so weiter?
Was wird nur aus Tokyo?

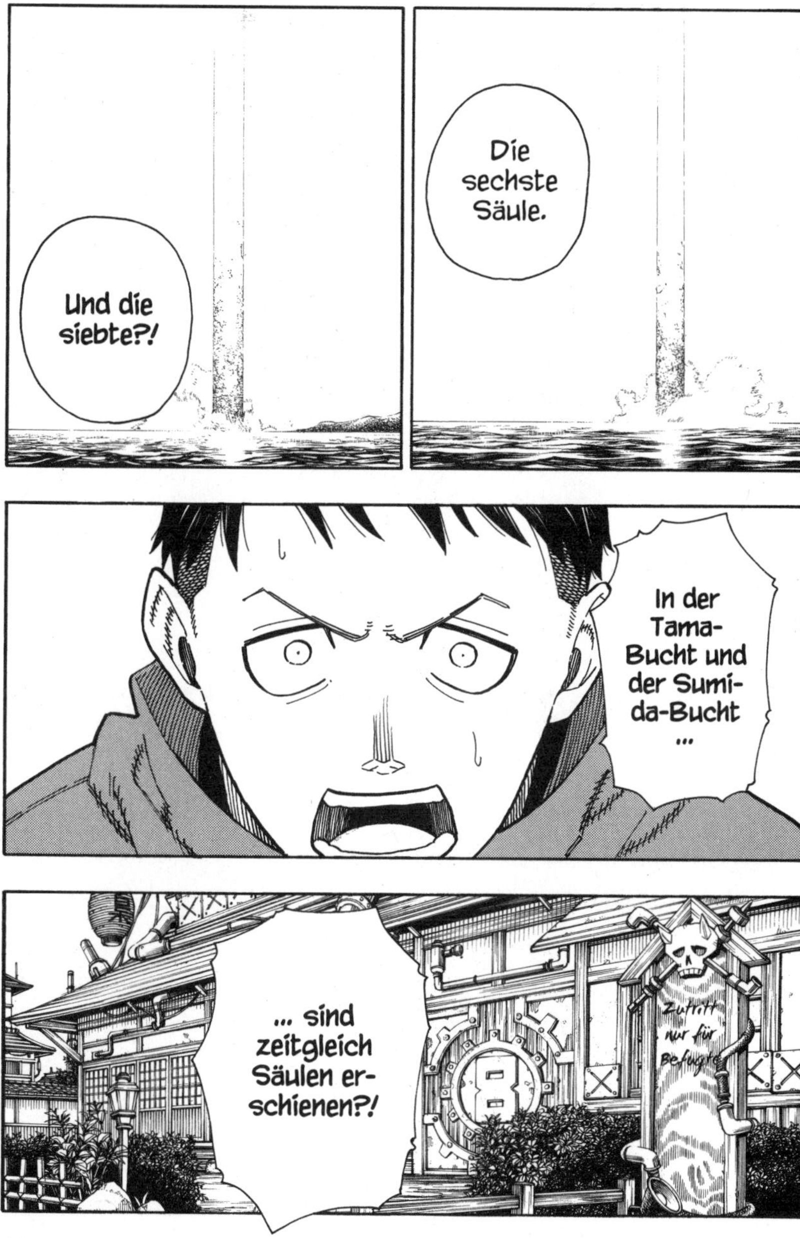
Die sechste Säule.
Und die siebte?!
In der Tama-Bucht und der Sumida-Bucht ...
... sind zeitgleich Säulen erschienen?!
Zutritt nur für Befugte

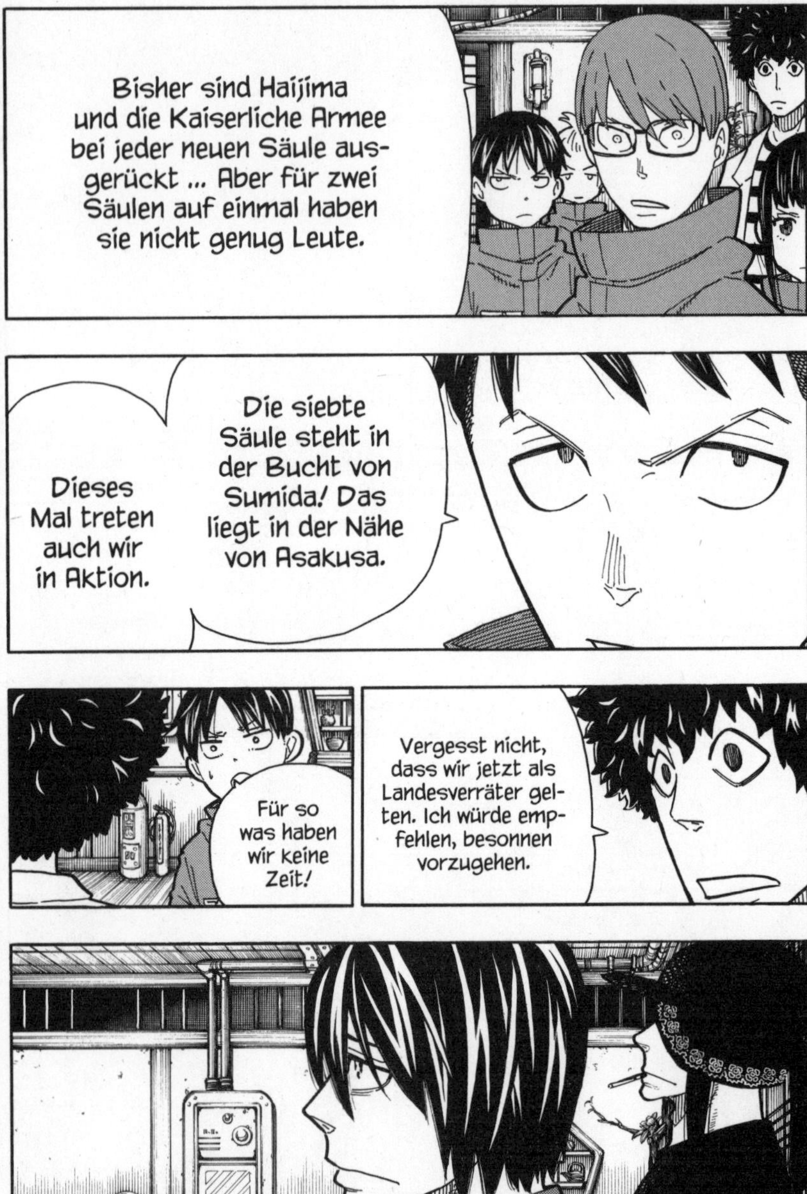
Bisher sind Haijima und die Kaiserliche Armee bei jeder neuen Säule ausgerückt ... Aber für zwei Säulen auf einmal haben sie nicht genug Leute.
Die siebte Säule steht in der Bucht von Sumida! Das liegt in der Nähe von Asakusa.
Dieses Mal treten auch wir in Aktion.
Vergesst nicht, dass wir jetzt als Landesverräter gelten. Ich würde empfehlen, besonnen vorzugehen.
Für so was haben wir keine Zeit!

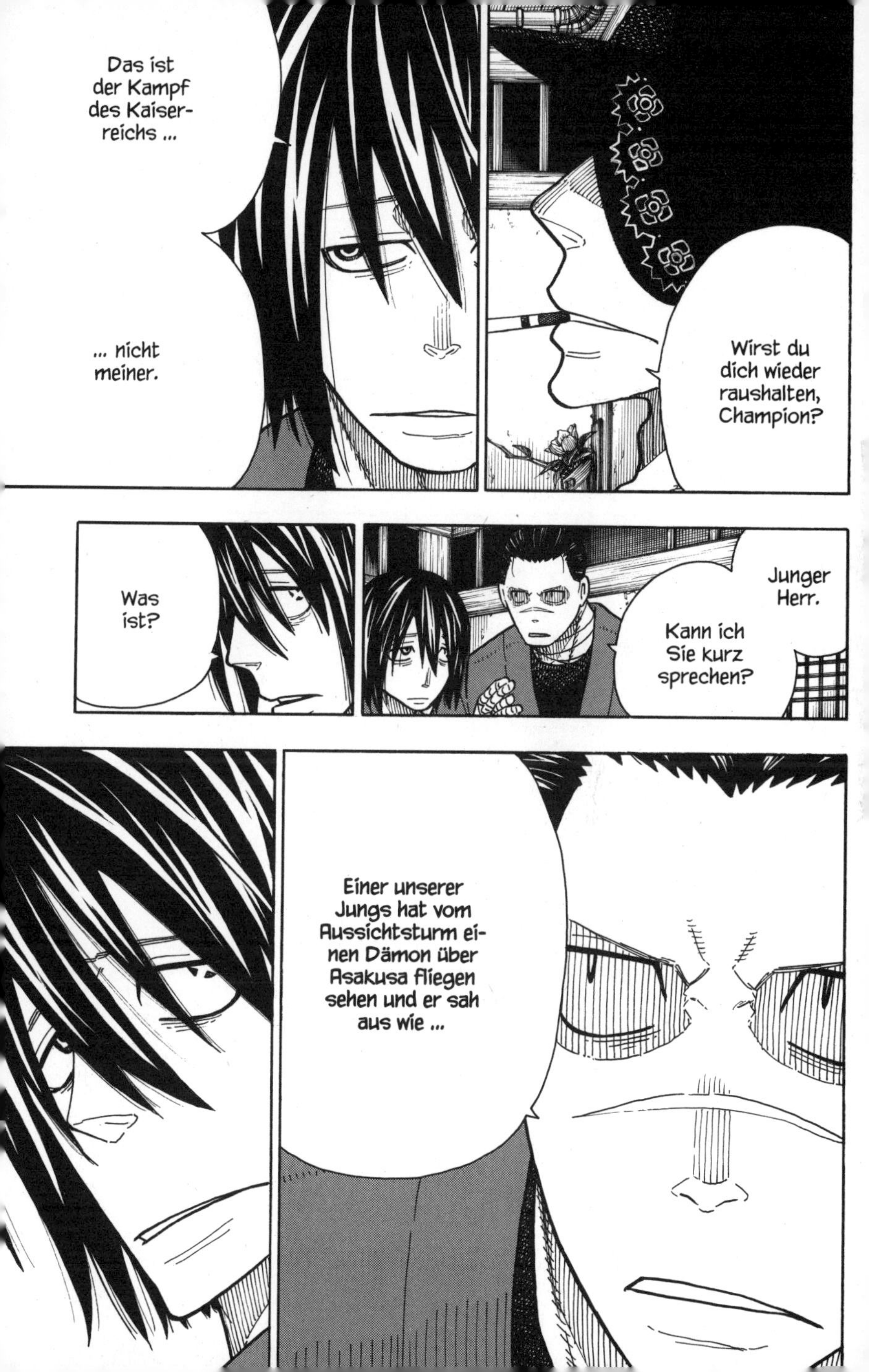
Wirst du dich wieder raushalten, Champion?
Das ist der Kampf des Kaiser-reichs ...
... nicht meiner.
Junger Herr.
Kann ich Sie kurz sprechen?
Was ist?
Einer unserer Jungs hat vom Aussichtsturm ei-nen Dämon über Asakusa fliegen sehen und er sah aus wie ...

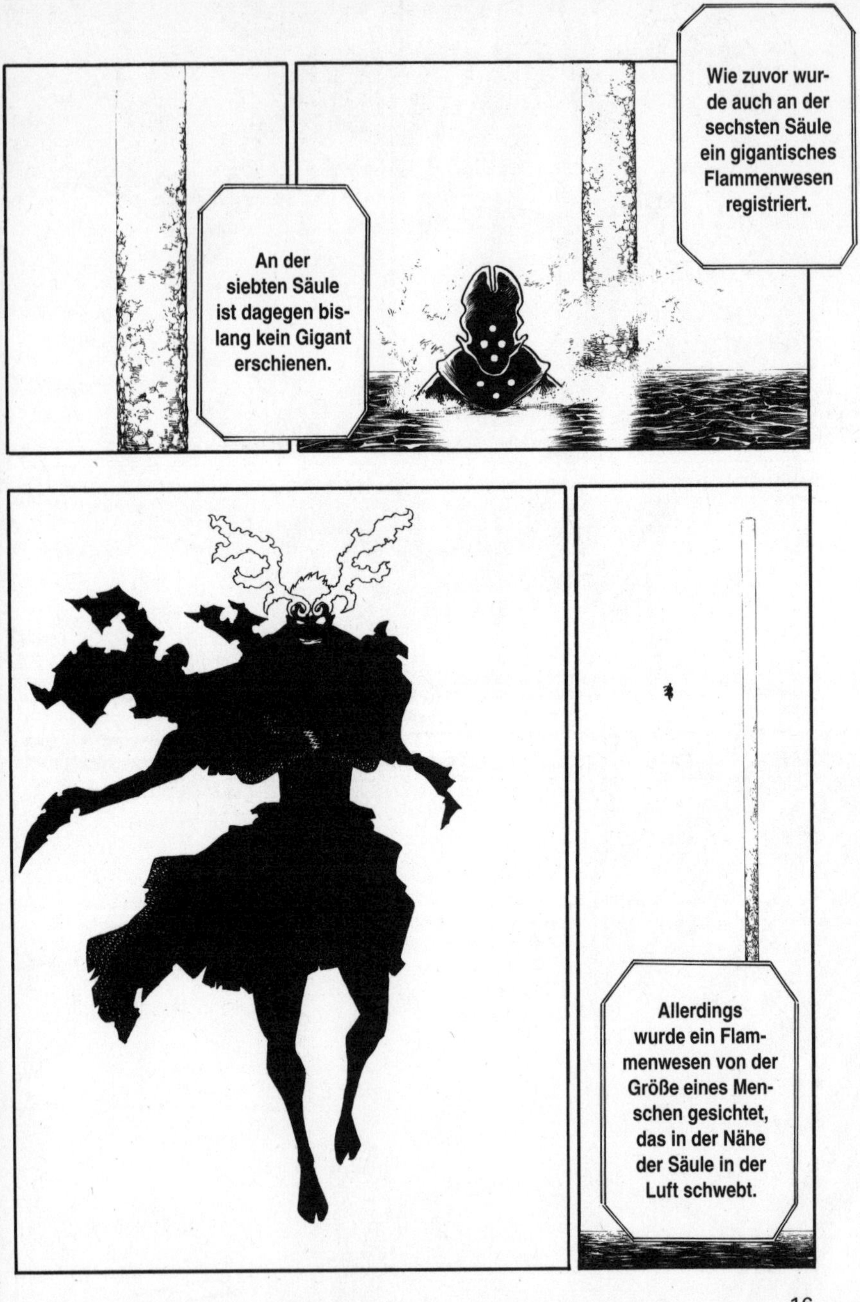
Wie zuvor wurde auch an der sechsten Säule ein gigantisches Flammenwesen registriert.
An der siebten Säule ist dagegen bislang kein Gigant erschienen.
Allerdings wurde ein Flammenwesen von der Größe eines Menschen gesichtet, das in der Nähe der Säule in der Luft schwebt.

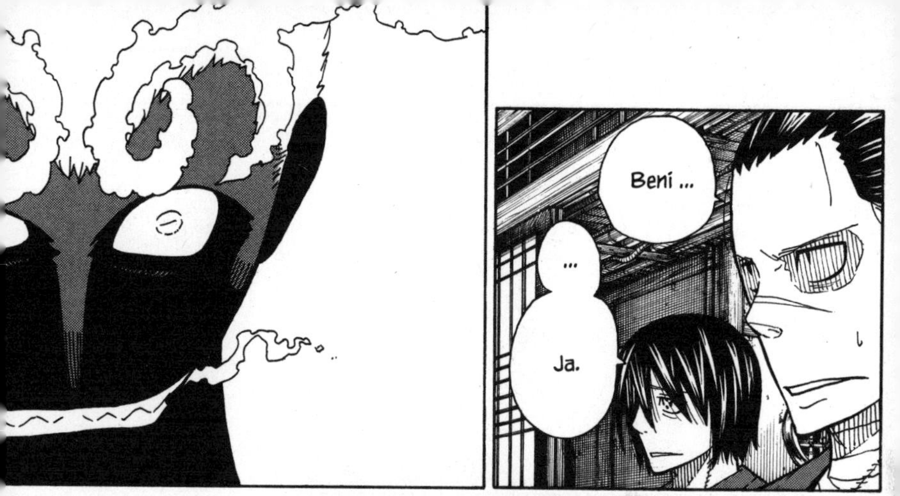

* Füchse gelten in der japanischen Mythologie als Gestaltwandler mit Zauberkräften.

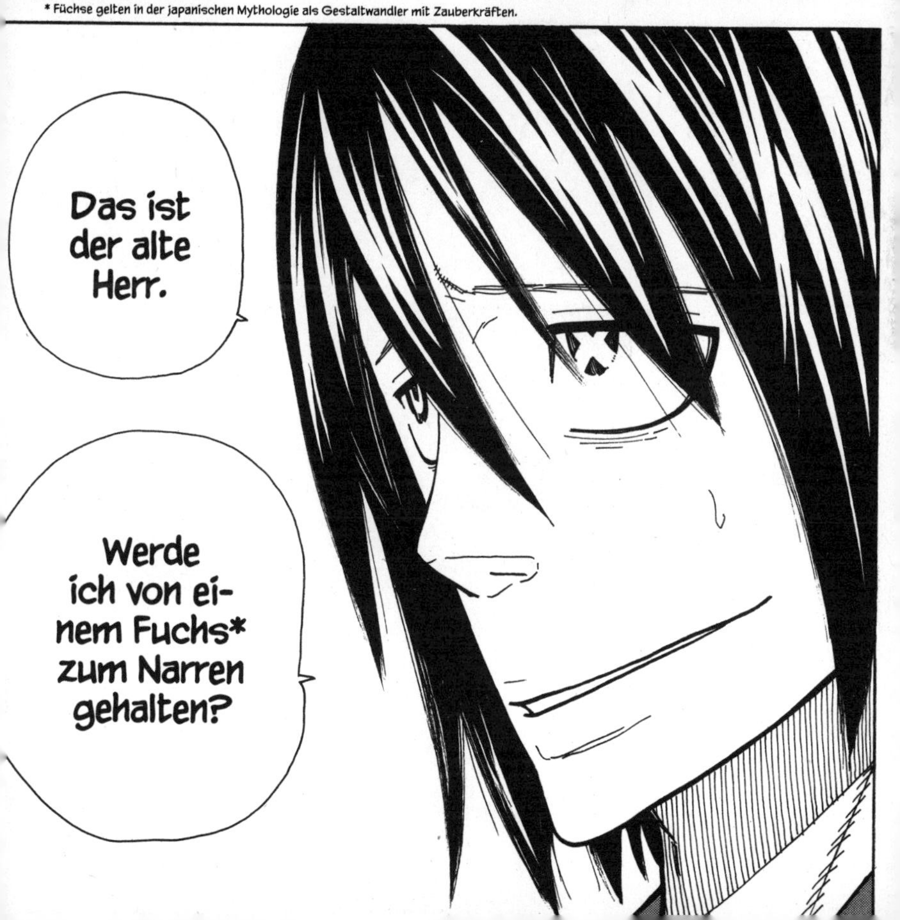

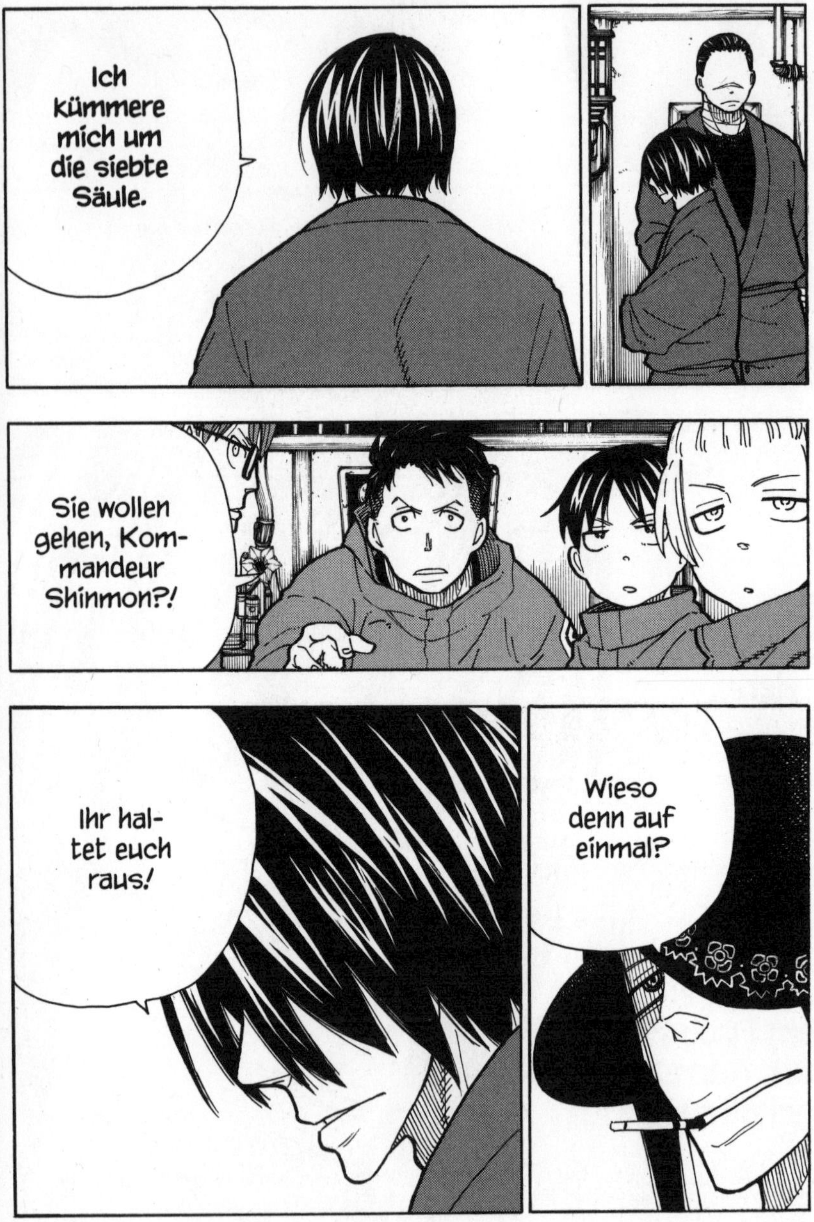
Ich kümmere mich um die siebte Säule.
Sie wollen gehen, Kommandeur Shinmon?!
Wieso denn auf einmal?
Ihr haltet euch raus!

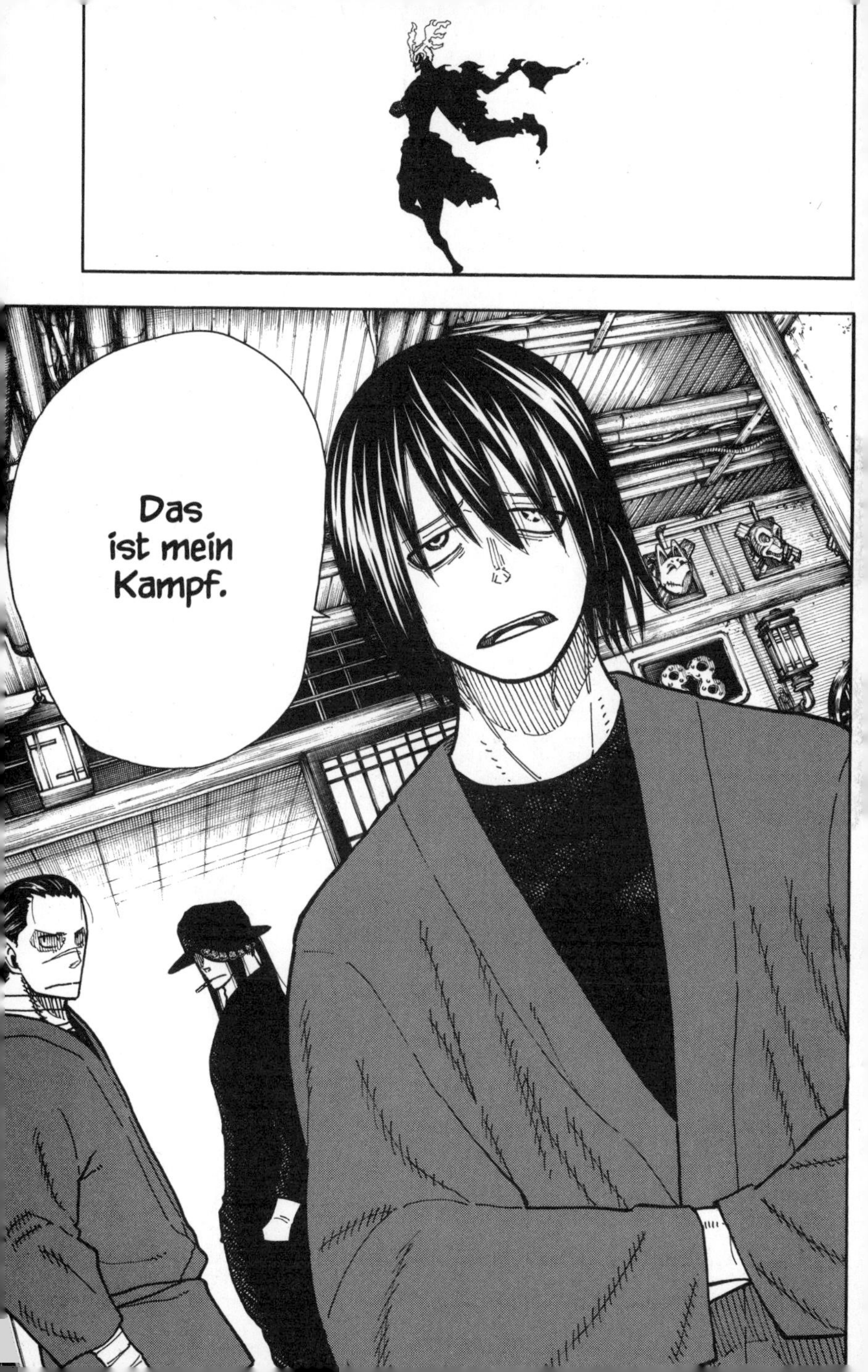
Das ist mein Kampf.

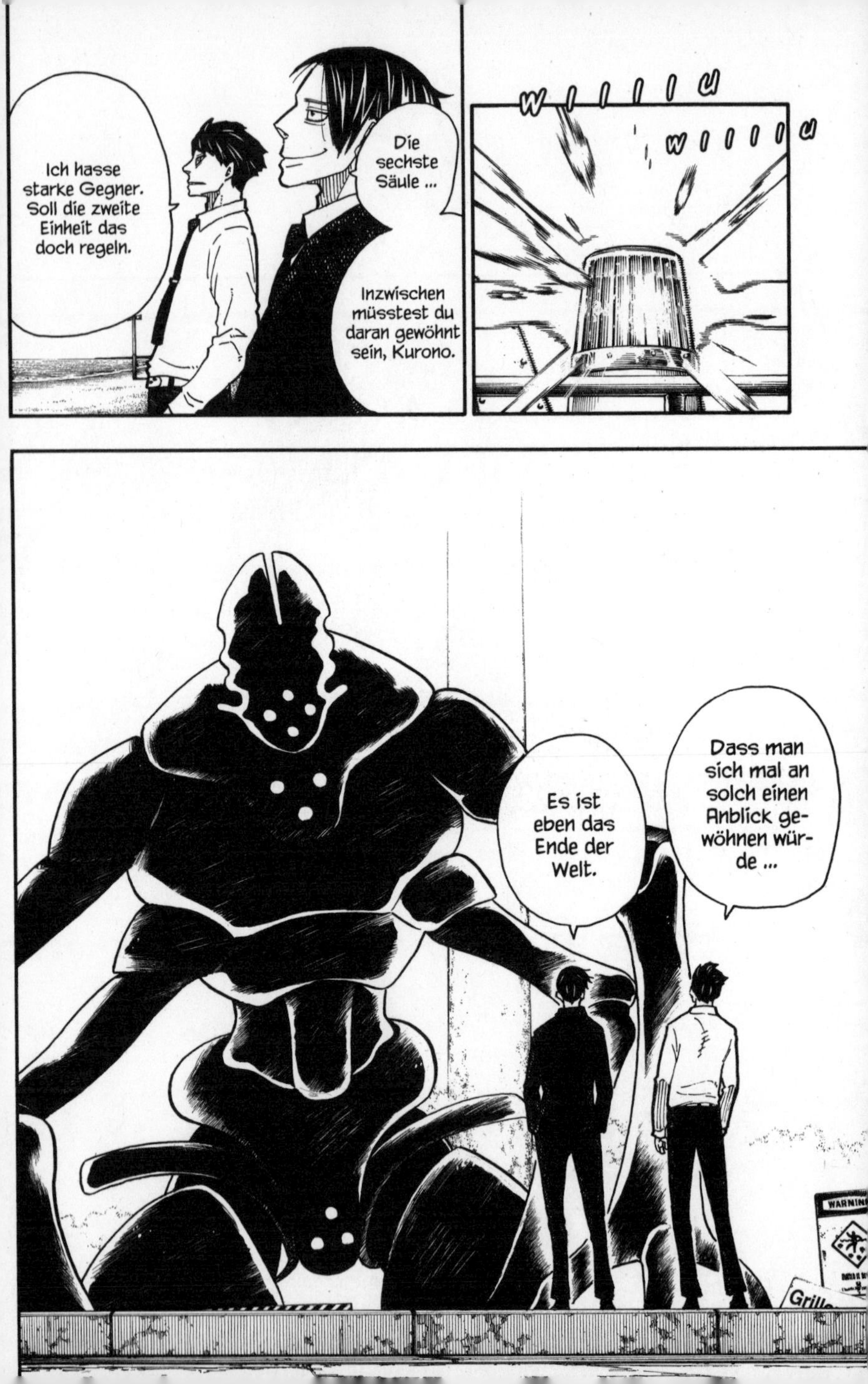
WIIIIIU
WIIIIIU
Die sechste Säule ...
Inzwischen müsstest du daran gewöhnt sein, Kurono.
Ich hasse starke Gegner. Soll die zweite Einheit das doch regeln.
Dass man sich mal an solch einen Anblick gewöhnen würde ...
Es ist eben das Ende der Welt.
WARNING

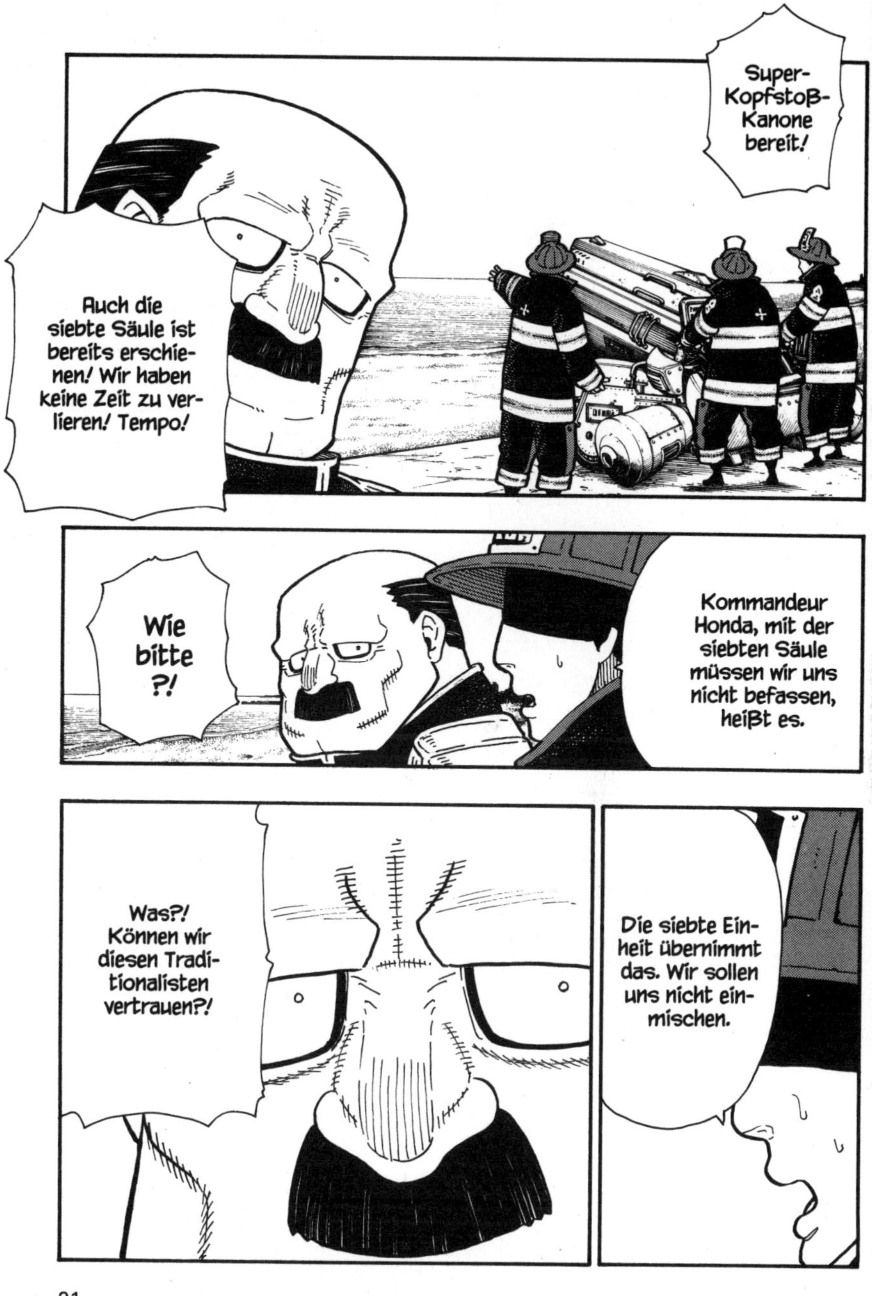
Super-Kopfstoß-Kanone bereit!
Auch die siebte Säule ist bereits erschienen! Wir haben keine Zeit zu verlieren! Tempo!
Kommandeur Honda, mit der siebten Säule müssen wir uns nicht befassen, heißt es.
Wie bitte?!
Die siebte Einheit übernimmt das. Wir sollen uns nicht einmischen.
Was?! Können wir diesen Traditionalisten vertrauen?!

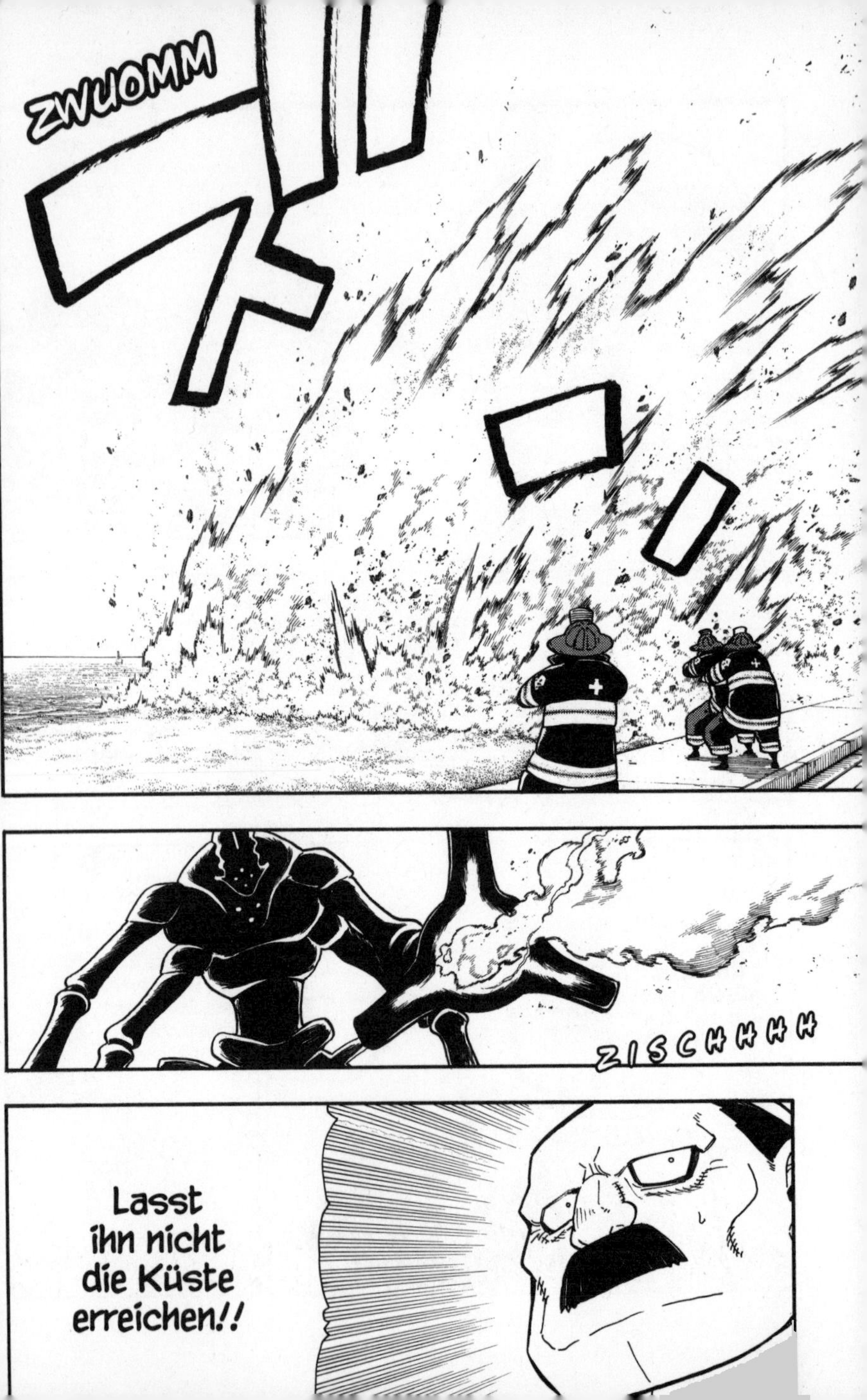
ZWUOMM
ZISCHHHHH
Lasst ihn nicht die Küste erreichen!!

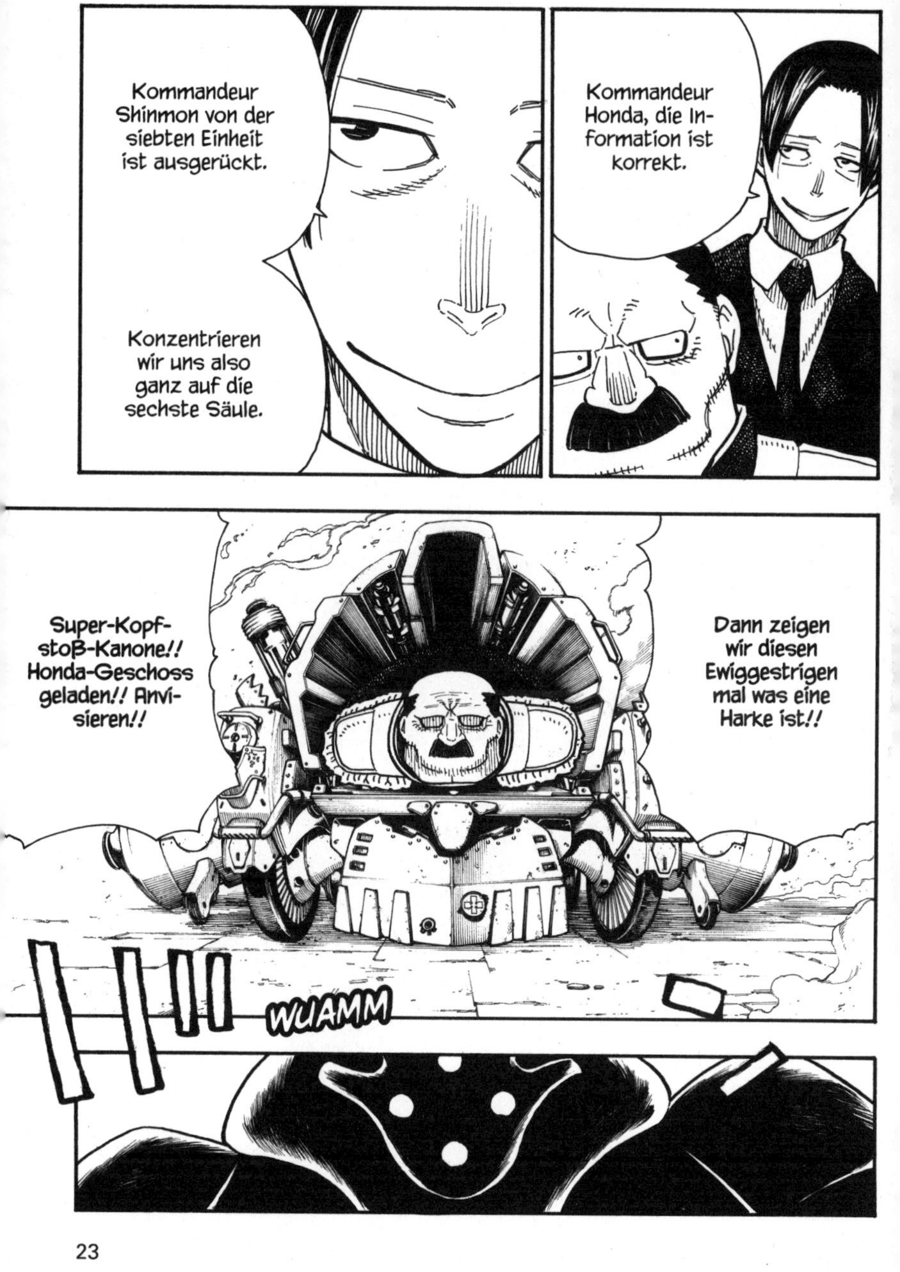
Kommandeur Honda, die Information ist korrekt.
Kommandeur Shinmon von der siebten Einheit ist ausgerückt.
Konzentrieren wir uns also ganz auf die sechste Säule.
Dann zeigen wir diesen Ewiggestrigen mal was eine Harke ist!!
Super-Kopfstoß-Kanone!! Honda-Geschoss geladen!! Anvisieren!!
WUAMM

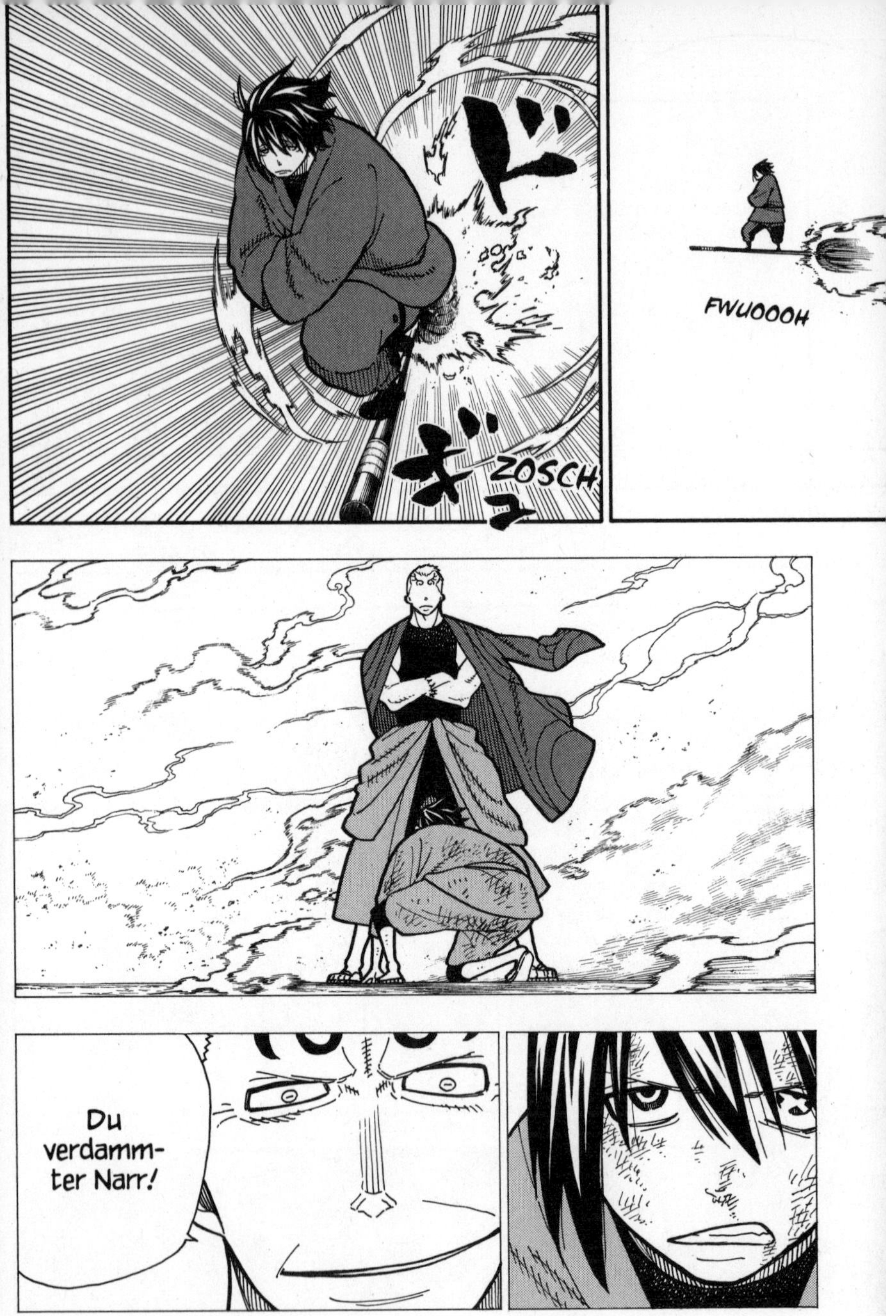
FWUOOOH
ZOSCH
Du verdamm-
ter Narr!

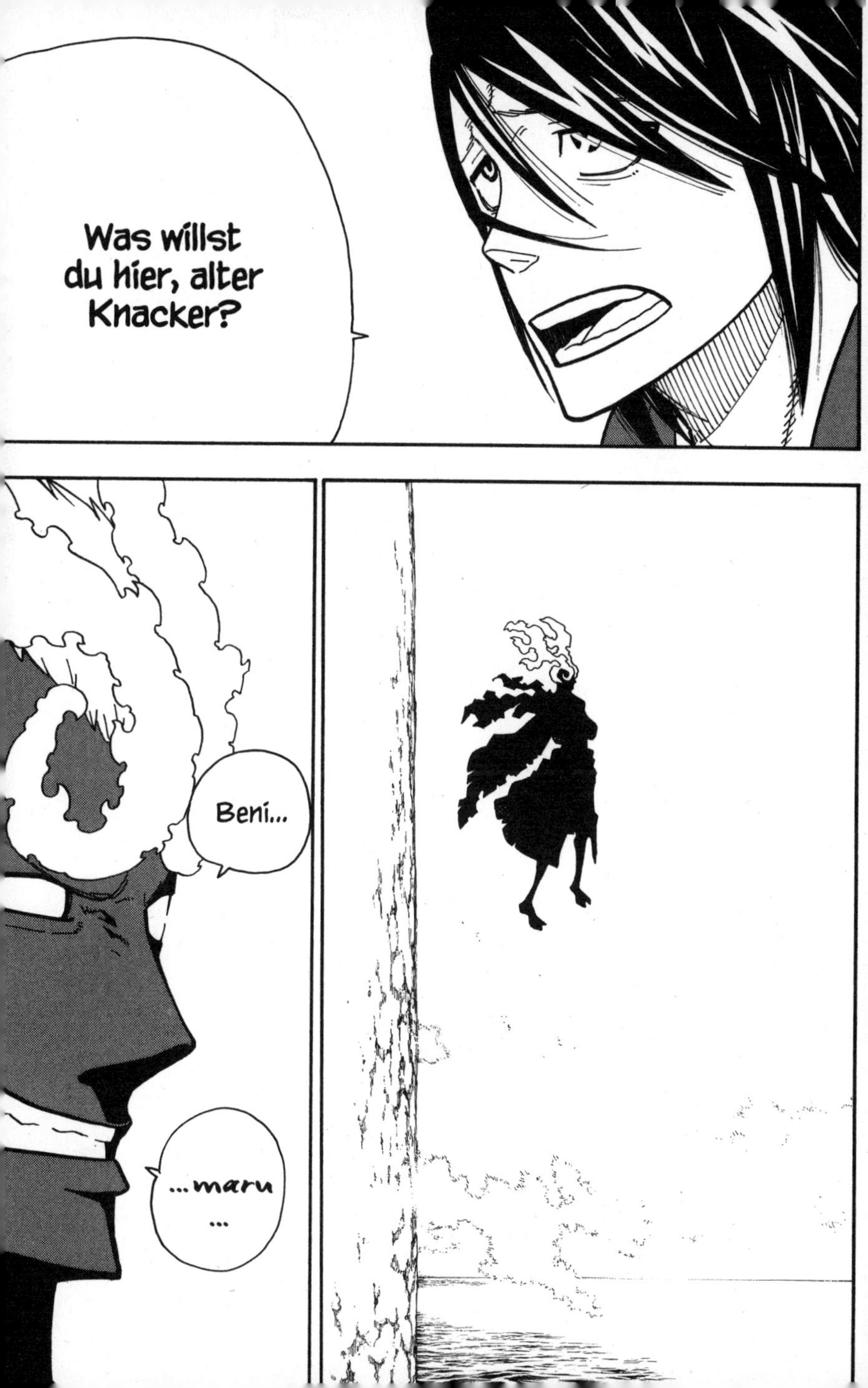
Was willst du hier, alter Knacker?
Beni...
...maru ...

FIRE FORCE

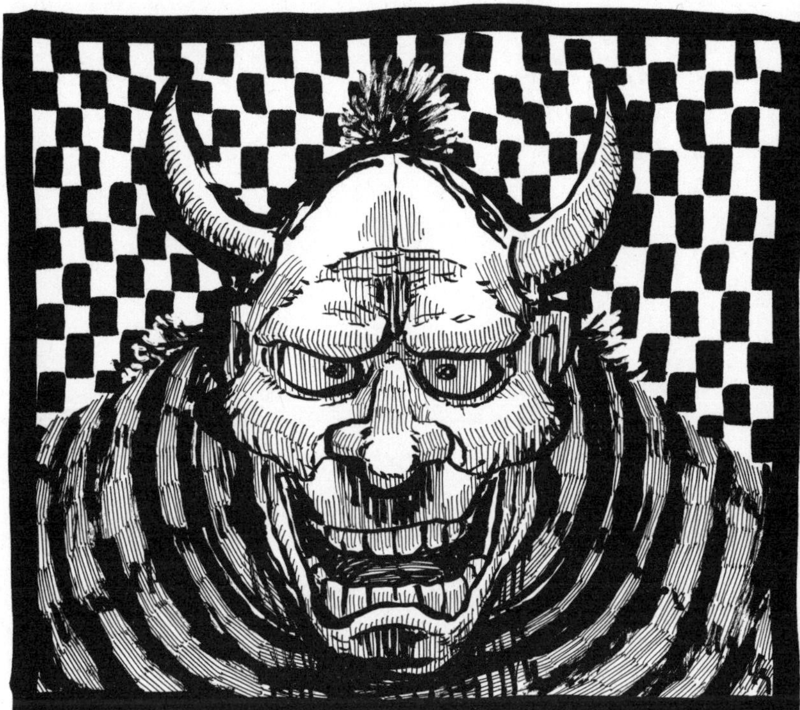

Kapitel 224:
Sonne und Mond

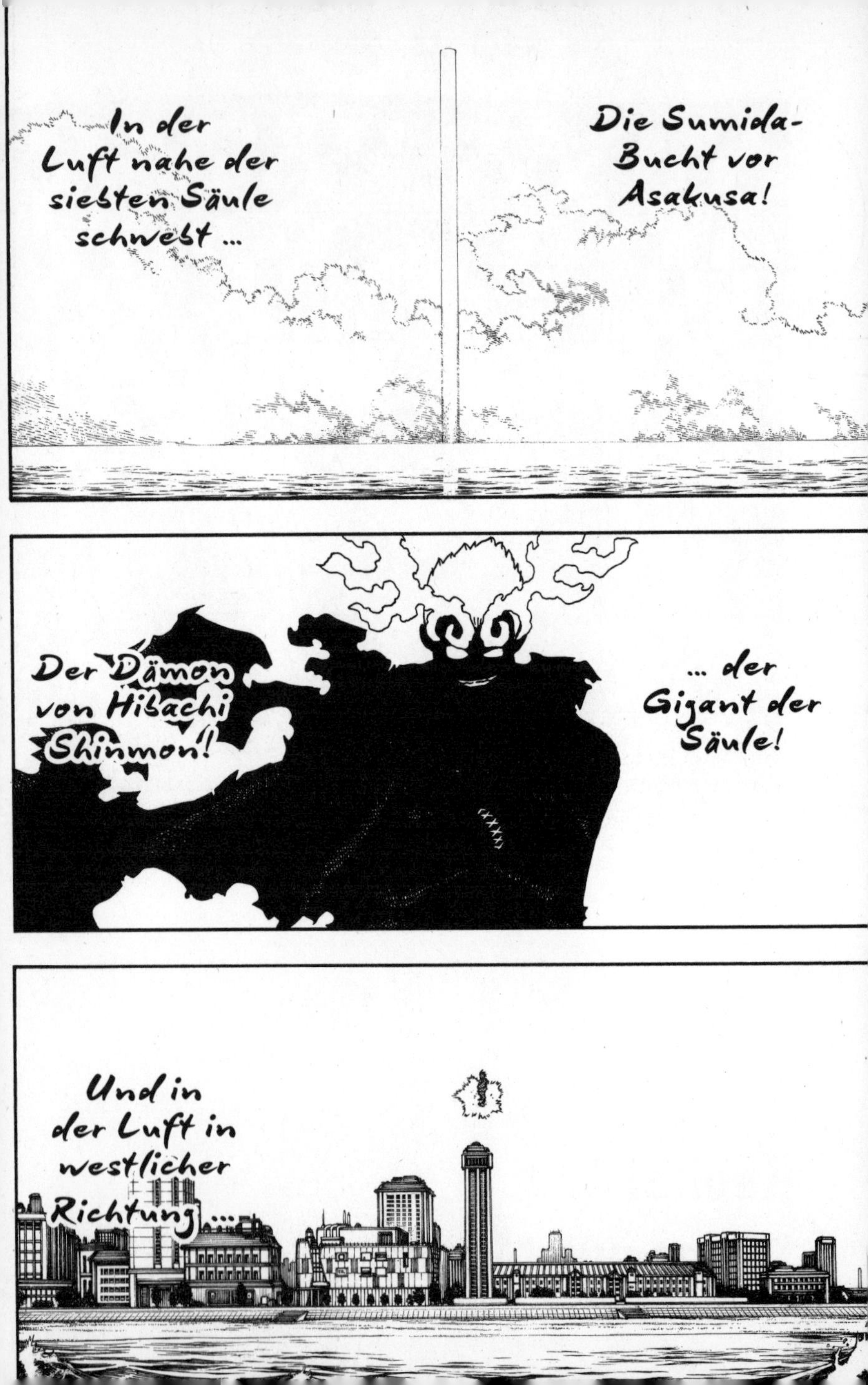
Die Sumida-Bucht vor Asakusa!
In der Luft nahe der siebten Säule schwebt …
… der Gigant der Säule!
Der Dämon von Hibachi Shinmon!
Und in der Luft in westlicher Richtung …

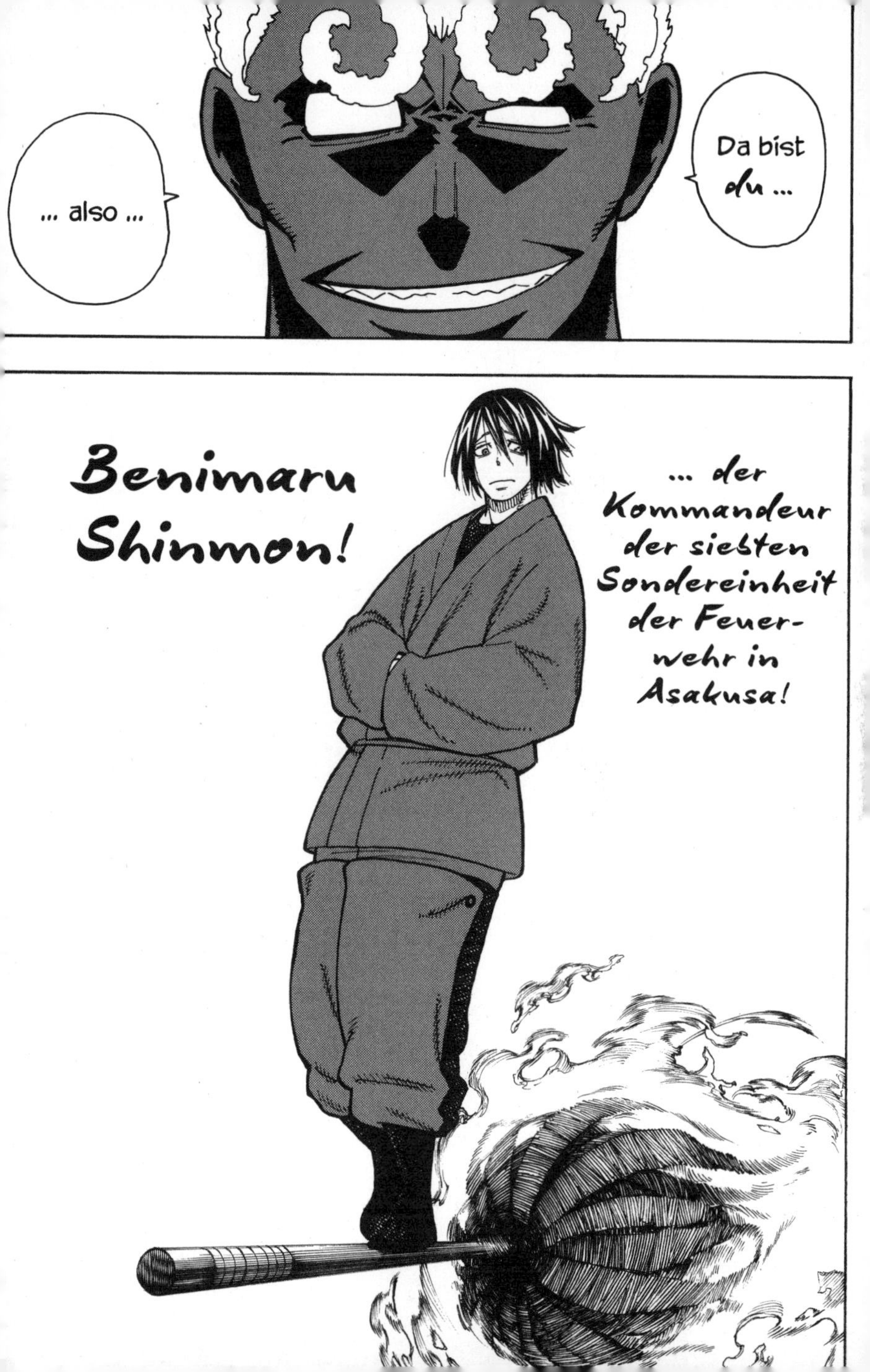
Da bist du ...
... also ...
Benimaru Shinmon!
... der Kommandeur der siebten Sondereinheit der Feuerwehr in Asakusa!

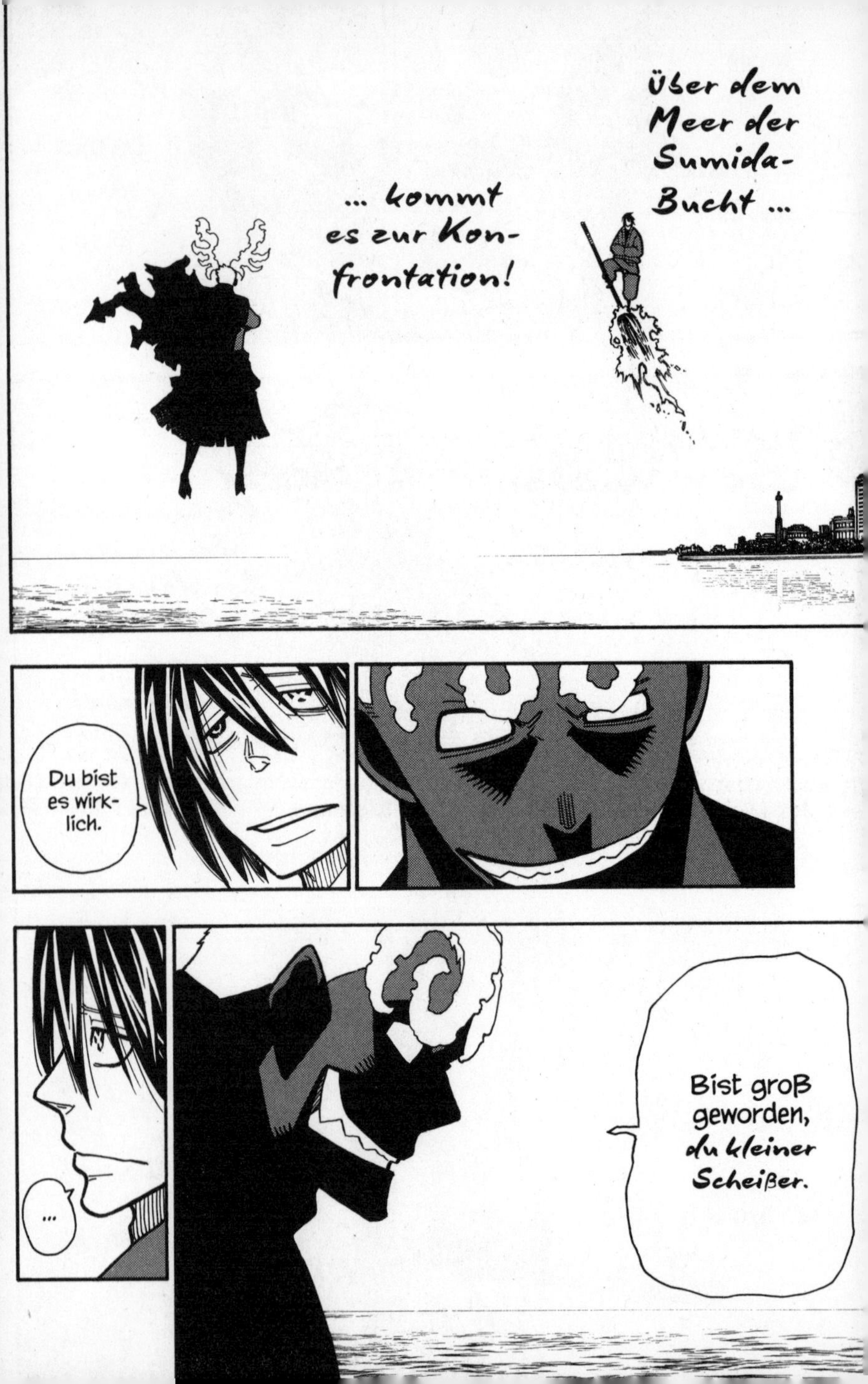
Über dem Meer der Sumida-Bucht ...
... kommt es zur Konfrontation!
Du bist es wirklich.
Bist groß geworden, du kleiner Scheißer.
...

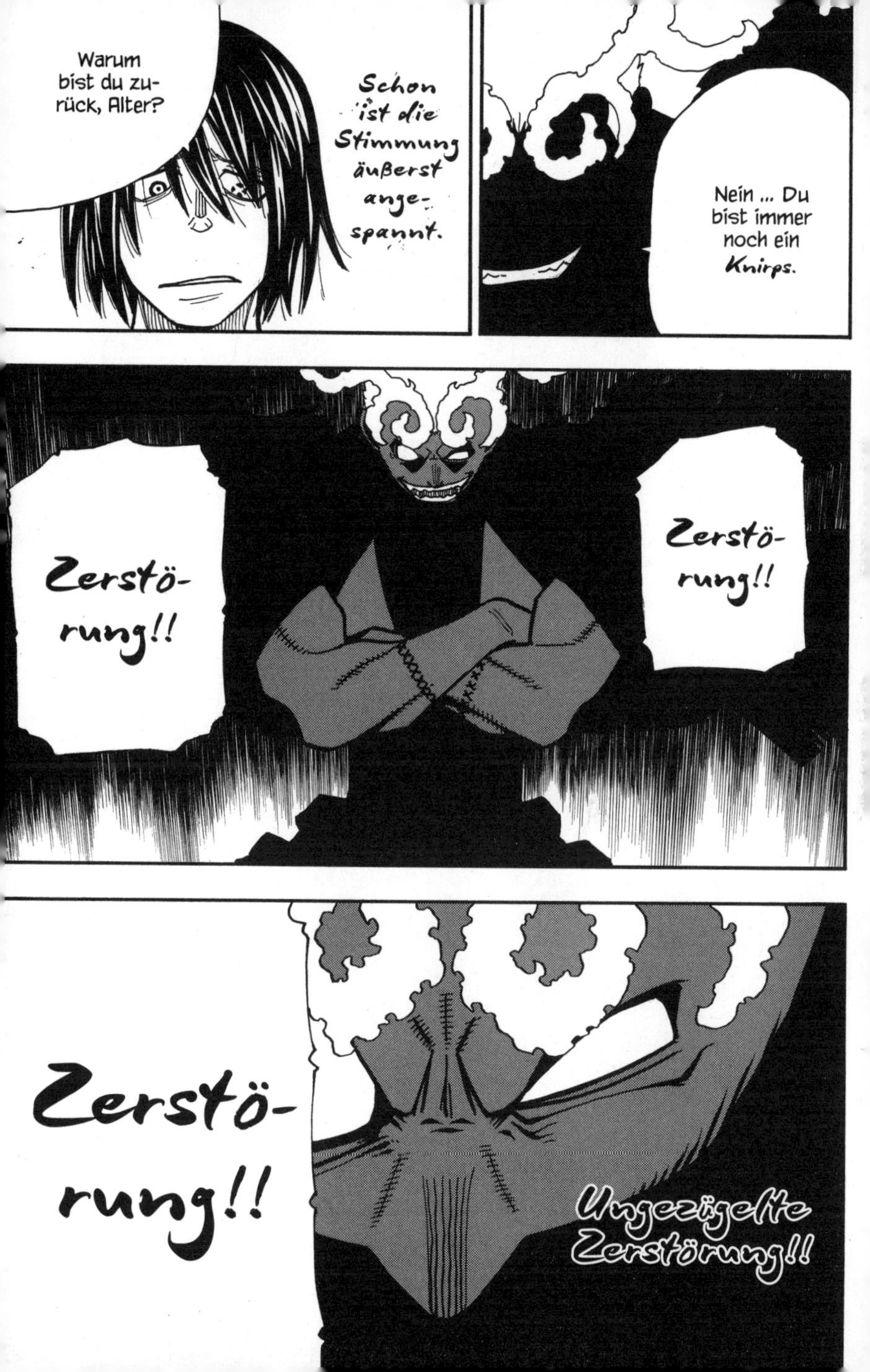

Nein ... Du bist immer noch ein Knirps.
Schon ist die Stimmung äußerst angespannt.
Warum bist du zurück, Alter?
Zerstö-rung!!
Zerstö-rung!!
Ungezügelte Zerstörung!!
Zerstö-rung!!

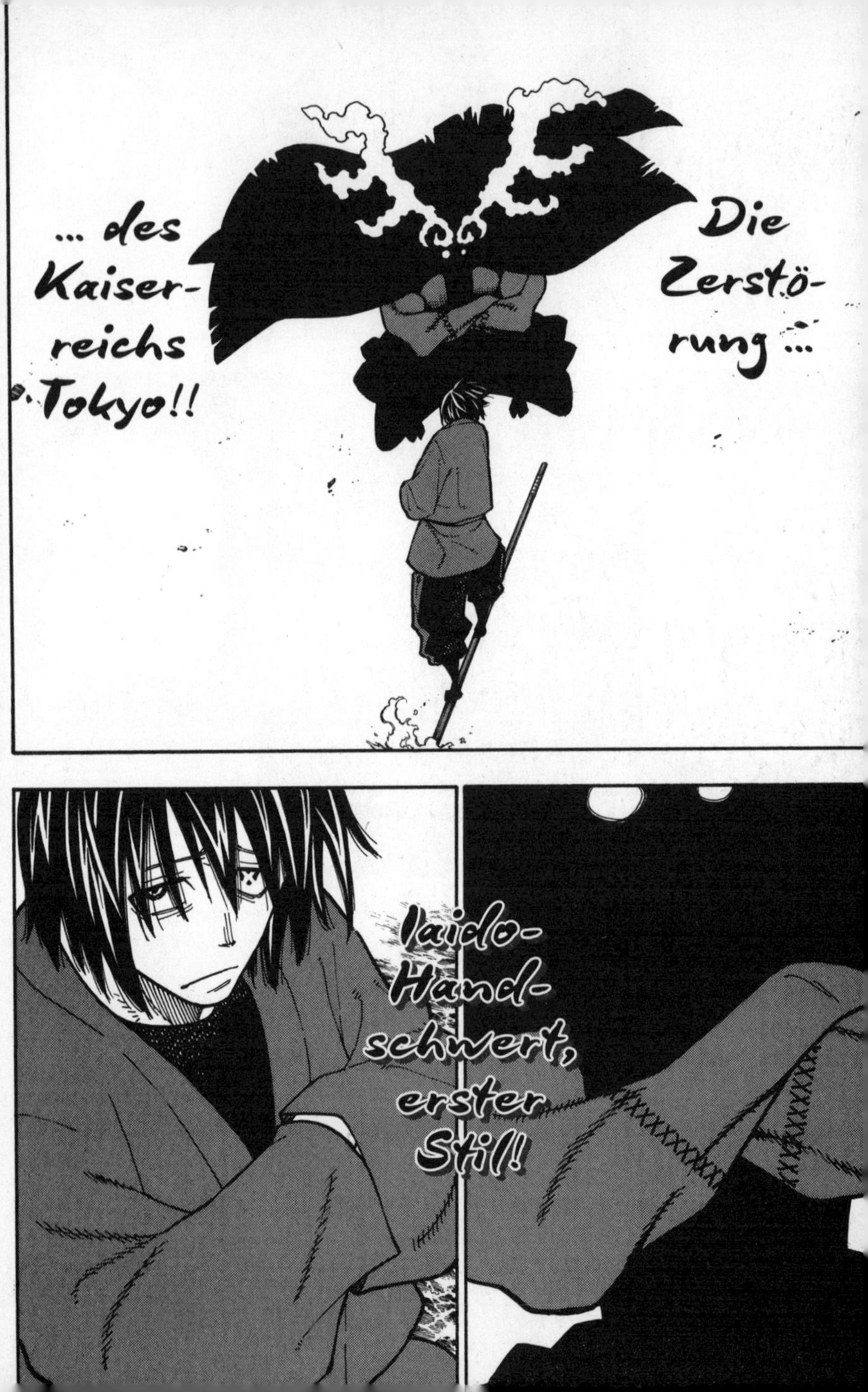
Die Zerstörung ...
... des Kaiserreichs Tokyo!!
Iaido-Handschwert, erster Stil!

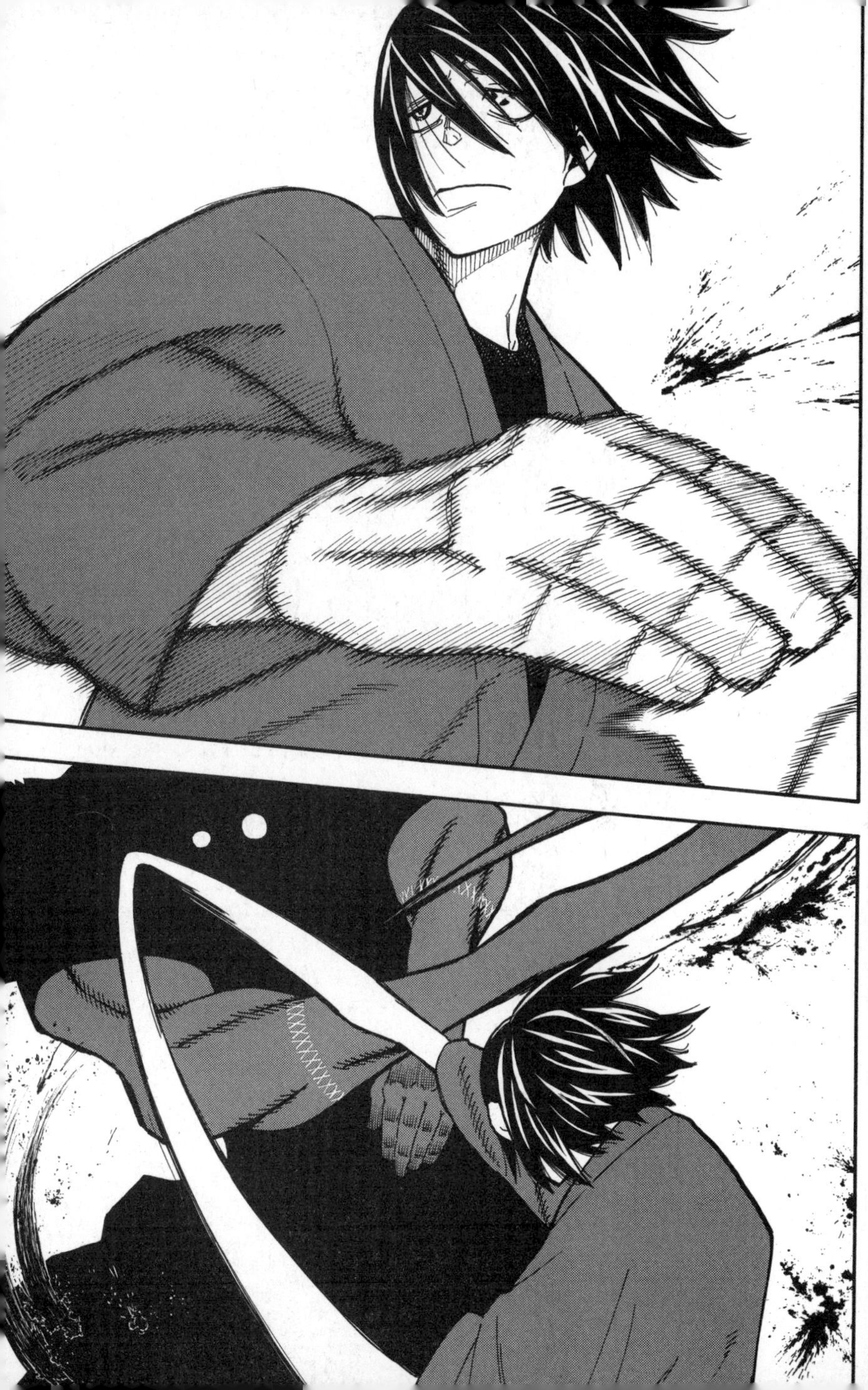

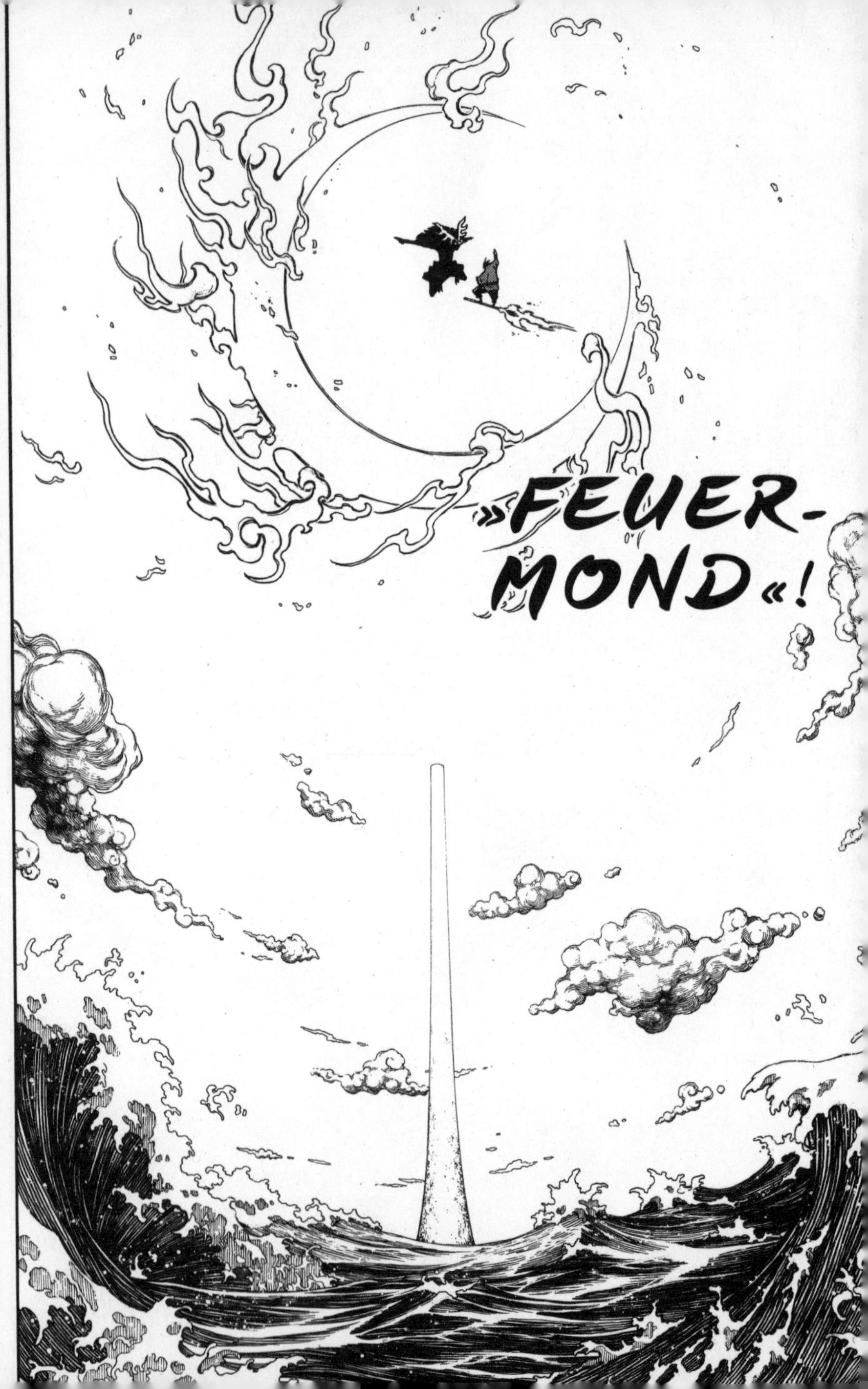
»FEUER-
MOND«!

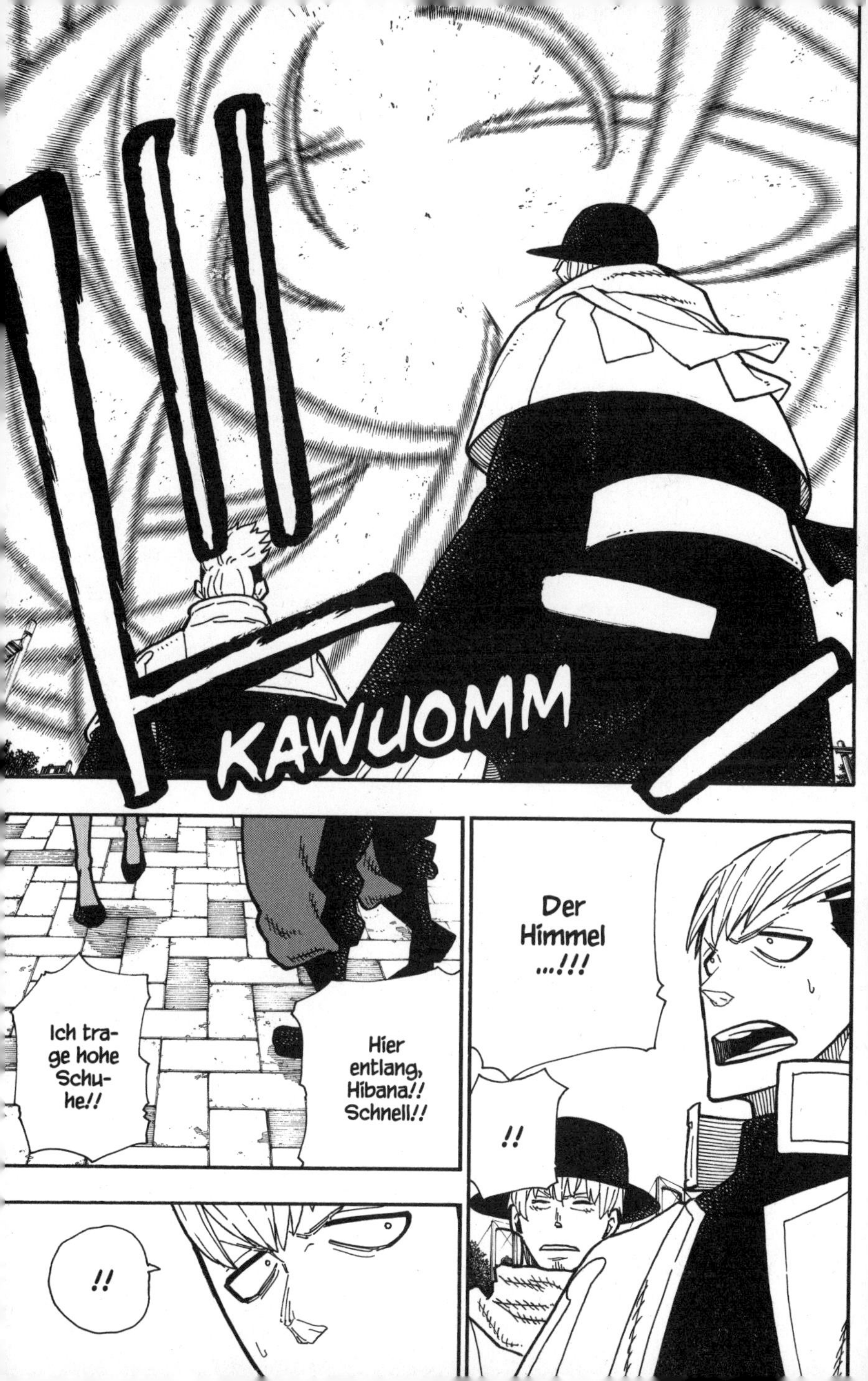
KAWUOMM
Der Himmel ...!!!
!!
Hier entlang, Hibana!! Schnell!!
Ich trage hohe Schuhe!!
!!

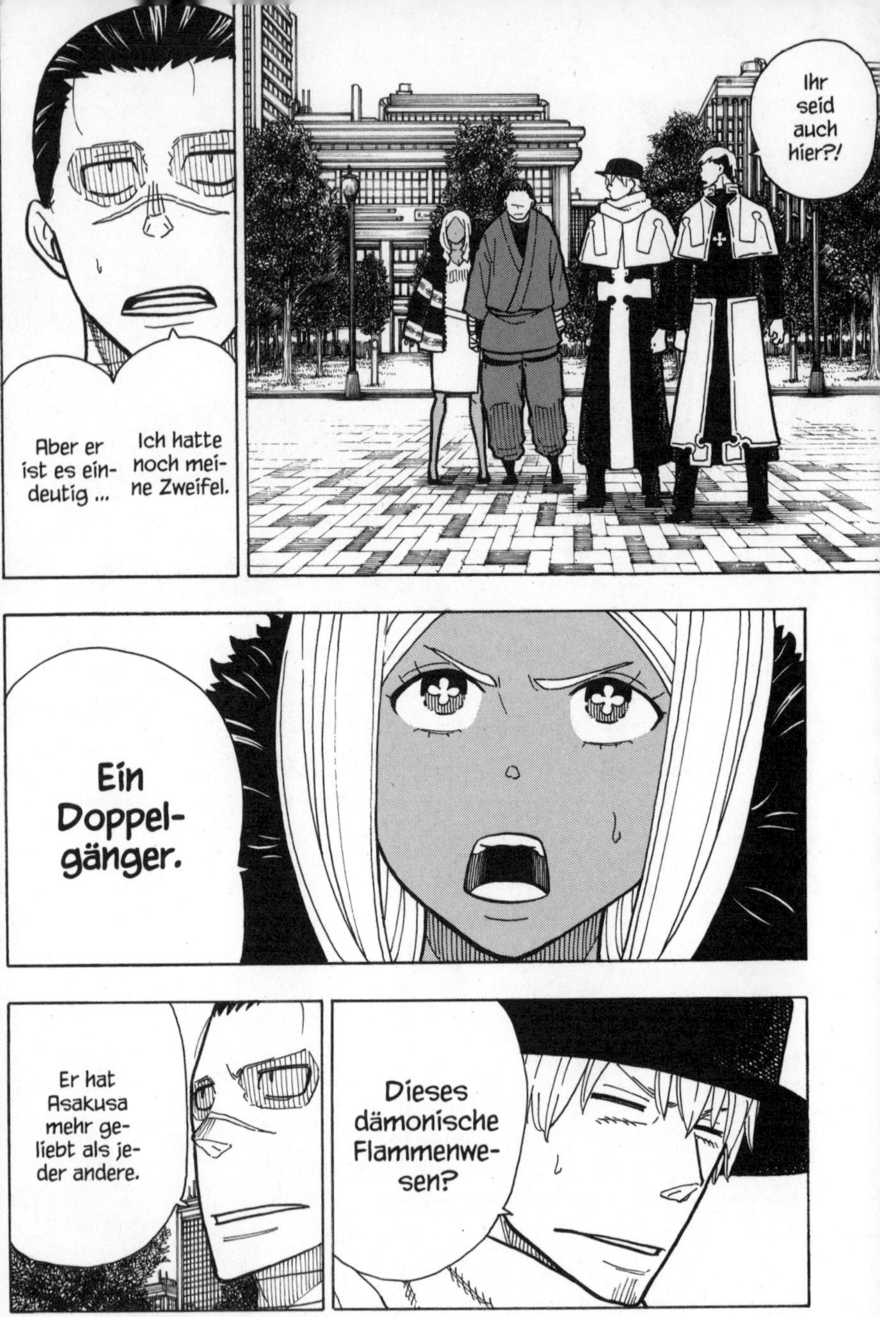
Ihr seid auch hier?!
Ich hatte noch mei-ne Zweifel.
Aber er ist es ein-deutig ...
Ein Doppel-gänger.
Dieses dämonische Flammenwe-sen?
Er hat Asakusa mehr ge-liebt als je-der andere.

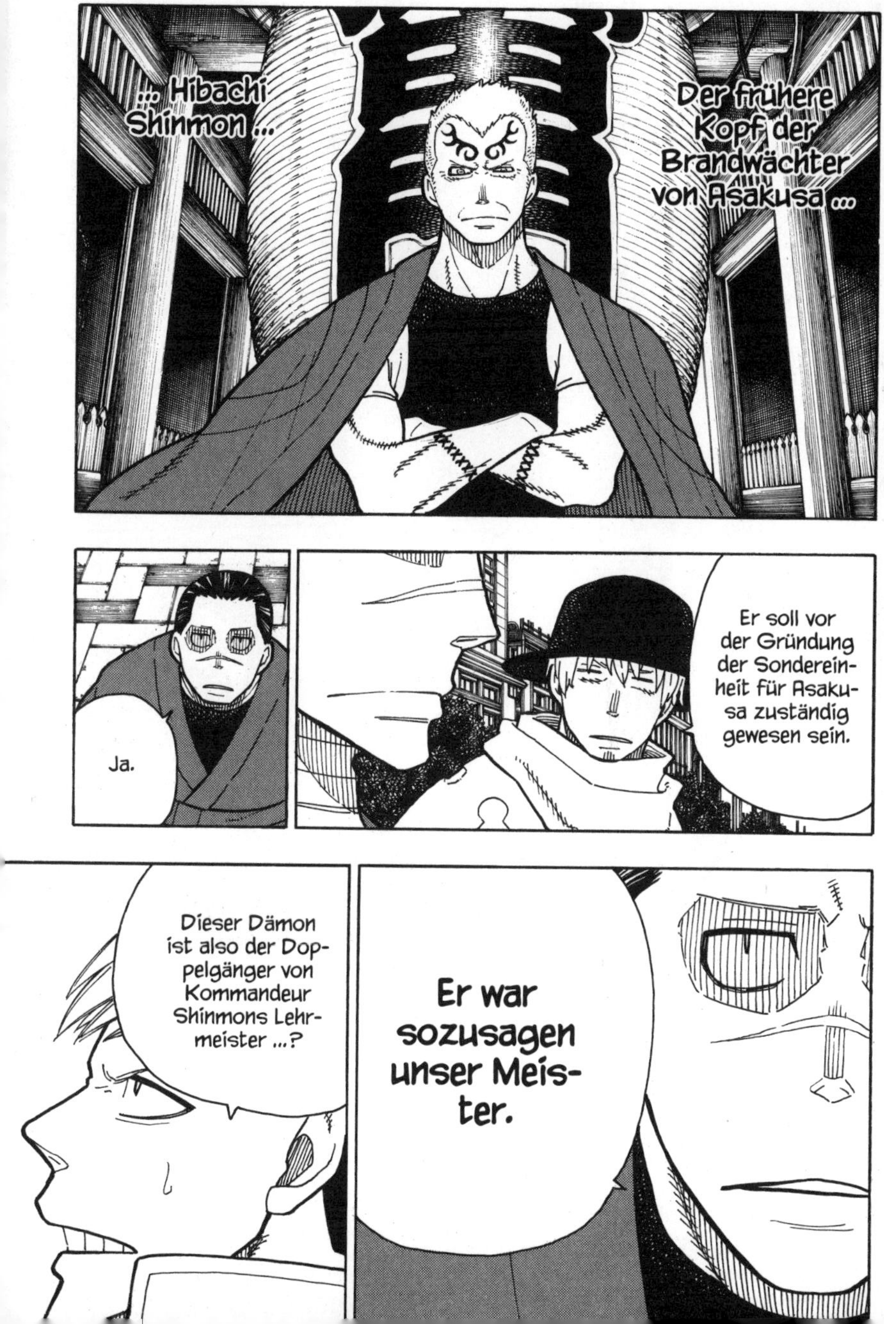
Der frühere Kopf der Brandwächter von Asakusa ...
... Hibachi Shinmon ...
Er soll vor der Gründung der Sondereinheit für Asakusa zuständig gewesen sein.
Ja.
Er war sozusagen unser Meister.
Dieser Dämon ist also der Doppelgänger von Kommandeur Shinmons Lehrmeister ...?

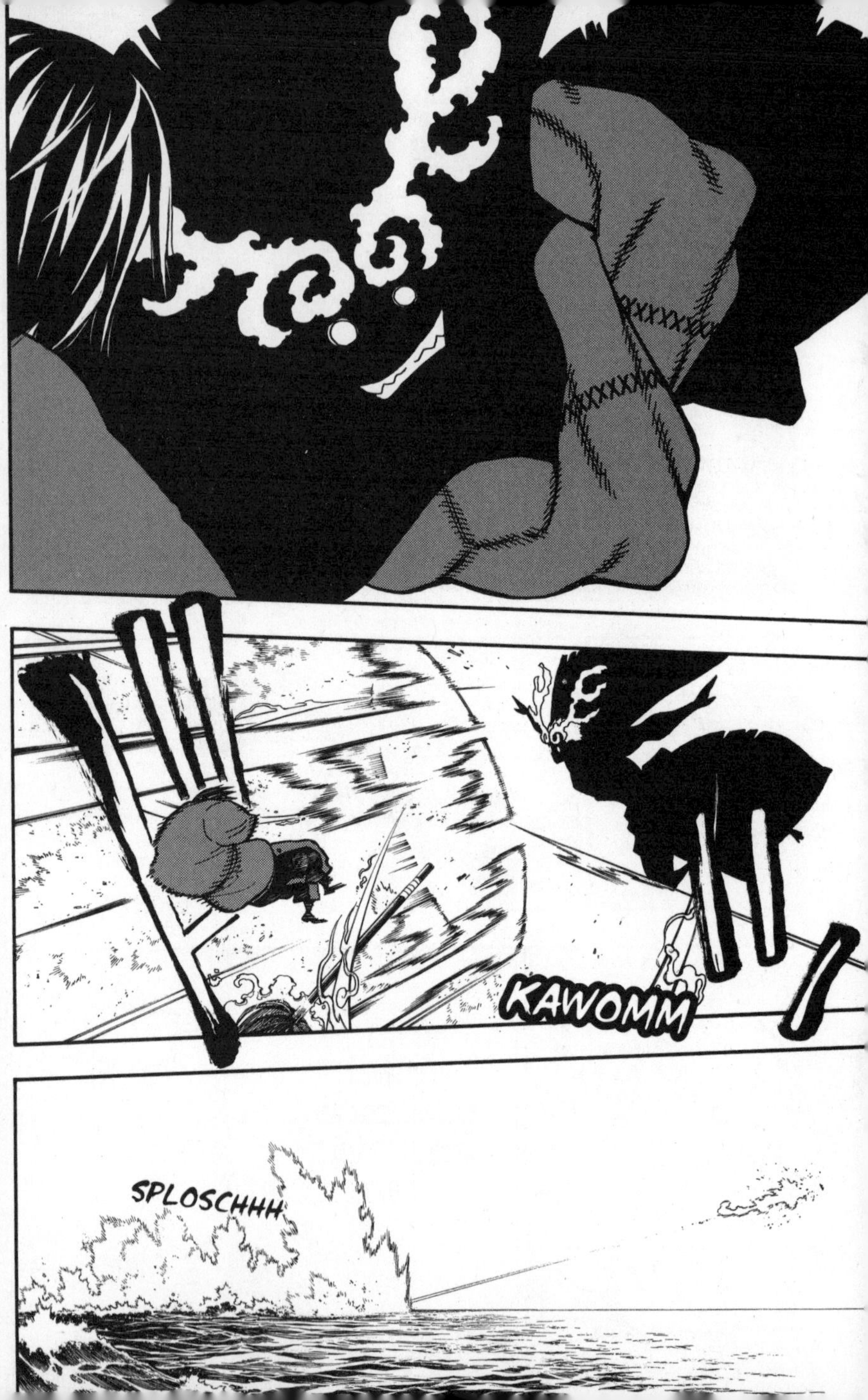
KAWOMM
SPLOSCHHH

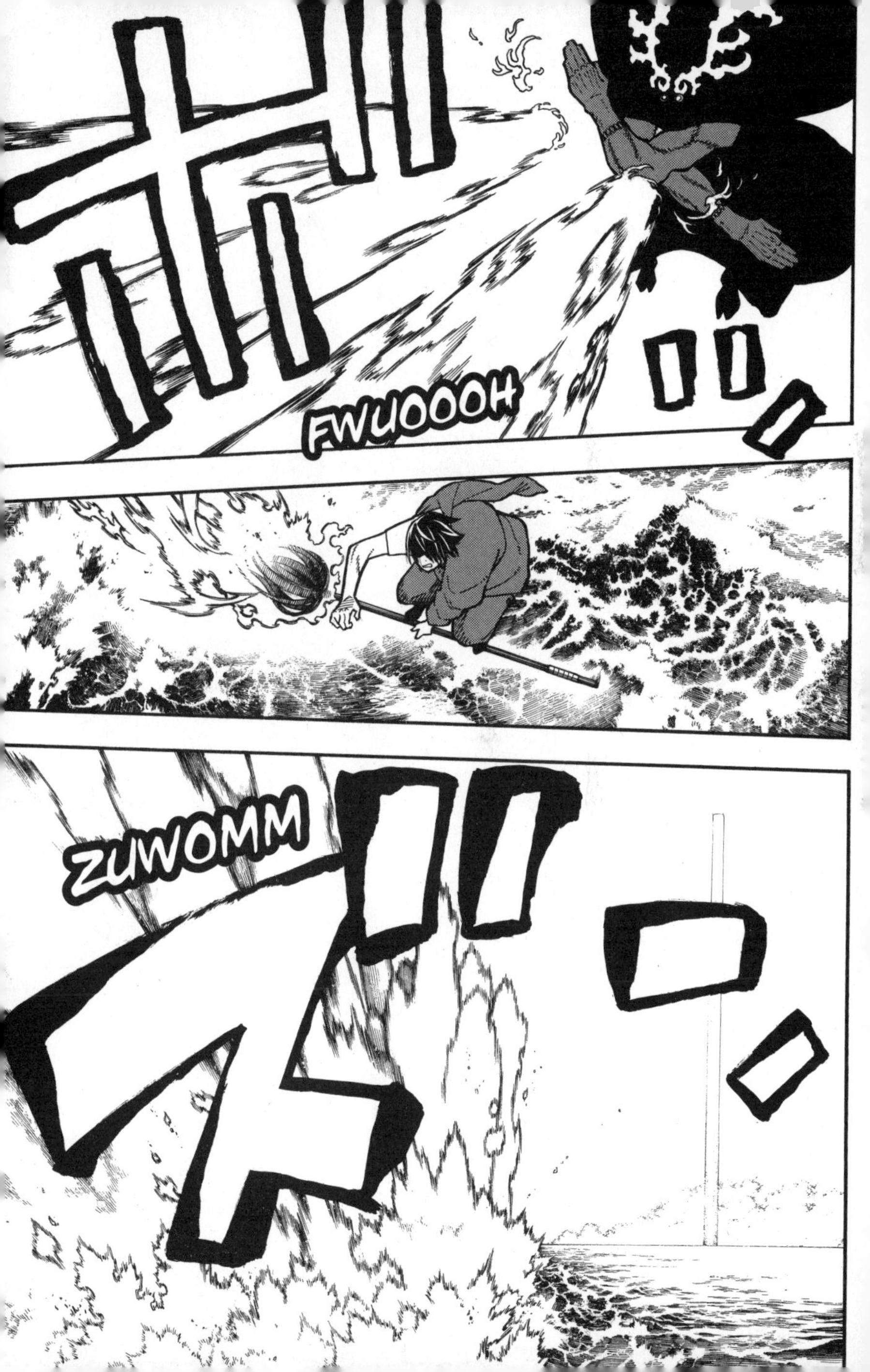
FWUOOOH
ZUWOMM

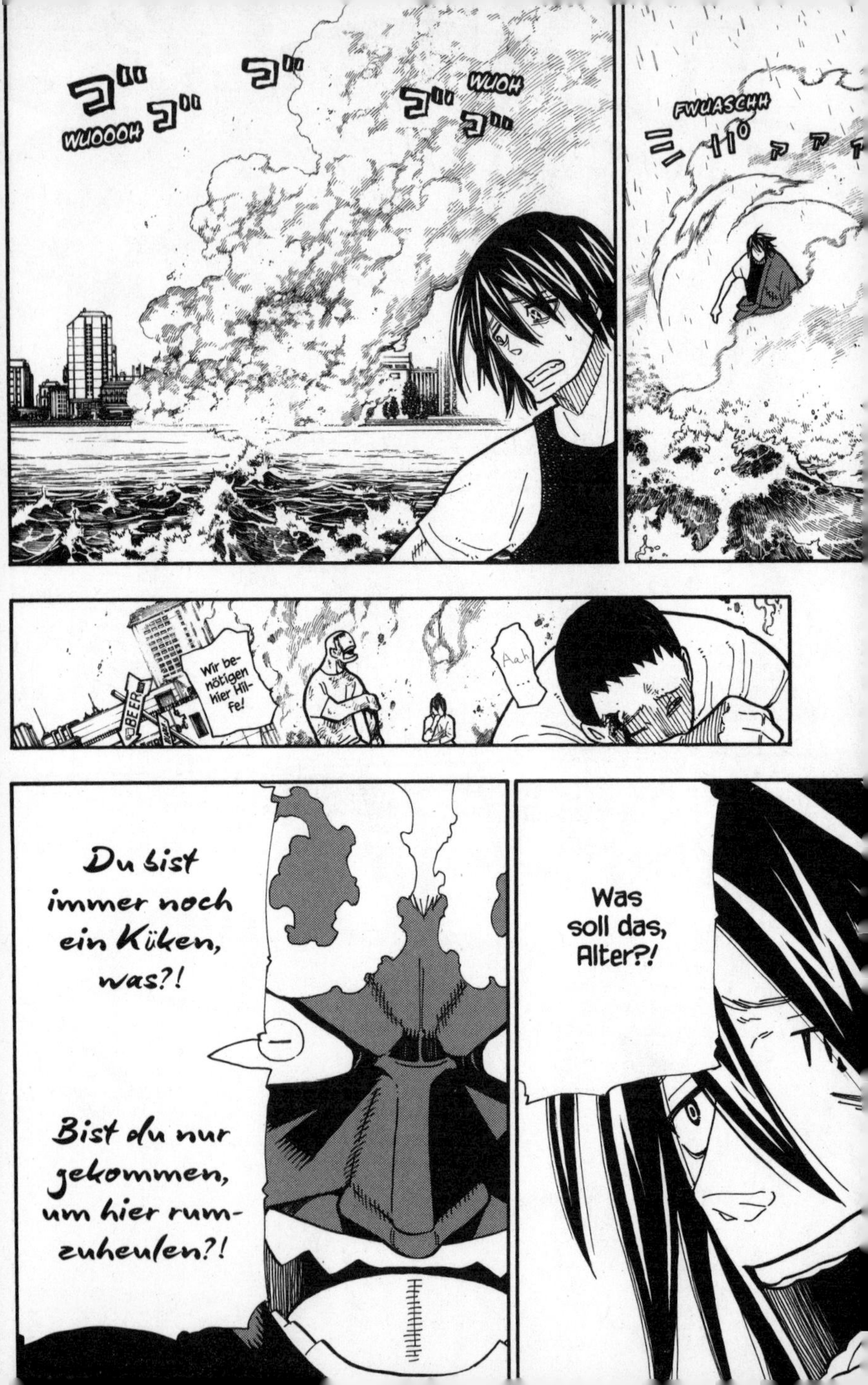

WUOOOH
WUOH
FWUASCHH
Wir benötigen hier Hilfe!
Aah ...
Was soll das, Alter?!
Du bist immer noch ein Küken, was?!
—
Bist du nur gekommen, um hier rumzuheulen?!

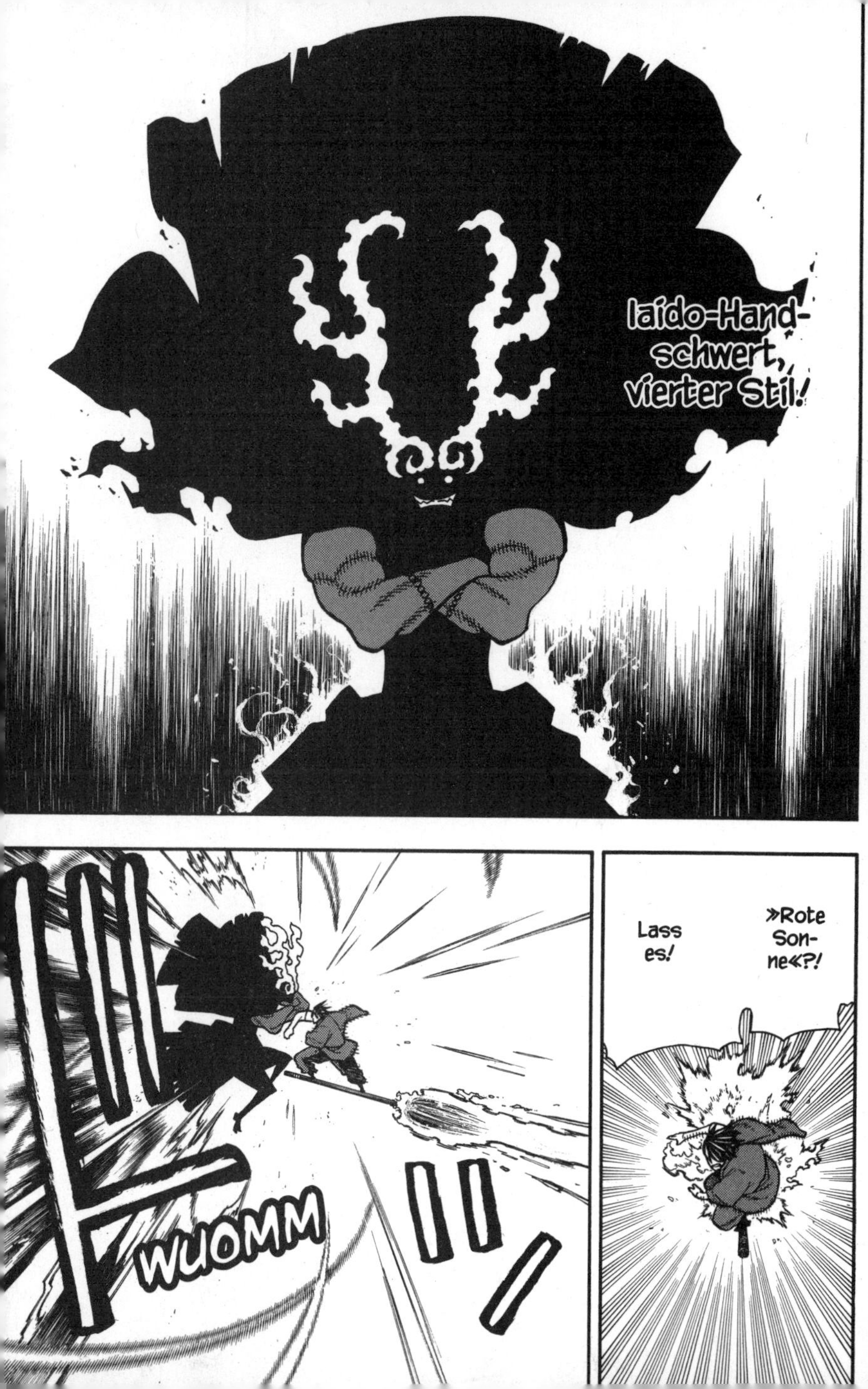
Iaído-Hand-
schwert,
vierter Stil!
»Rote
Son-
ne«?!
Lass
es!
WUOMM

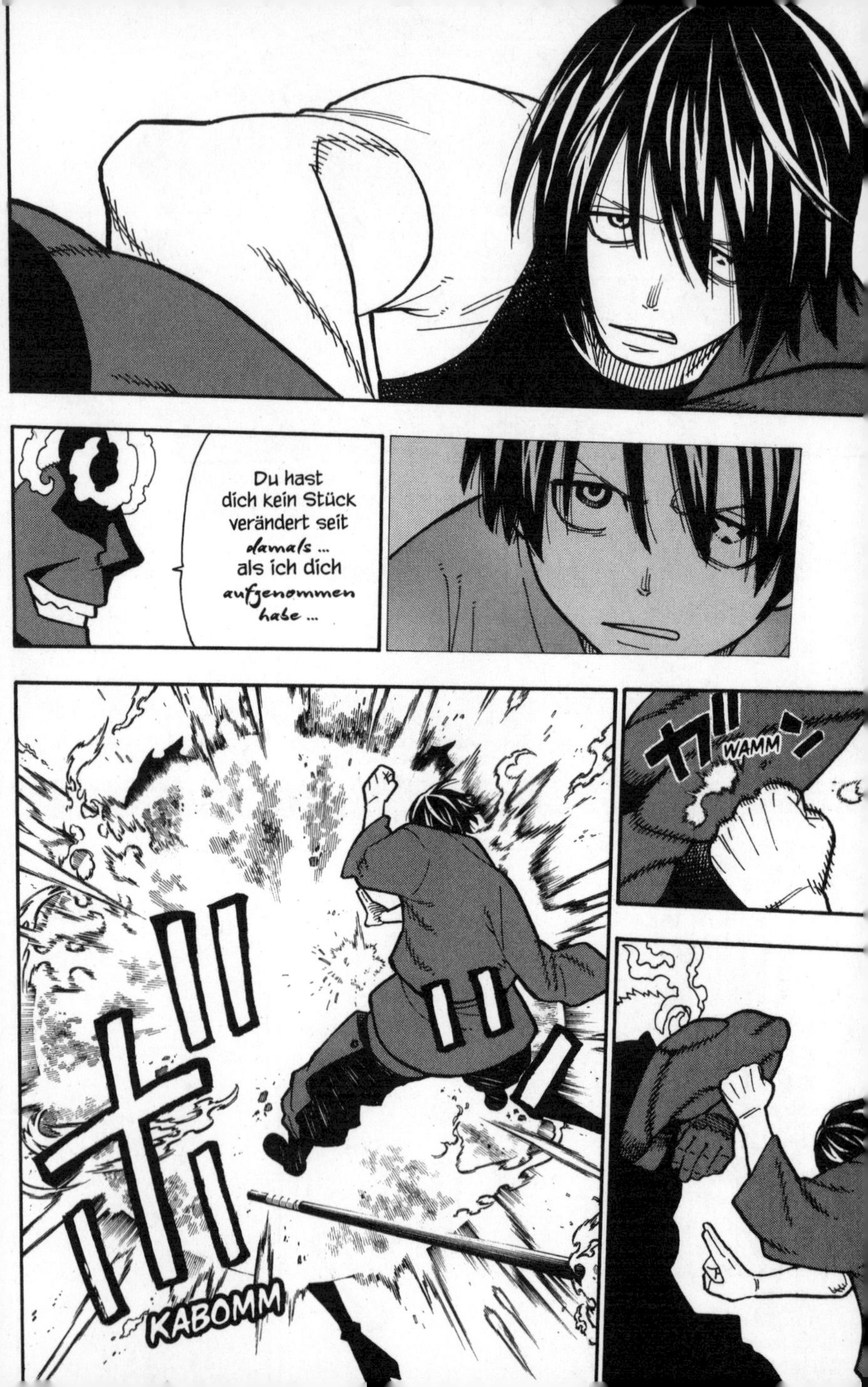
Du hast dich kein Stück verändert seit damals ... als ich dich aufgenommen habe ...
WAMM
KABOMM

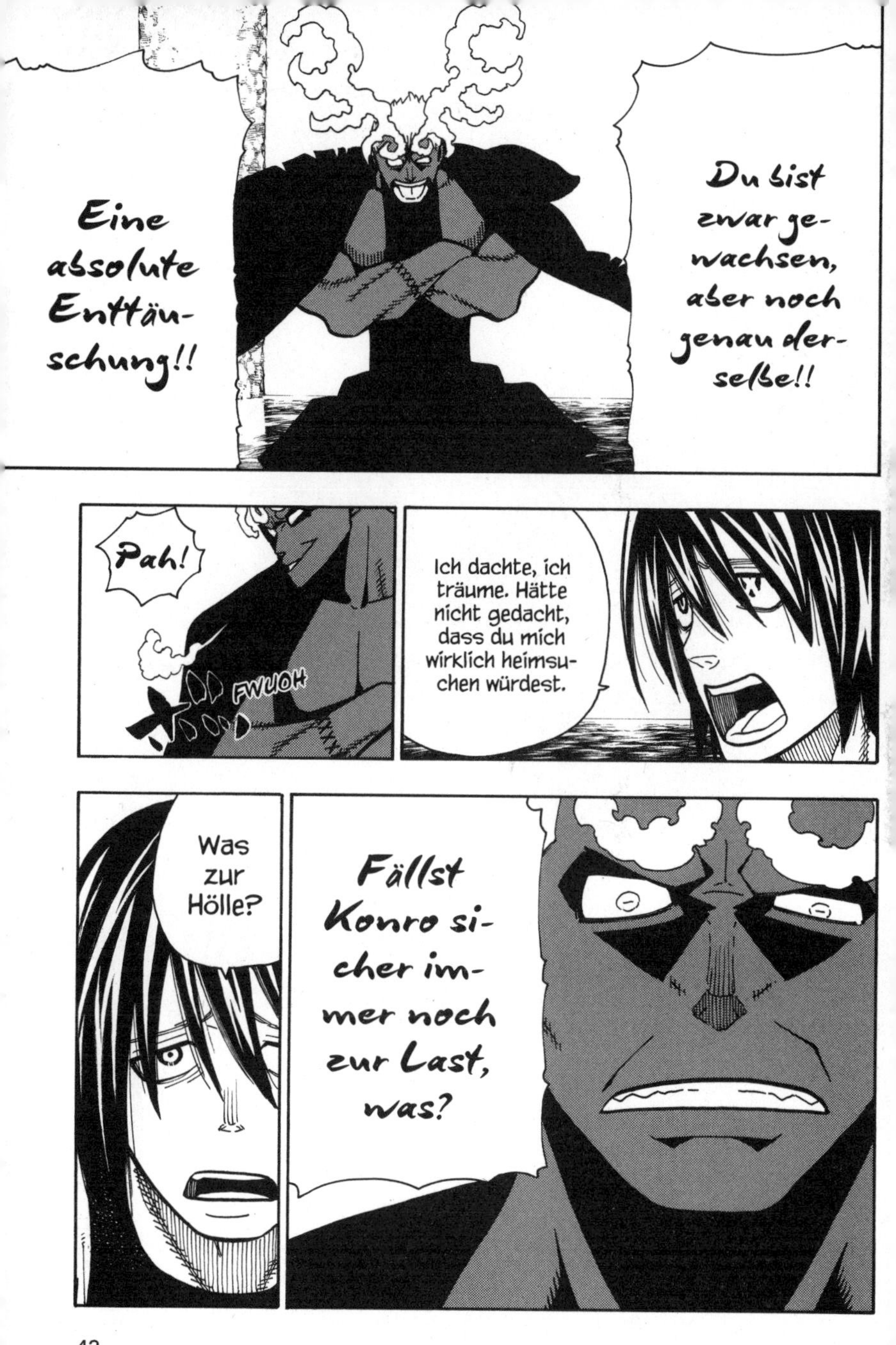
Du bist zwar gewachsen, aber noch genau derselbe!!
Eine absolute Enttäuschung!!
Ich dachte, ich träume. Hätte nicht gedacht, dass du mich wirklich heimsuchen würdest.
Pah!
FWUOH
Fällst Konro sicher immer noch zur Last, was?
Was zur Hölle?

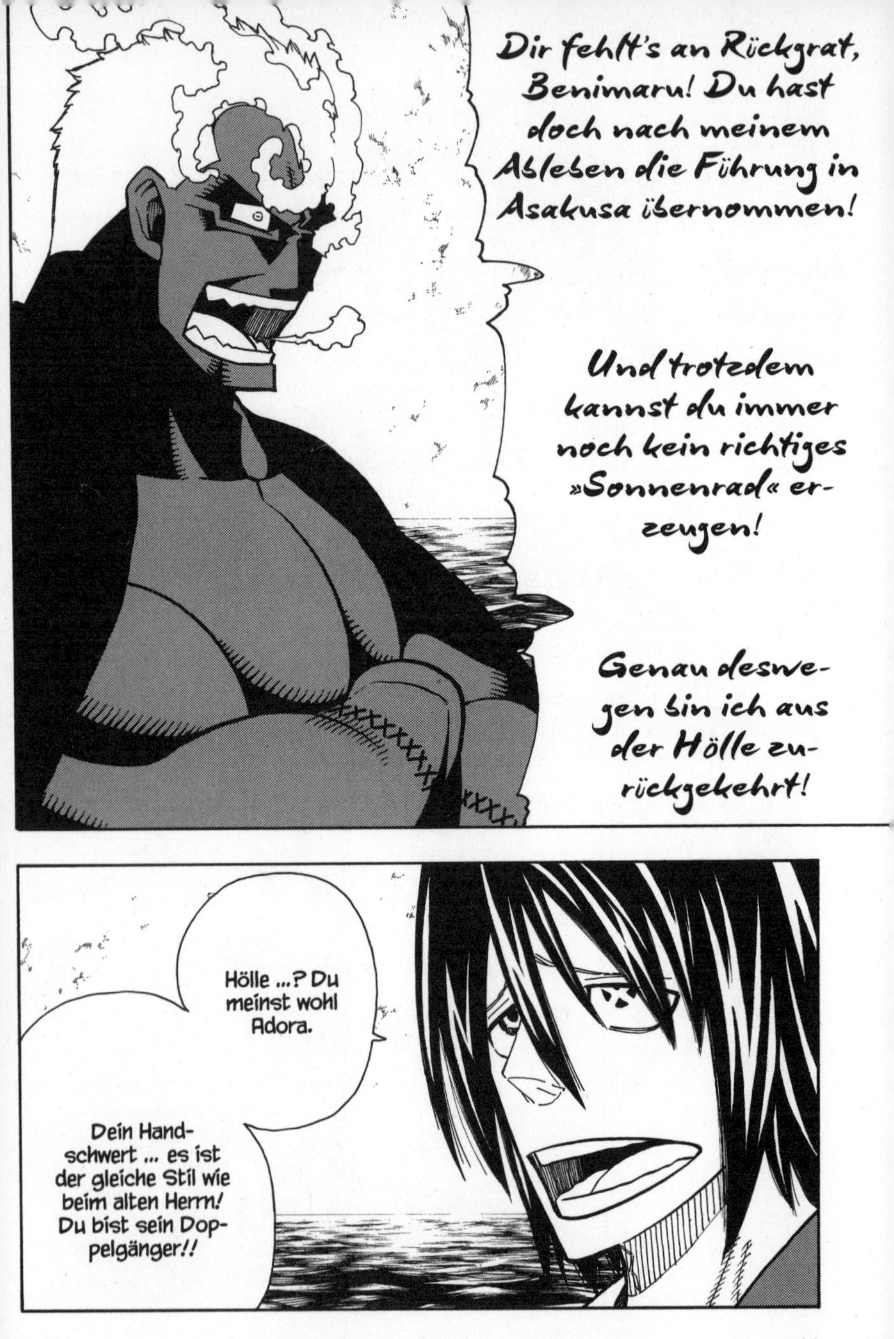
Dir fehlt's an Rückgrat, Benimaru! Du hast doch nach meinem Ableben die Führung in Asakusa übernommen!
Und trotzdem kannst du immer noch kein richtiges »Sonnenrad« erzeugen!
Genau deswegen bin ich aus der Hölle zurückgekehrt!
Hölle ...? Du meinst wohl Adora.
Dein Handschwert ... es ist der gleiche Stil wie beim alten Herrn! Du bist sein Doppelgänger!!

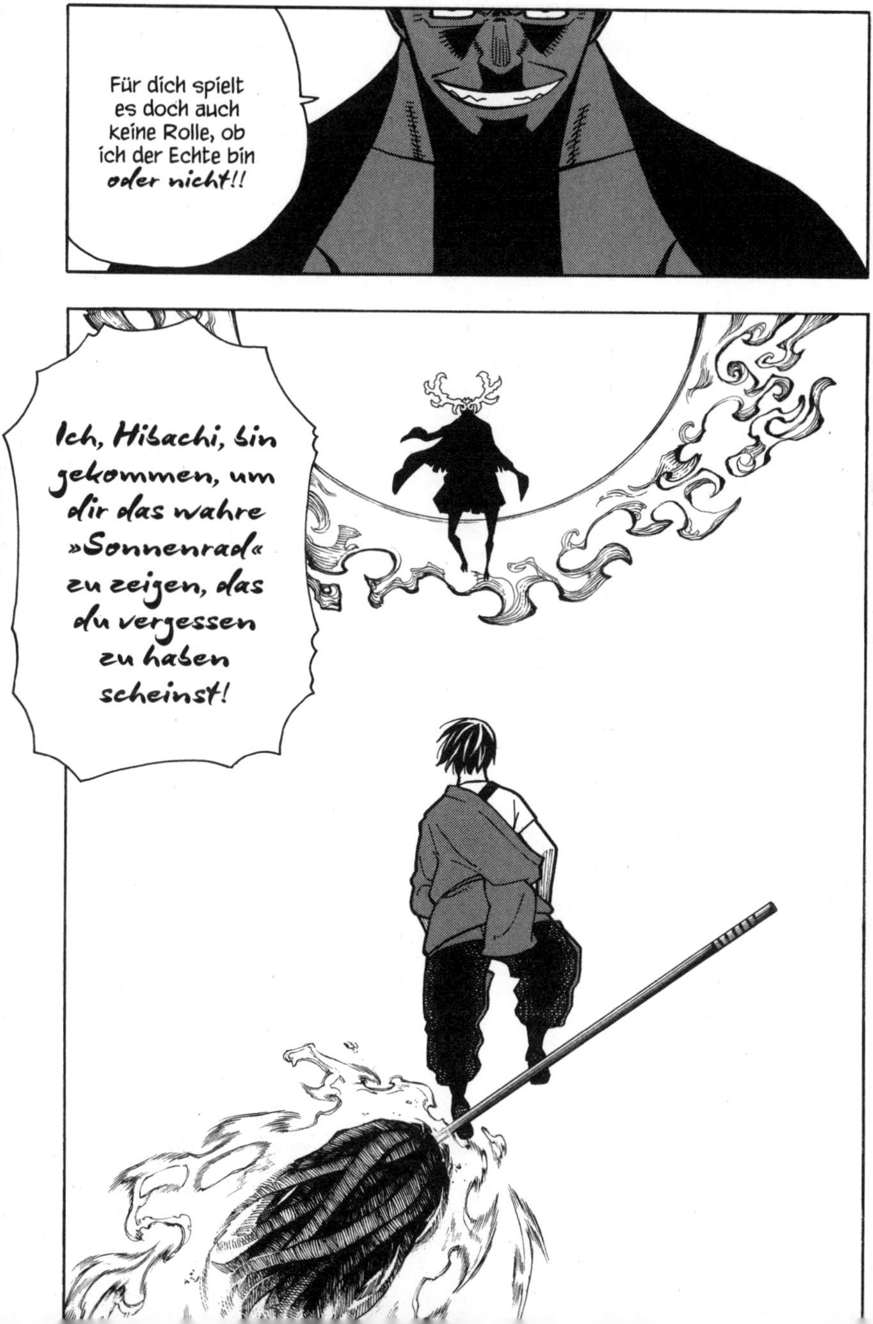
Für dich spielt es doch auch keine Rolle, ob ich der Echte bin oder nicht!!
Ich, Hibachi, bin gekommen, um dir das wahre »Sonnenrad« zu zeigen, das du vergessen zu haben scheinst!

FIRE FORCE

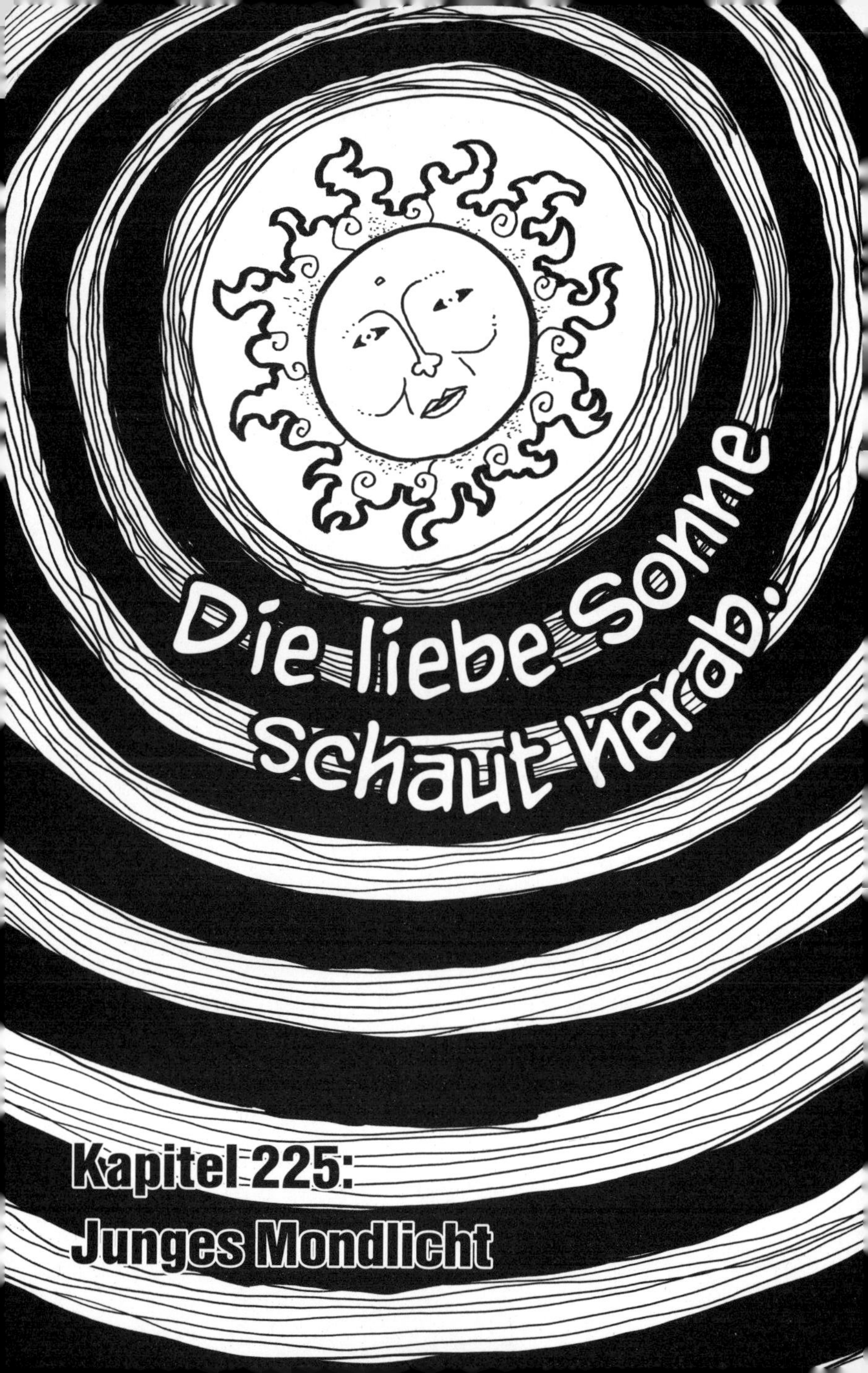
Die liebe Sonne schaut herab.
Kapitel 225:
Junges Mondlicht

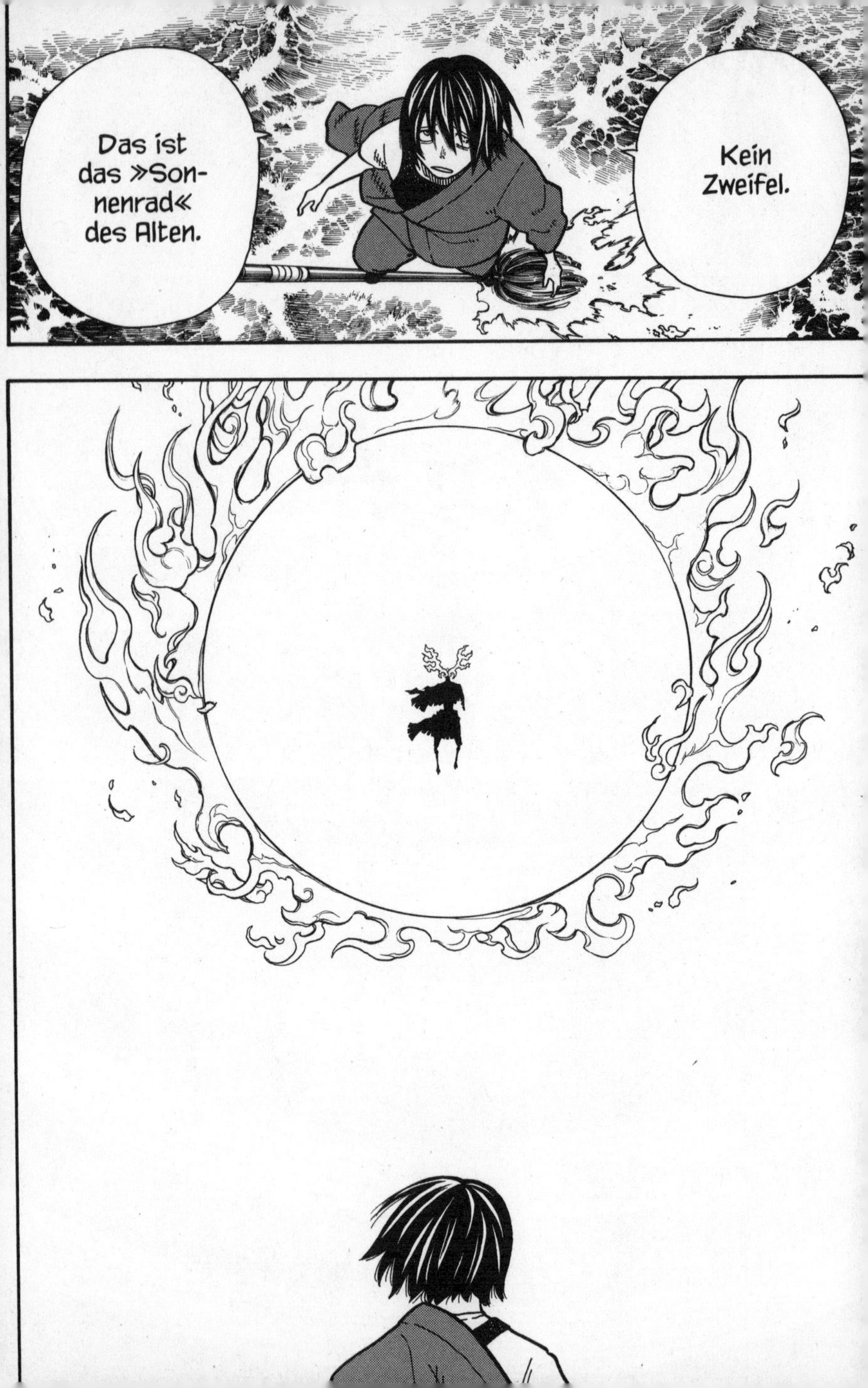
Kein Zweifel.
Das ist das »Sonnenrad« des Alten.

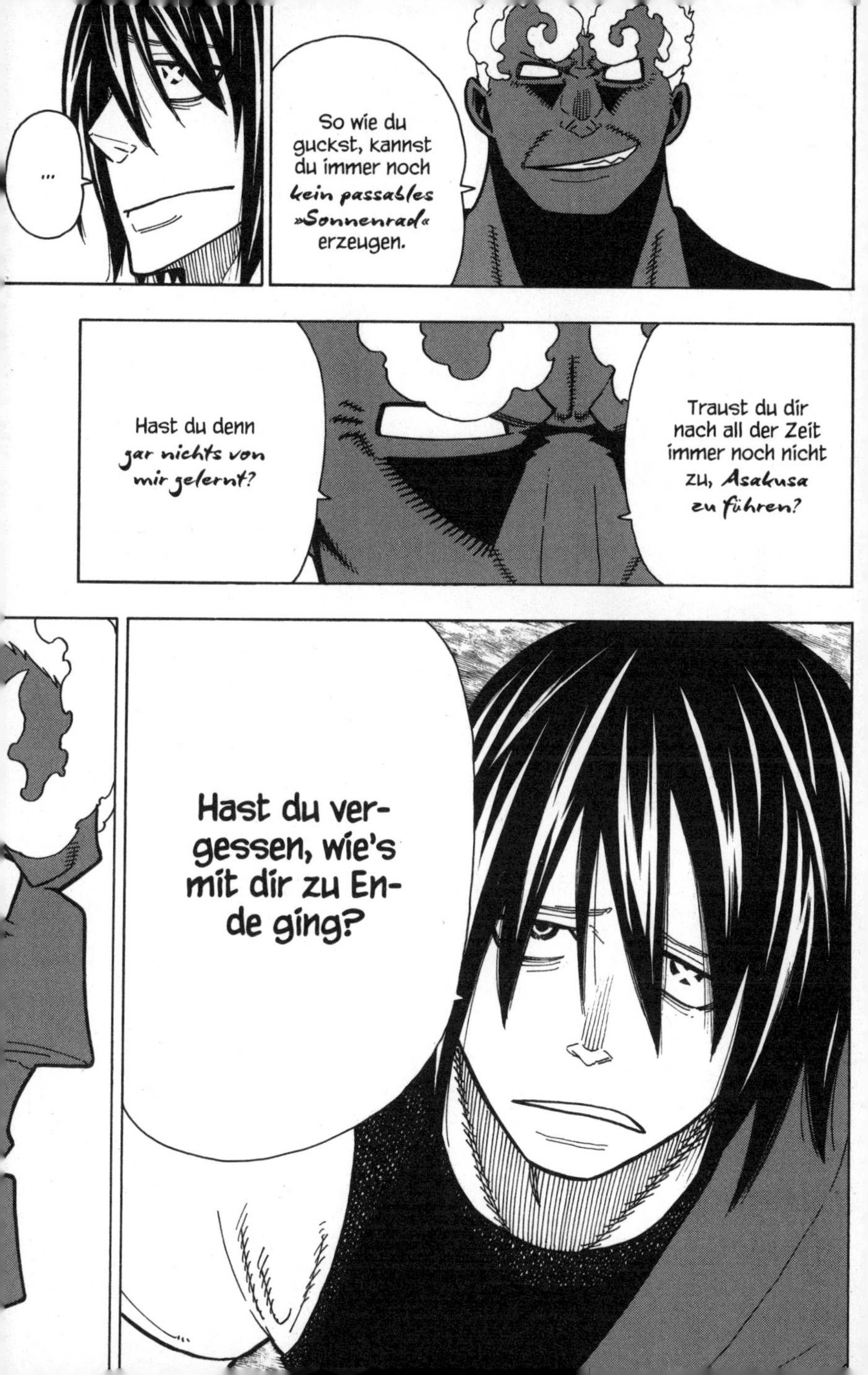

So wie du guckst, kannst du immer noch *kein passables »Sonnenrad«* erzeugen.
...
Traust du dir nach all der Zeit immer noch nicht zu, *Asakusa zu führen?*
Hast du denn *gar nichts von mir gelernt?*
Hast du vergessen, wie's mit dir zu Ende ging?

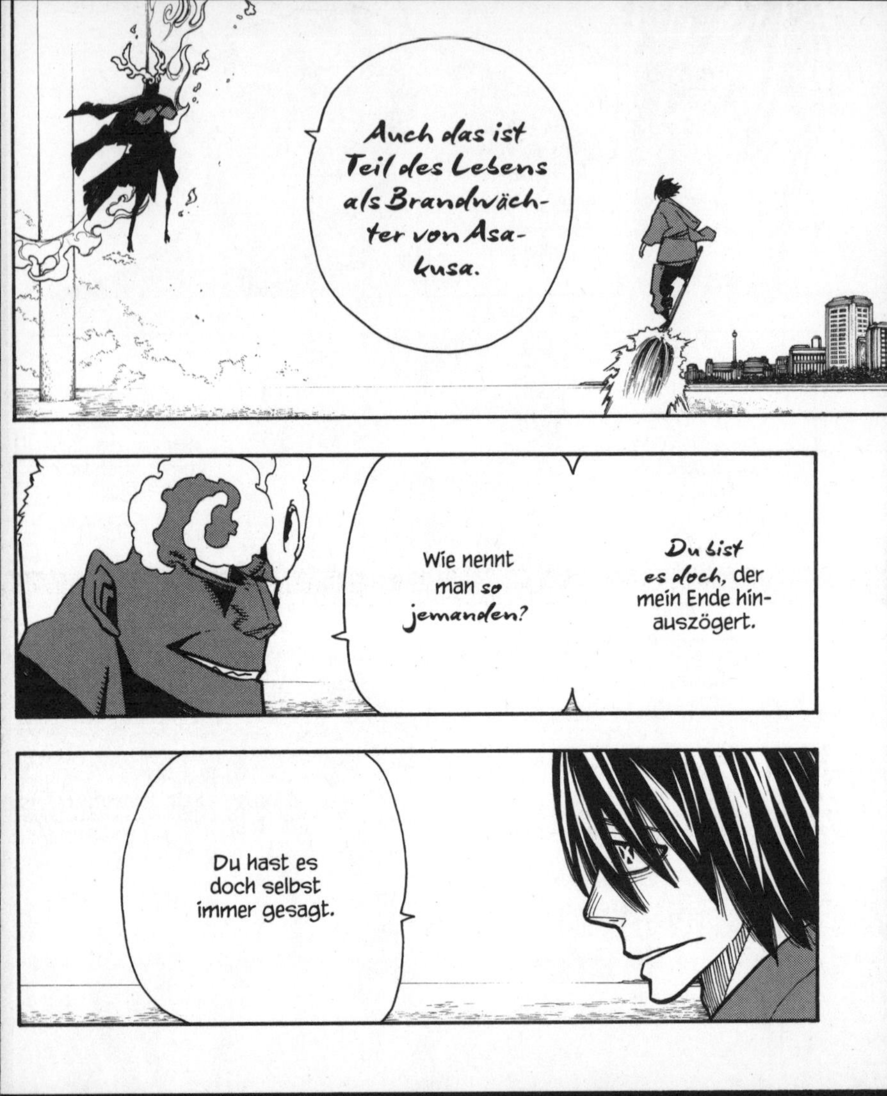
Auch das ist Teil des Lebens als Brandwächter von Asakusa.
Du bist es doch, der mein Ende hinauszögert.
Wie nennt man so jemanden?
Du hast es doch selbst immer gesagt.

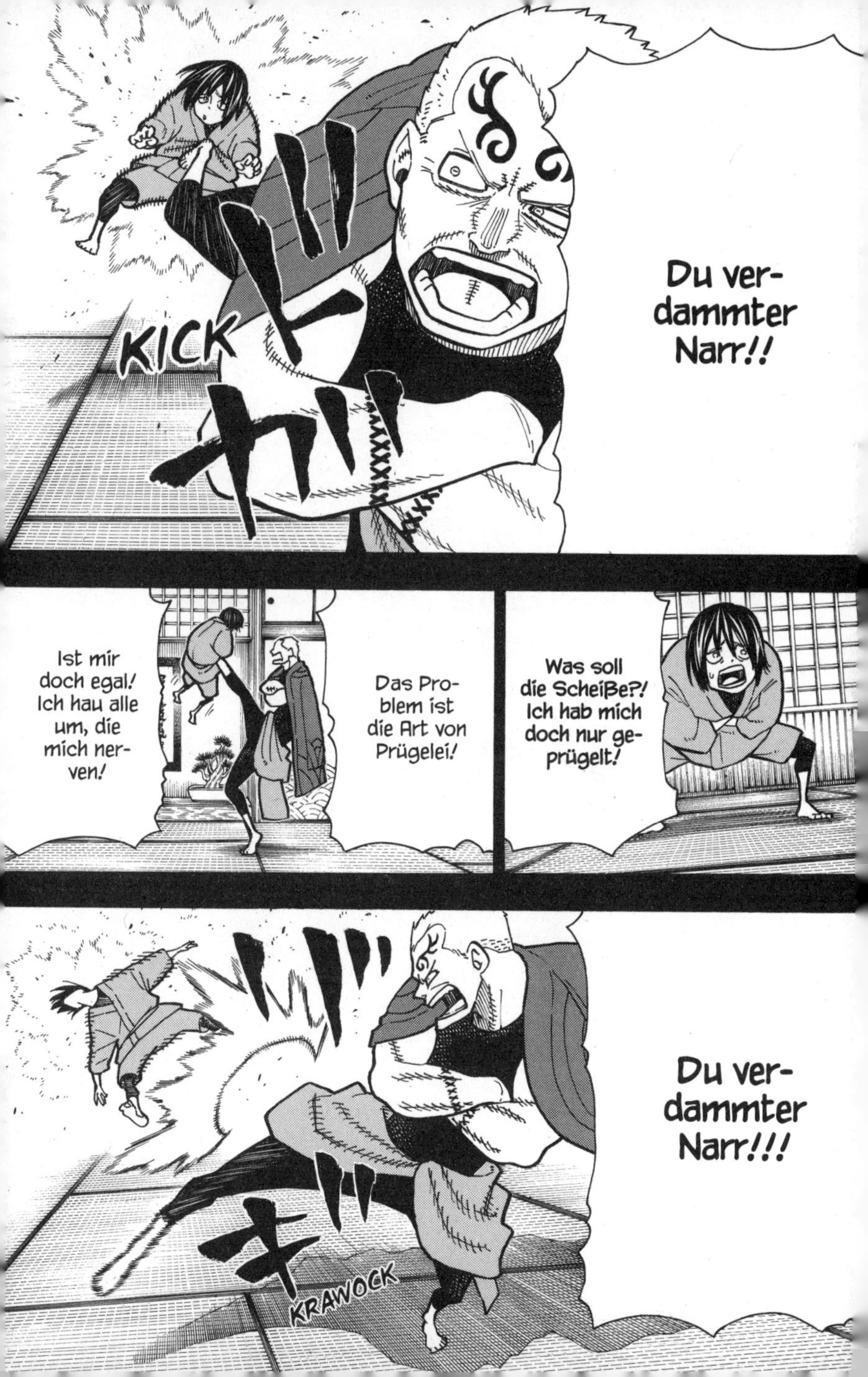
Du verdammter Narr!!
KICK
Was soll die Scheiße?! Ich hab mich doch nur geprügelt!
Das Problem ist die Art von Prügelei!
Ist mir doch egal! Ich hau alle um, die mich nerven!
Du verdammter Narr!!!
KRAWOCK

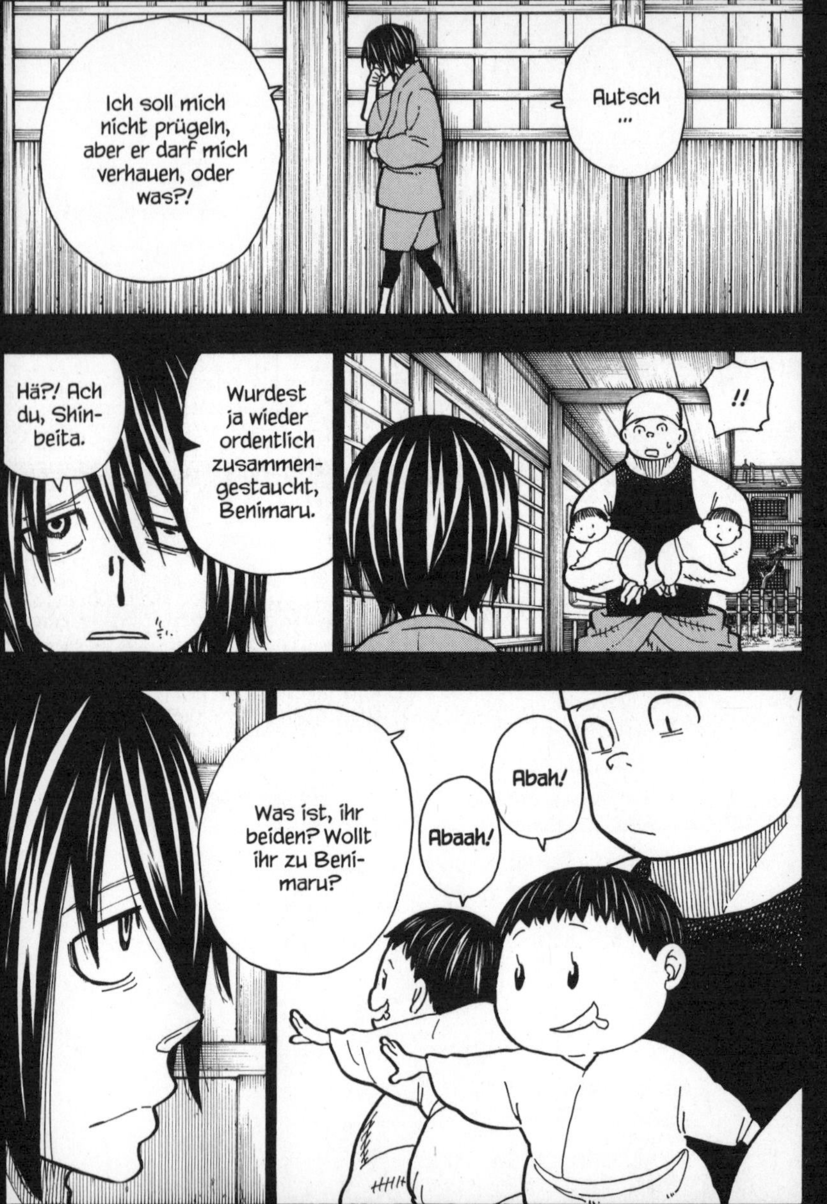
Autsch ...
Ich soll mich nicht prügeln, aber er darf mich verhauen, oder was?!
!!
Wurdest ja wieder ordentlich zusammengestaucht, Benimaru.
Hä?! Ach du, Shinbeita.
Abah!
Abaah!
Was ist, ihr beiden? Wollt ihr zu Benimaru?

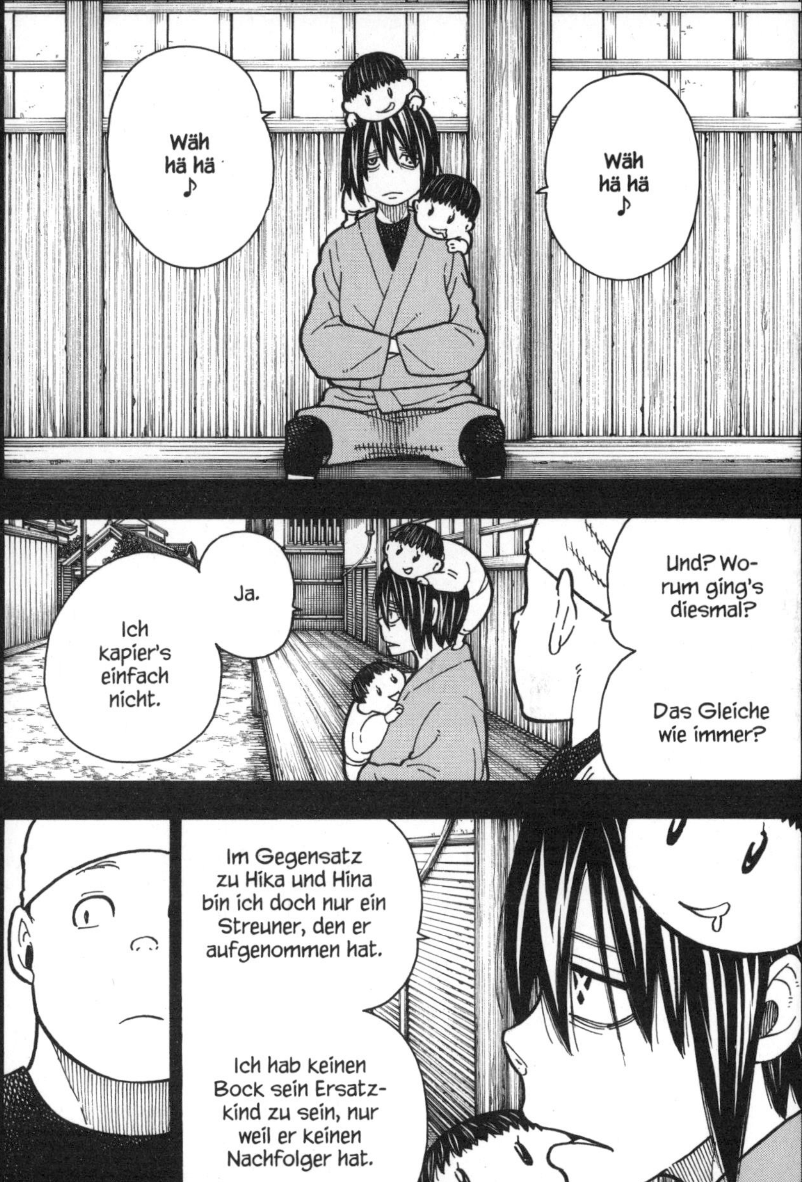

Wäh hä hä ♪
Wäh hä hä ♪
Und? Worum ging's diesmal?
Das Gleiche wie immer?
Ja.
Ich kapier's einfach nicht.
Im Gegensatz zu Hika und Hina bin ich doch nur ein Streuner, den er aufgenommen hat.
Ich hab keinen Bock sein Ersatzkind zu sein, nur weil er keinen Nachfolger hat.

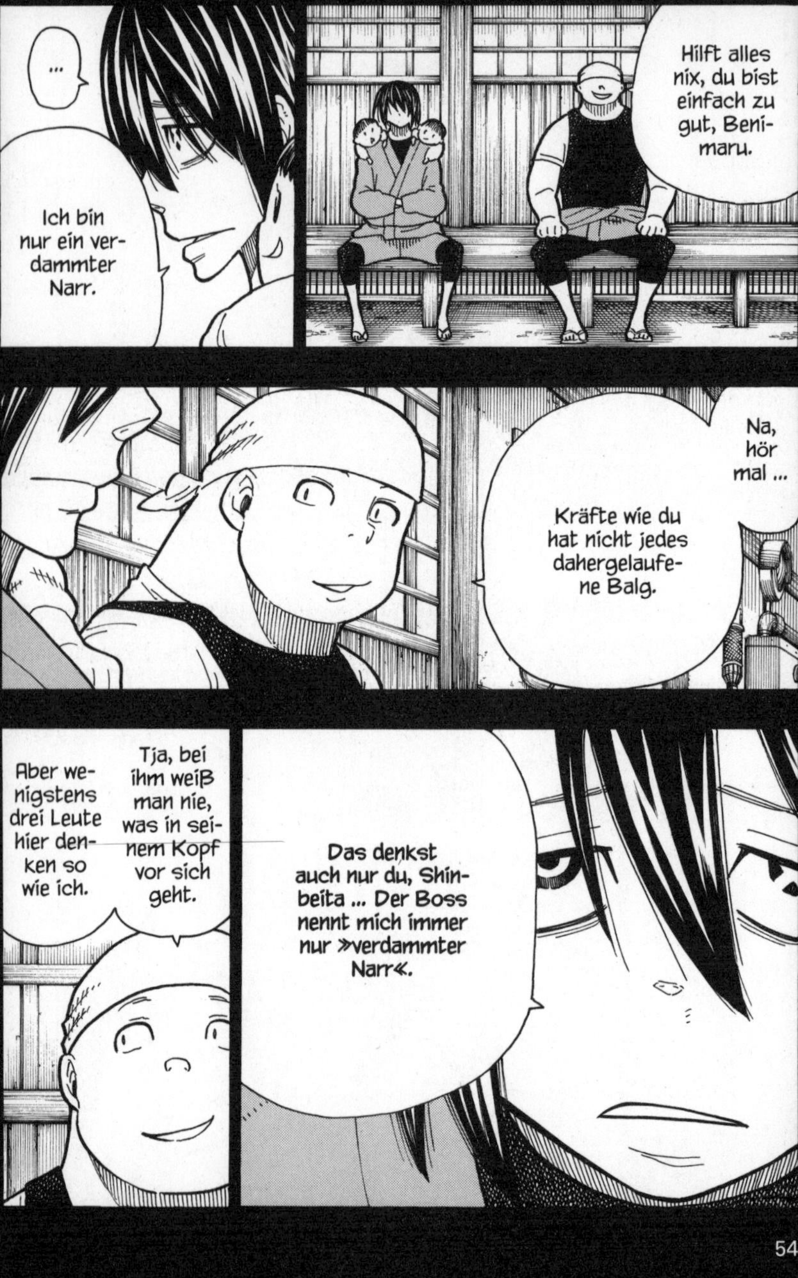
Hilft alles nix, du bist einfach zu gut, Benimaru.
...
Ich bin nur ein verdammter Narr.
Na, hör mal ...
Kräfte wie du hat nicht jedes dahergelaufene Balg.
Das denkst auch nur du, Shinbeita ... Der Boss nennt mich immer nur »verdammter Narr«.
Tja, bei ihm weiß man nie, was in seinem Kopf vor sich geht.
Aber wenigstens drei Leute hier denken so wie ich.

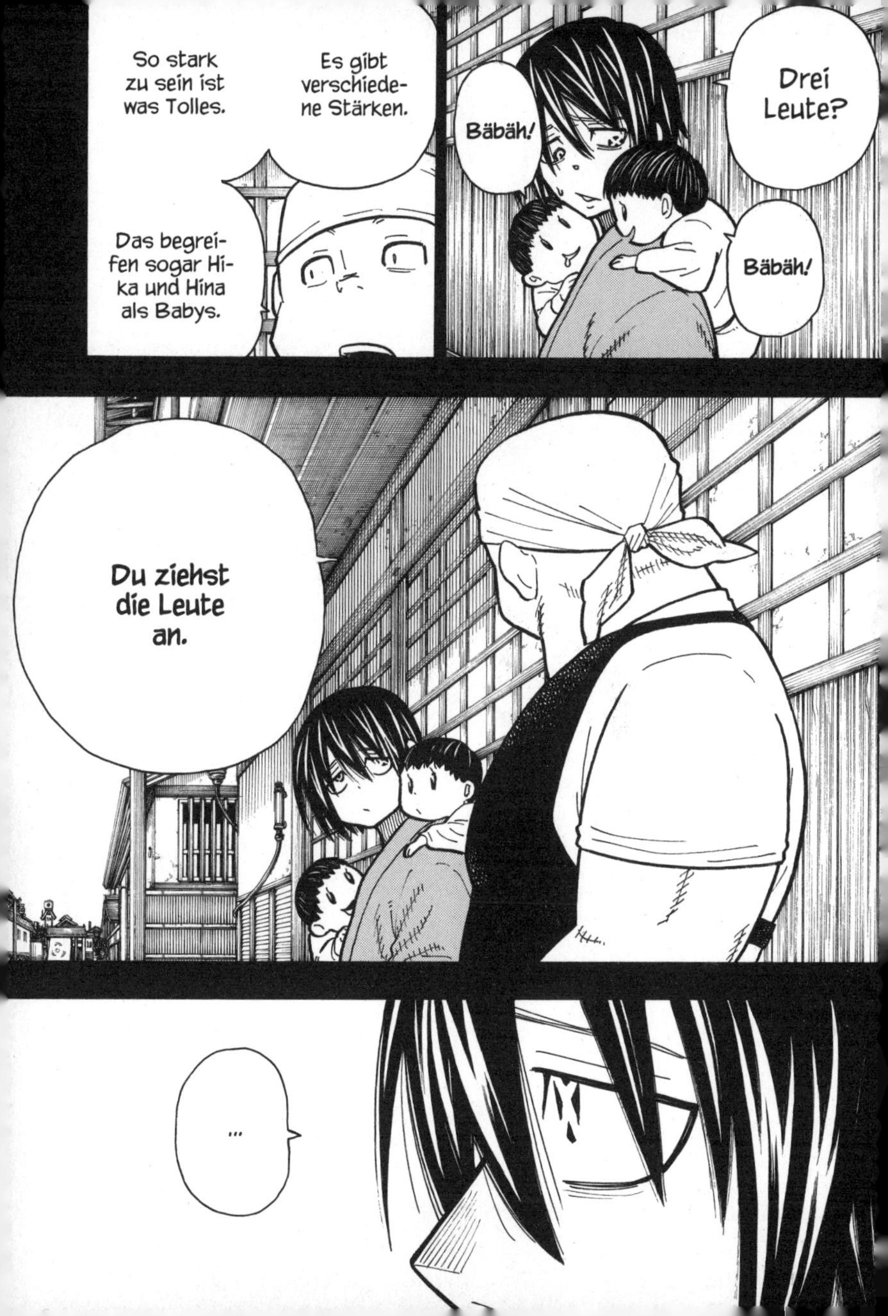
Drei Leute?
Bäbäh!
Bäbäh!
Es gibt verschiedene Stärken.
So stark zu sein ist was Tolles.
Das begreifen sogar Hika und Hina als Babys.
Du ziehst die Leute an.
...

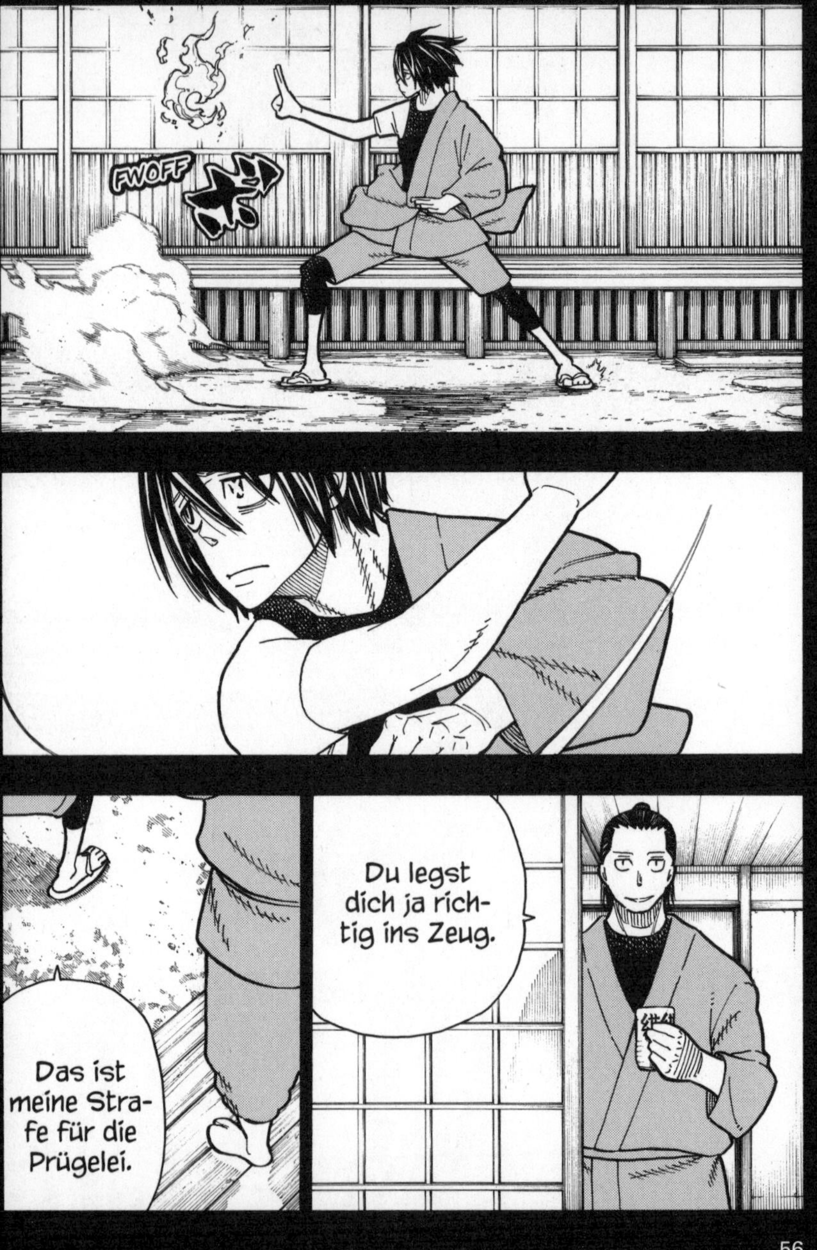
FWOFF
Du legst dich ja richtig ins Zeug.
Das ist meine Strafe für die Prügelei.

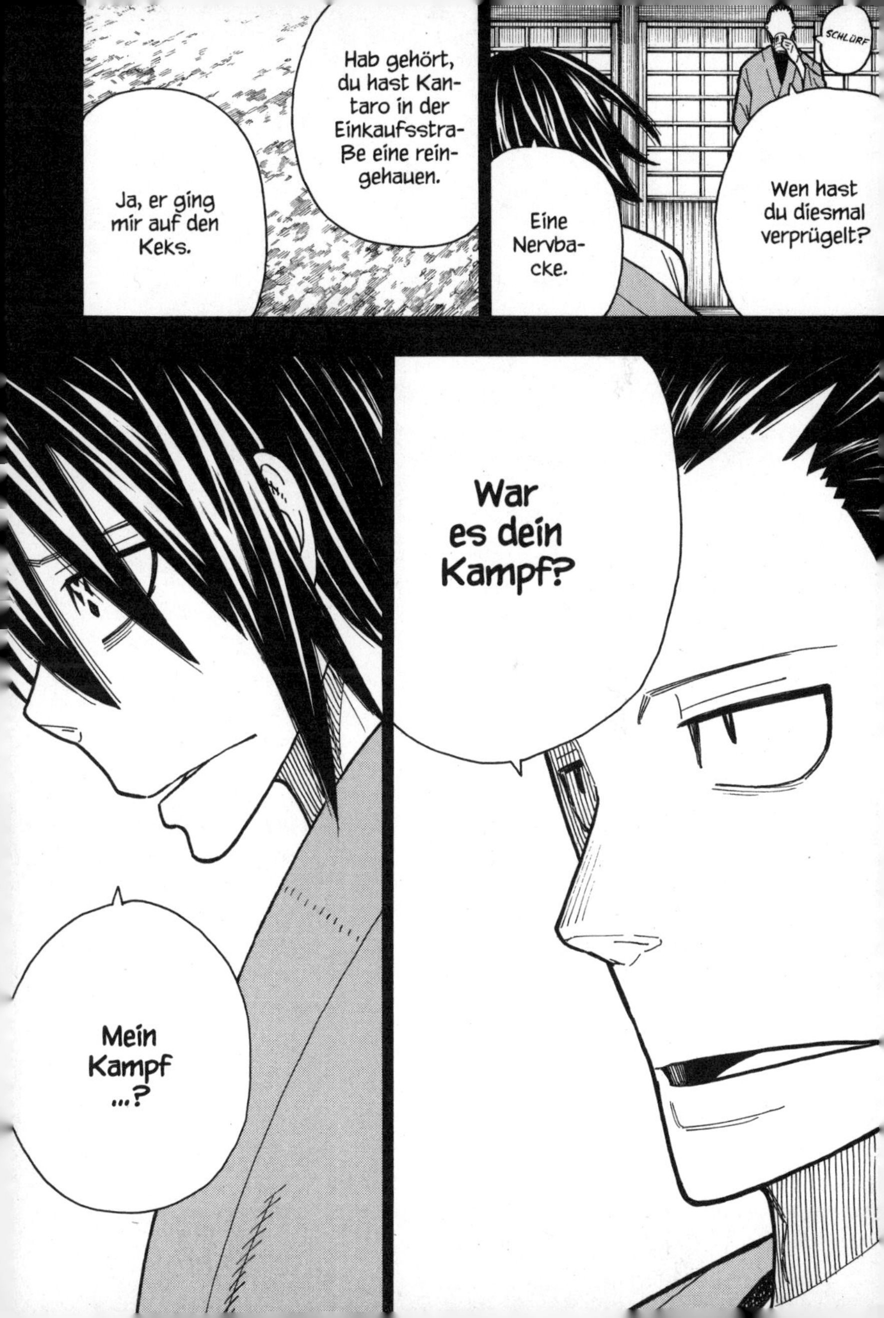
SCHLÜRF
Wen hast du diesmal verprügelt?
Eine Nervbacke.
Hab gehört, du hast Kantaro in der Einkaufsstraße eine reingehauen.
Ja, er ging mir auf den Keks.
War es dein Kampf?
Mein Kampf ...?

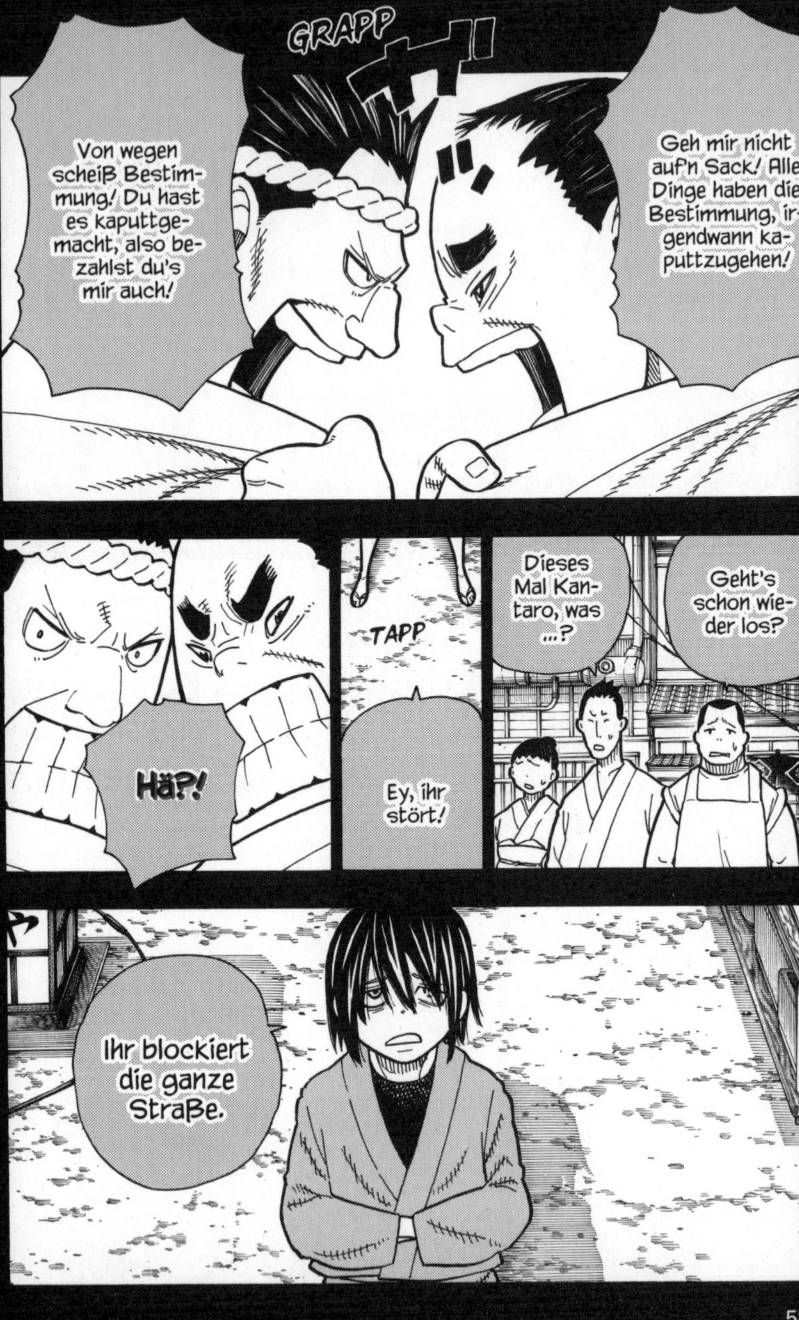
GRAPP
Geh mir nicht auf'n Sack! Alle Dinge haben die Bestimmung, irgendwann kaputtzugehen!
Von wegen scheiß Bestimmung! Du hast es kaputtgemacht, also bezahlst du's mir auch!
Geht's schon wieder los?
Dieses Mal Kantaro, was ...?
TAPP
Ey, ihr stört!
Hä?!
Ihr blockiert die ganze Straße.

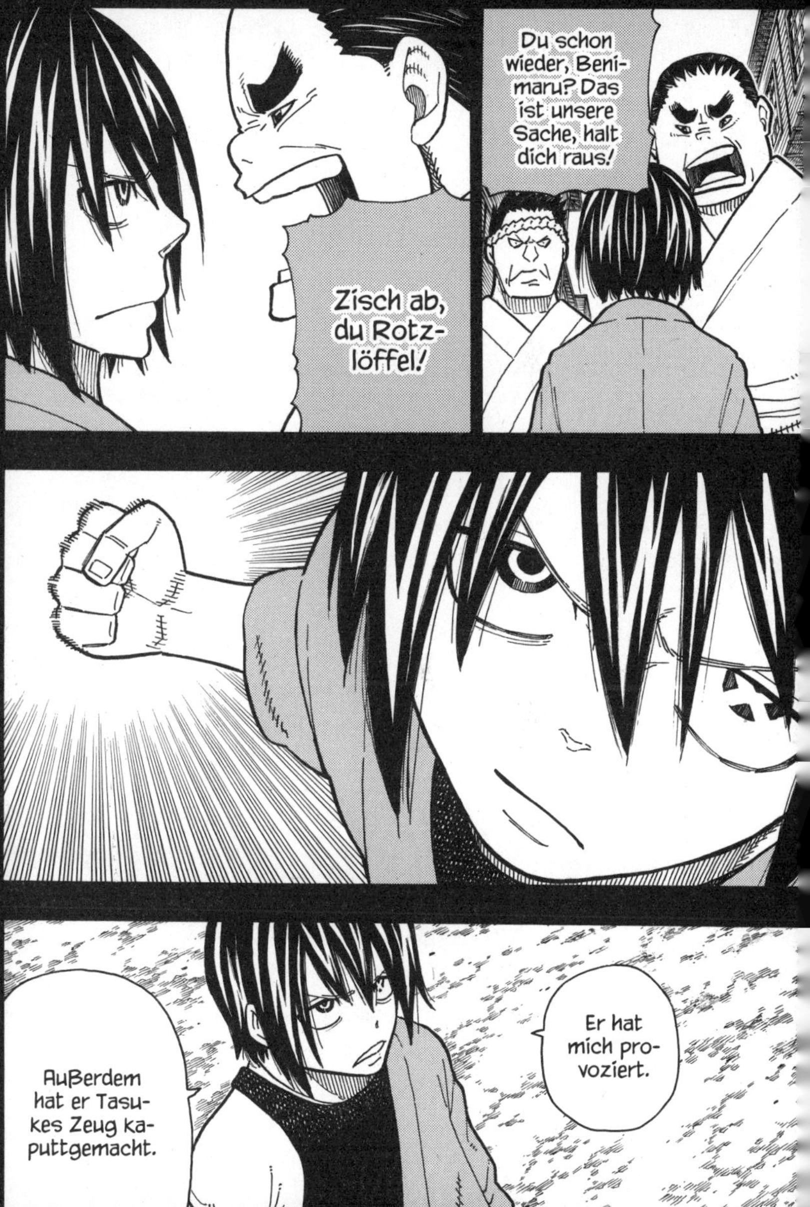
Du schon wieder, Benimaru? Das ist unsere Sache, halt dich raus!
Zisch ab, du Rotzlöffel!
Er hat mich provoziert.
Außerdem hat er Tasukes Zeug kaputtgemacht.

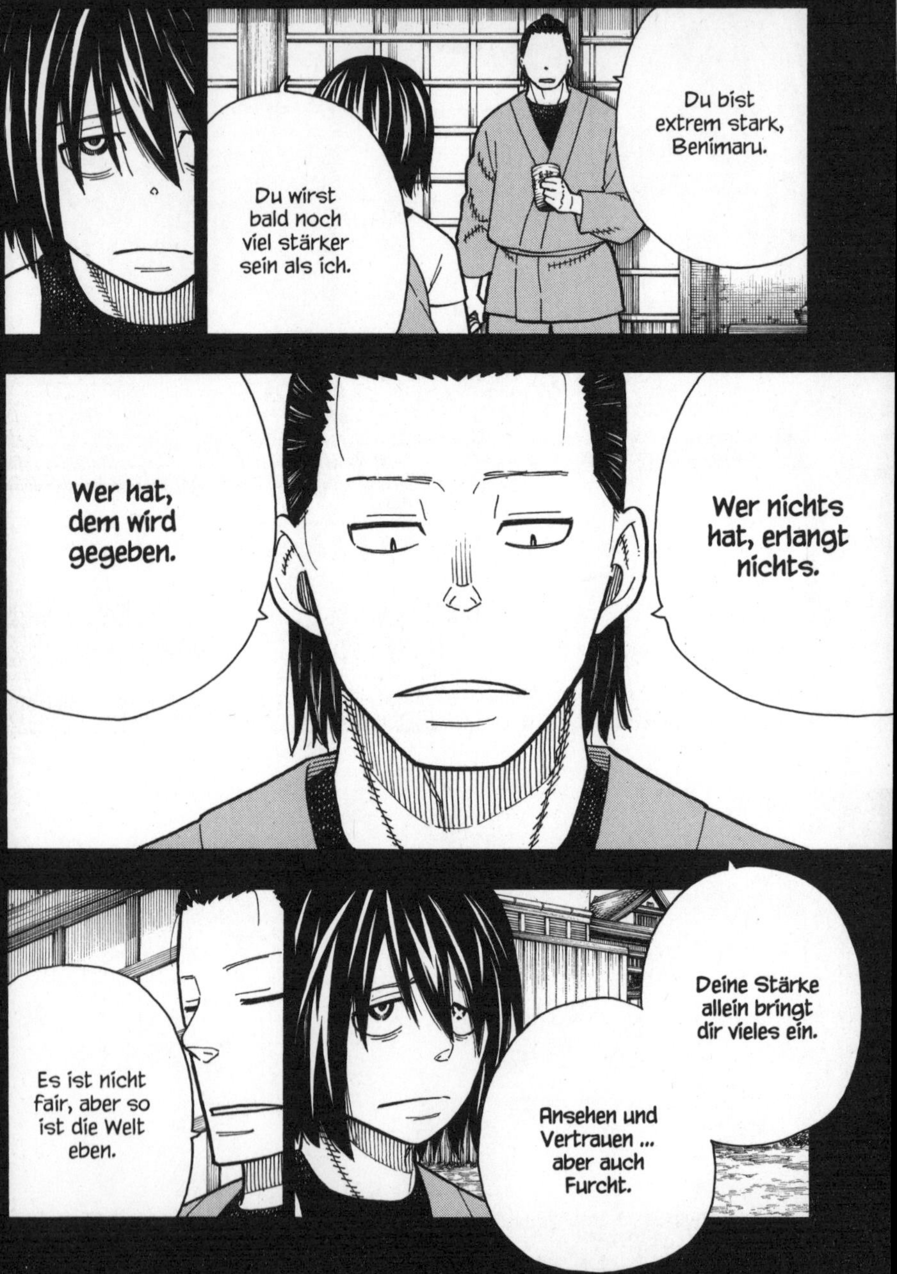
Du bist extrem stark, Benimaru.
Du wirst bald noch viel stärker sein als ich.
Wer nichts hat, erlangt nichts.
Wer hat, dem wird gegeben.
Deine Stärke allein bringt dir vieles ein.
Ansehen und Vertrauen ... aber auch Furcht.
Es ist nicht fair, aber so ist die Welt eben.

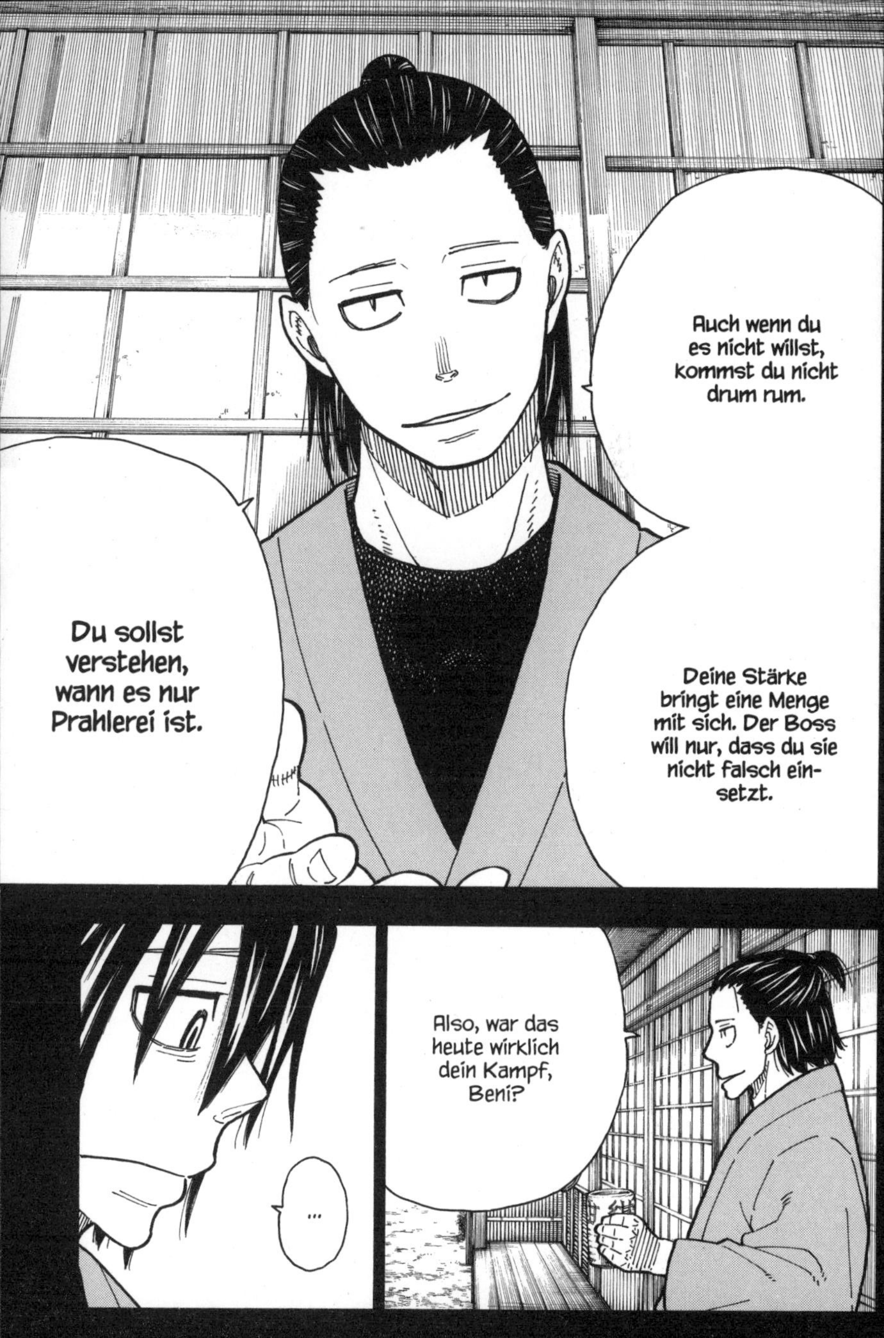
Auch wenn du es nicht willst, kommst du nicht drum rum.
Deine Stärke bringt eine Menge mit sich. Der Boss will nur, dass du sie nicht falsch einsetzt.
Du sollst verstehen, wann es nur Prahlerei ist.
Also, war das heute wirklich dein Kampf, Beni?
...

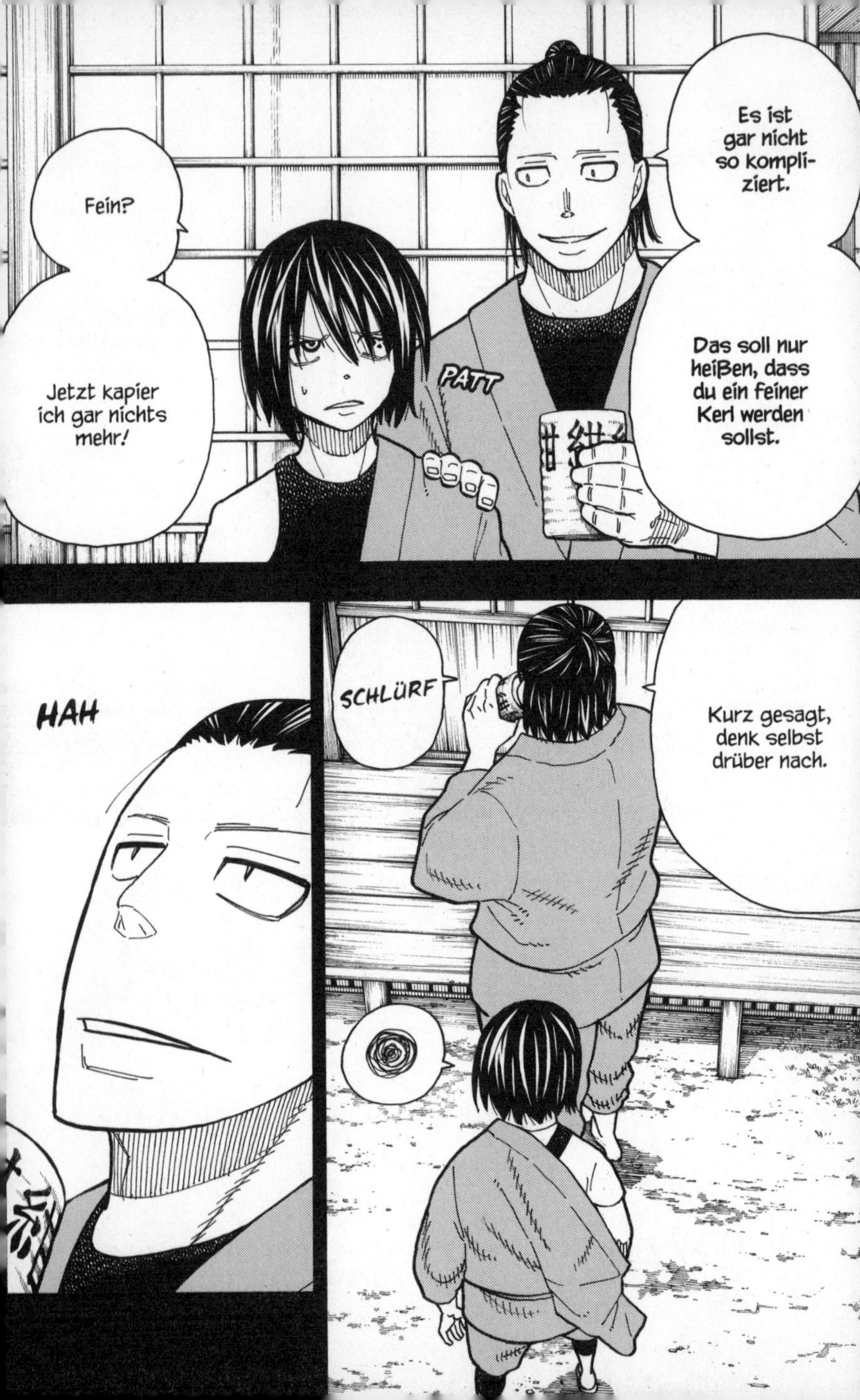
Es ist gar nicht so kompliziert.
Das soll nur heißen, dass du ein feiner Kerl werden sollst.
PATT
Fein?
Jetzt kapier ich gar nichts mehr!
Kurz gesagt, denk selbst drüber nach.
SCHLÜRF
HAH

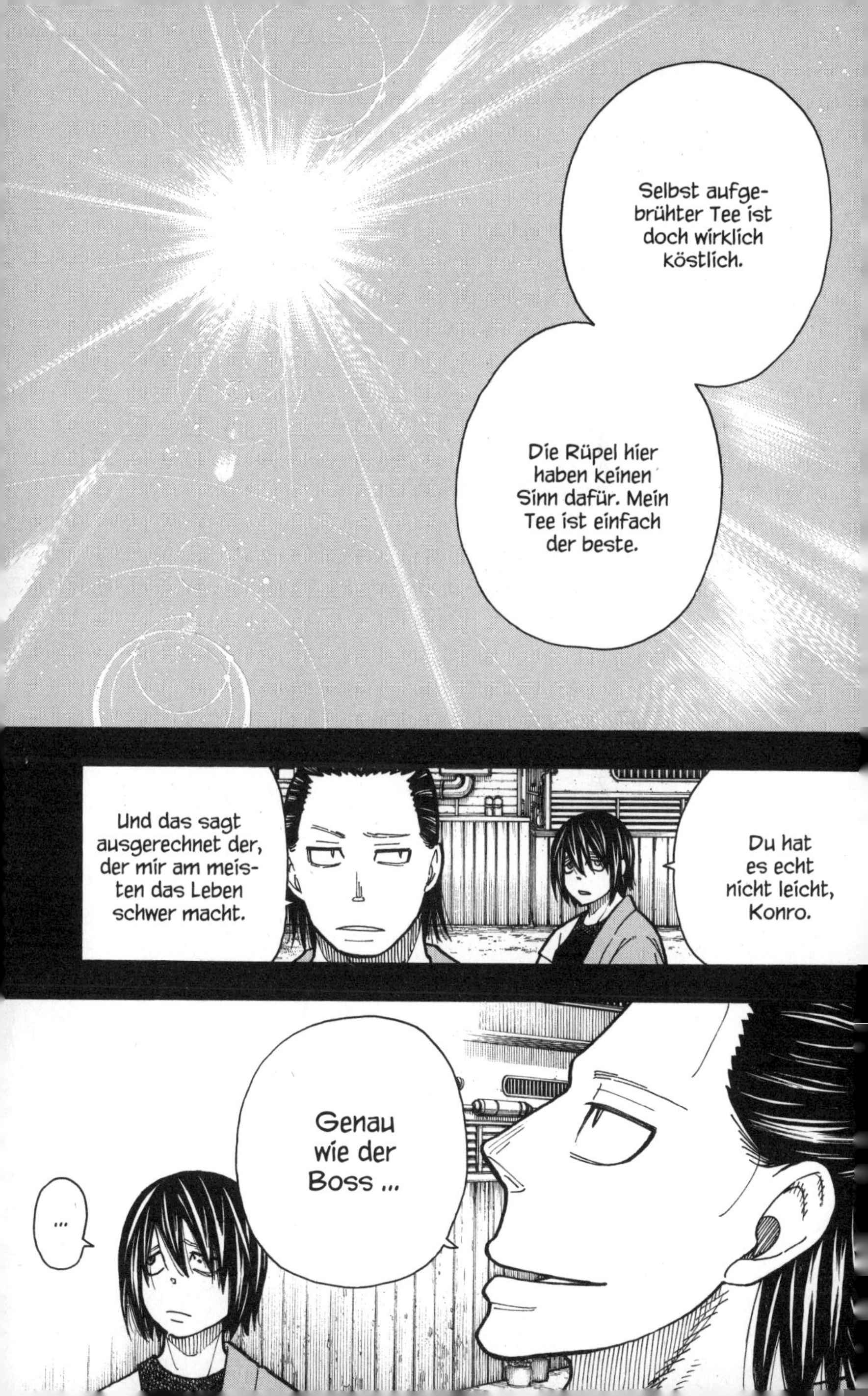
Selbst aufgebrühter Tee ist doch wirklich köstlich.
Die Rüpel hier haben keinen Sinn dafür. Mein Tee ist einfach der beste.
Du hat es echt nicht leicht, Konro.
Und das sagt ausgerechnet der, der mir am meisten das Leben schwer macht.
Genau wie der Boss ...
...

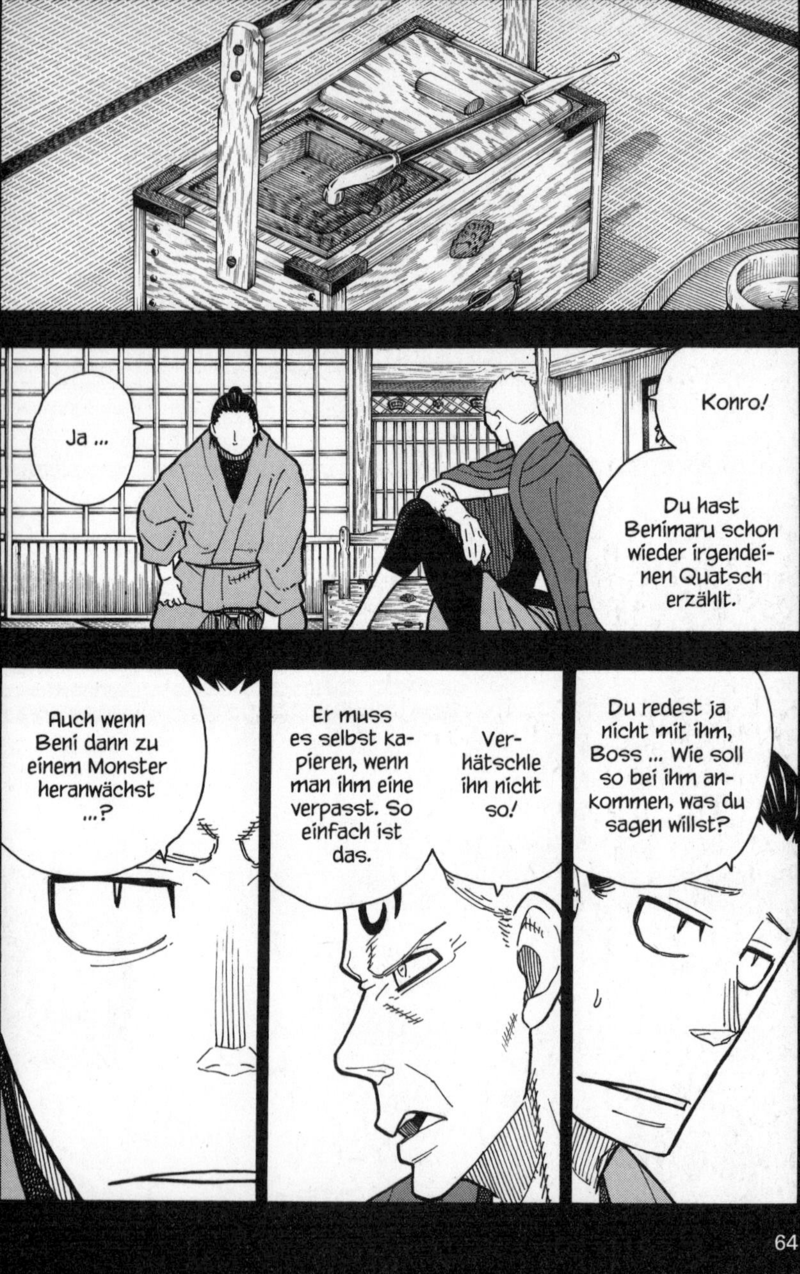
Konro!
Du hast Benimaru schon wieder irgendeinen Quatsch erzählt.
Ja ...
Du redest ja nicht mit ihm, Boss ... Wie soll so bei ihm ankommen, was du sagen willst?
Verhätschle ihn nicht so!
Er muss es selbst kapieren, wenn man ihm eine verpasst. So einfach ist das.
Auch wenn Beni dann zu einem Monster heranwächst ...?

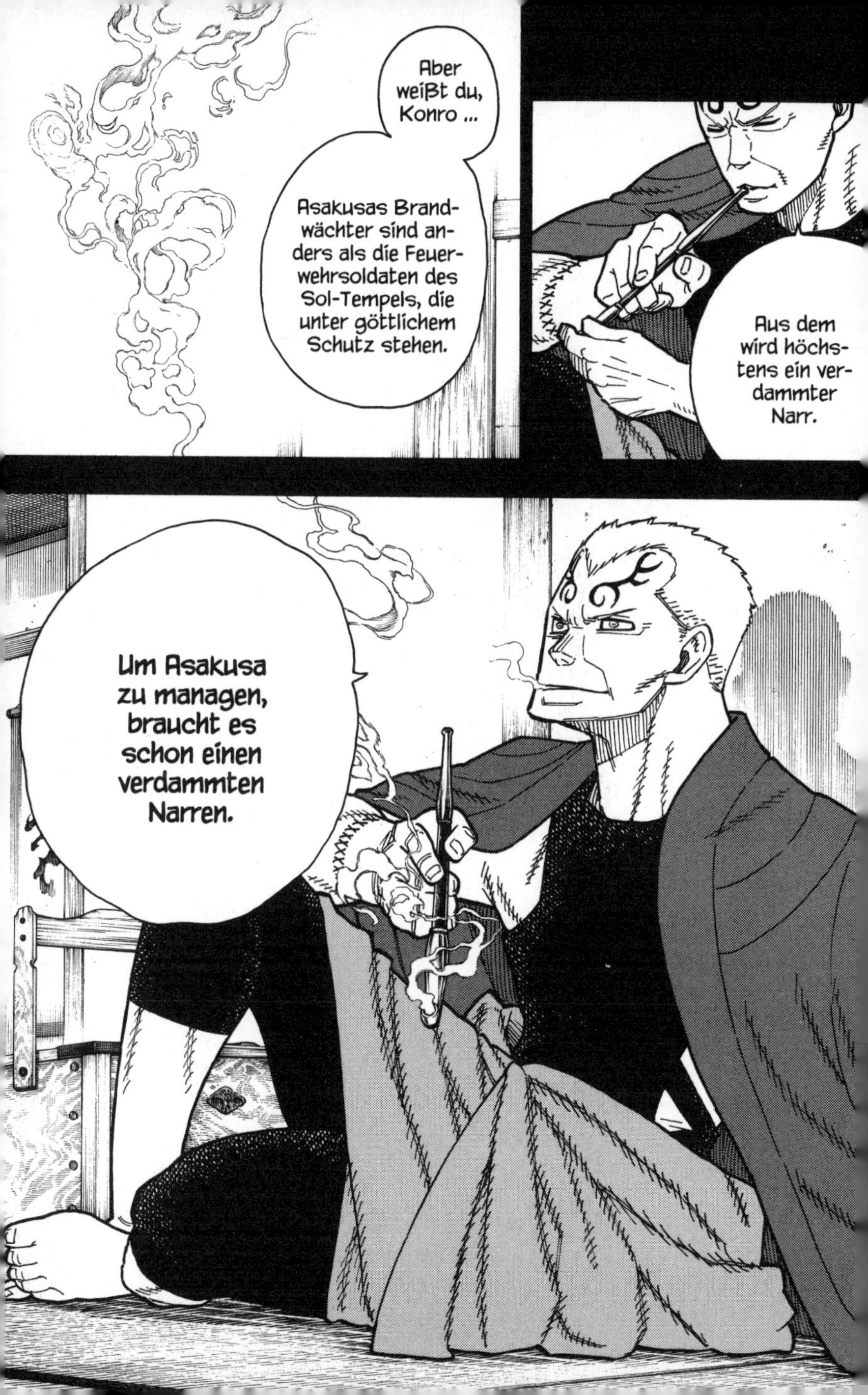
Aus dem wird höchstens ein verdammter Narr.
Aber weißt du, Konro ...
Asakusas Brandwächter sind anders als die Feuerwehrsoldaten des Sol-Tempels, die unter göttlichem Schutz stehen.
Um Asakusa zu managen, braucht es schon einen verdammten Narren.

FIRE FORCE

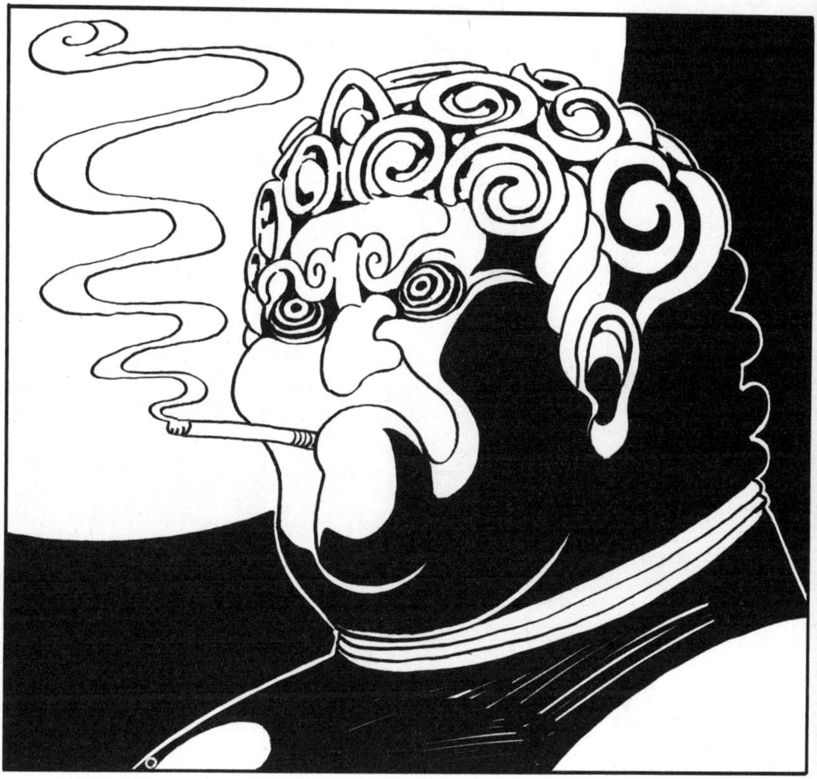

Kapitel 226:
Am Ende der Bürde

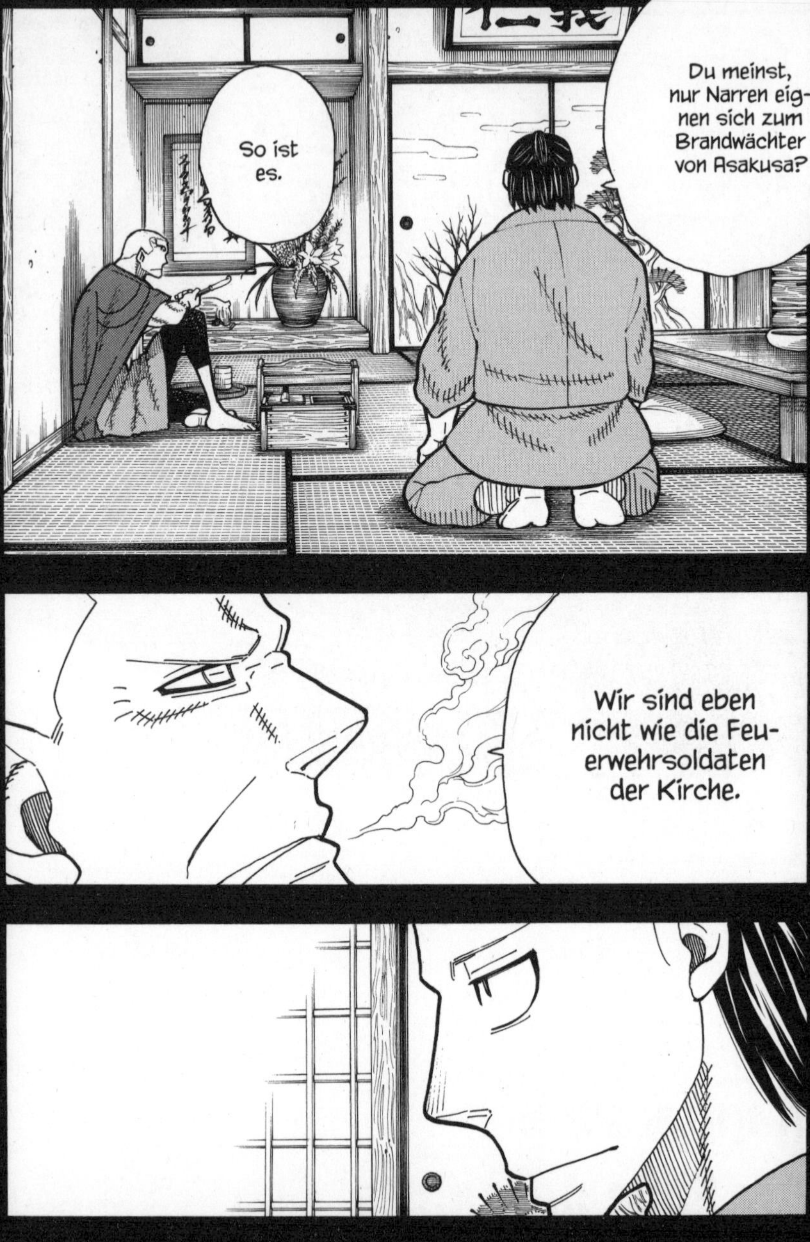
Du meinst, nur Narren eignen sich zum Brandwächter von Asakusa?
So ist es.
Wir sind eben nicht wie die Feuerwehrsoldaten der Kirche.

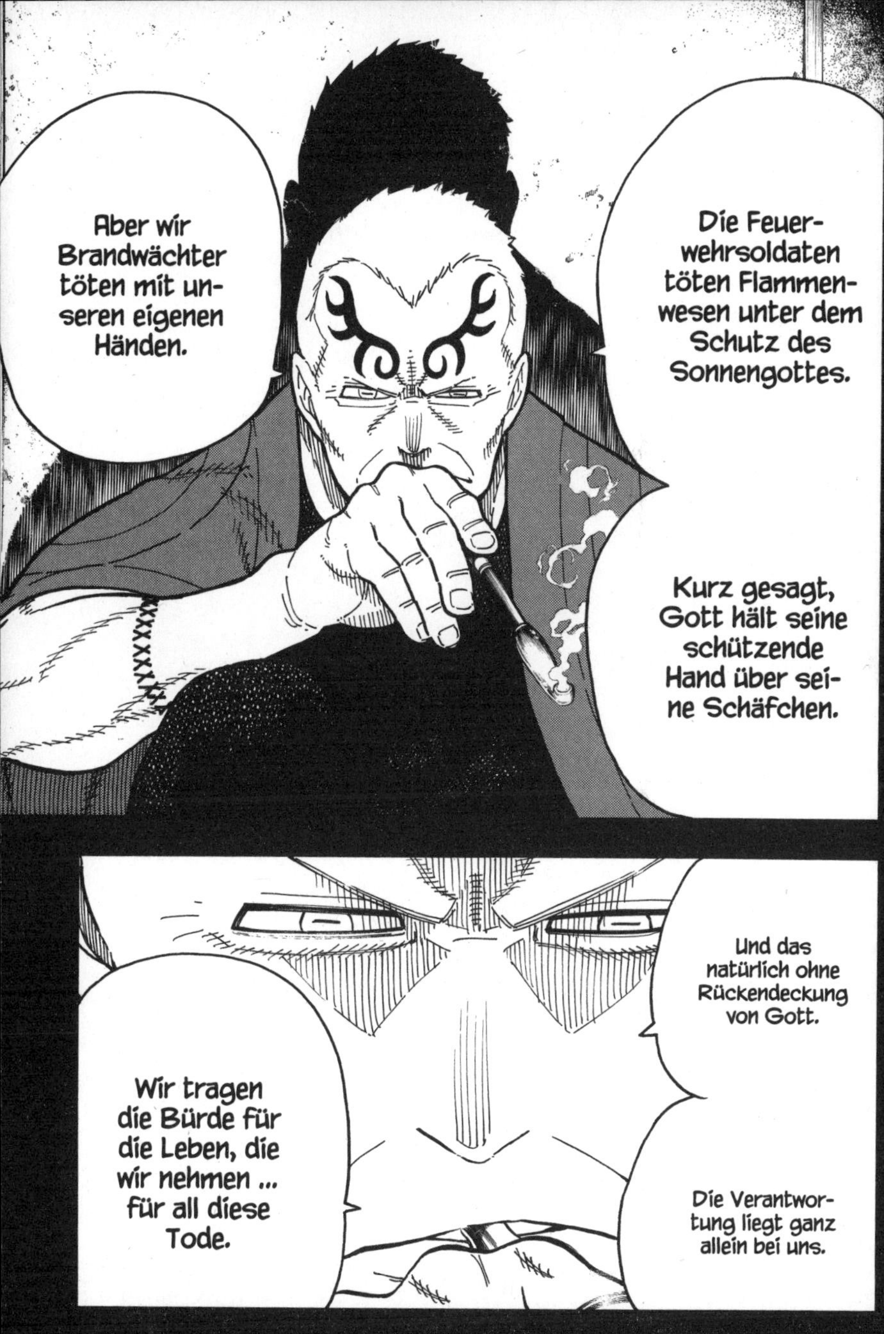

Die Feuerwehrsoldaten töten Flammenwesen unter dem Schutz des Sonnengottes.
Kurz gesagt, Gott hält seine schützende Hand über seine Schäfchen.
Aber wir Brandwächter töten mit unseren eigenen Händen.
Und das natürlich ohne Rückendeckung von Gott.
Die Verantwortung liegt ganz allein bei uns.
Wir tragen die Bürde für die Leben, die wir nehmen ... für all diese Tode.

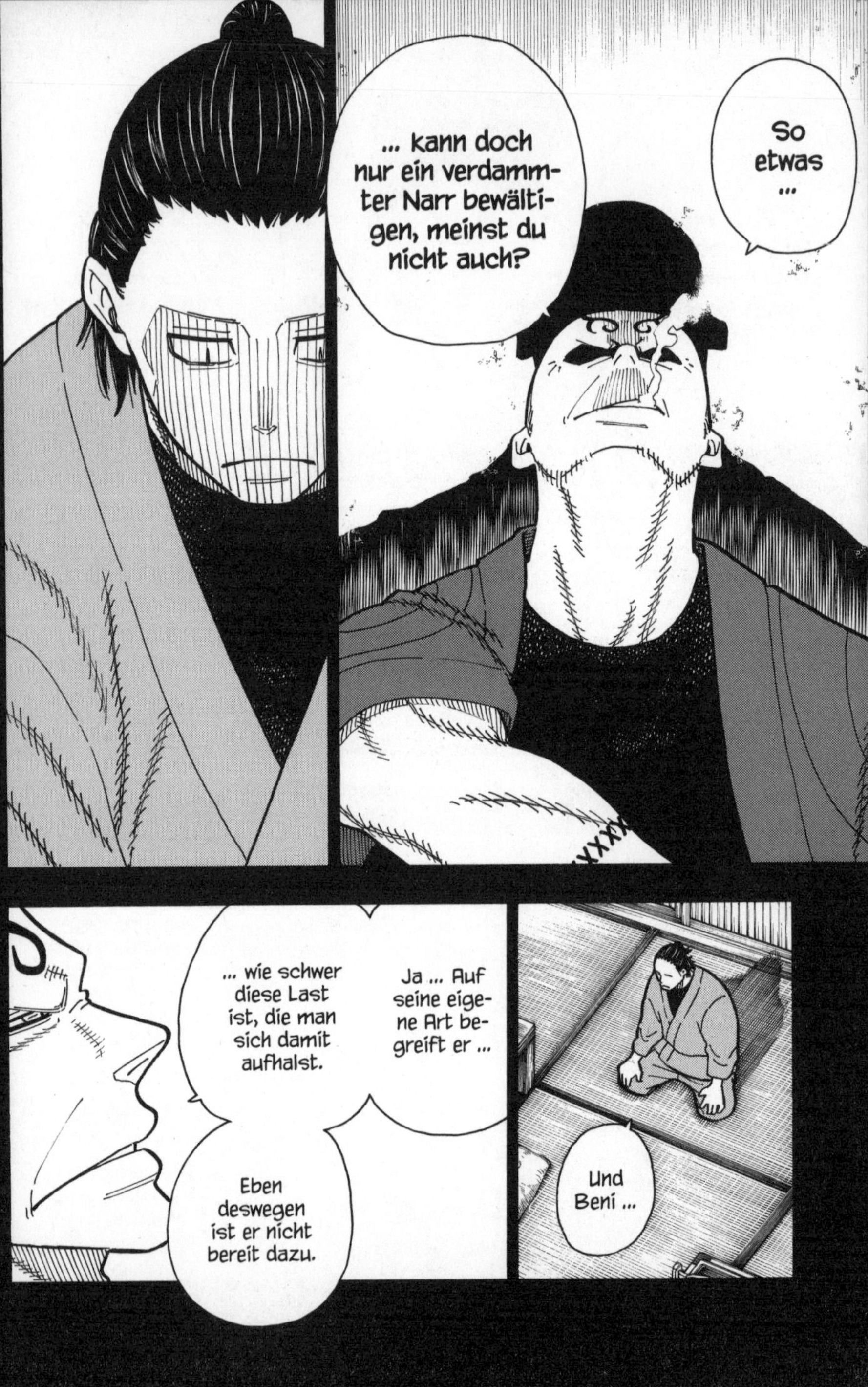
So etwas ...
... kann doch nur ein verdammter Narr bewältigen, meinst du nicht auch?
Und Beni ...
Ja ... Auf seine eigene Art begreift er ...
... wie schwer diese Last ist, die man sich damit aufhalst.
Eben deswegen ist er nicht bereit dazu.

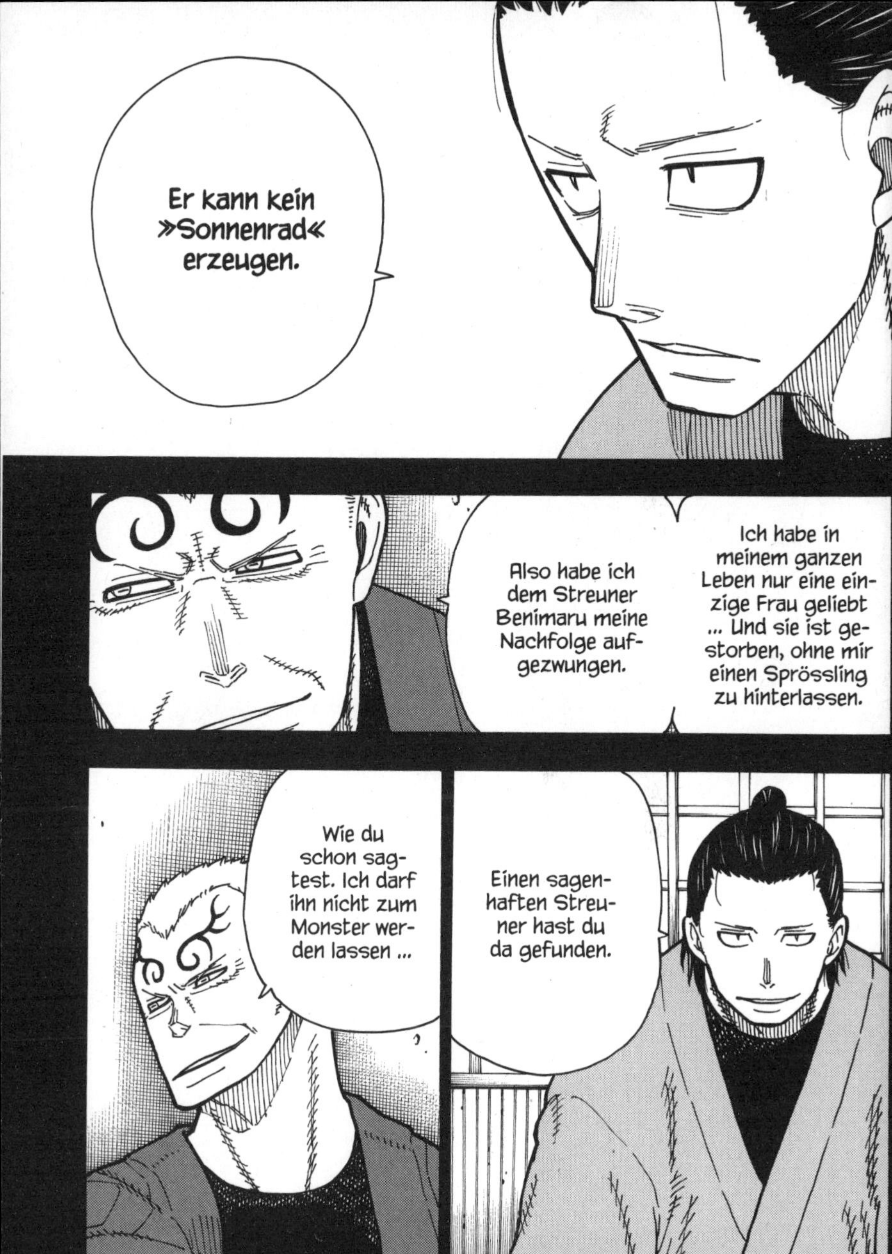

Er kann kein »Sonnenrad« erzeugen.
Ich habe in meinem ganzen Leben nur eine einzige Frau geliebt ... Und sie ist gestorben, ohne mir einen Sprössling zu hinterlassen.
Also habe ich dem Streuner Benimaru meine Nachfolge aufgezwungen.
Einen sagenhaften Streuner hast du da gefunden.
Wie du schon sagtest. Ich darf ihn nicht zum Monster werden lassen ...

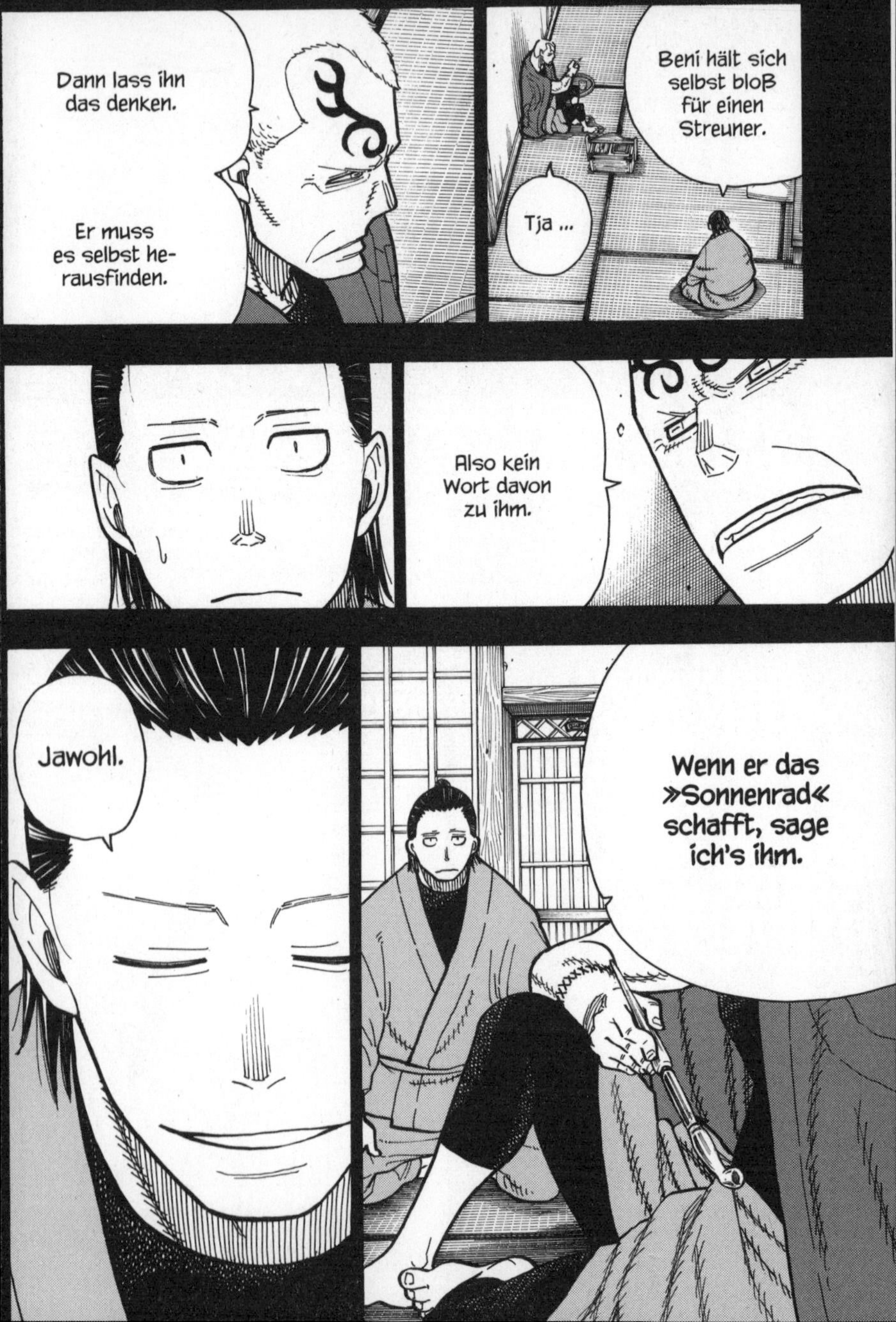
Beni hält sich selbst bloß für einen Streuner.
Tja ...
Dann lass ihn das denken.
Er muss es selbst herausfinden.
Also kein Wort davon zu ihm.
Wenn er das »Sonnenrad« schafft, sage ich's ihm.
Jawohl.

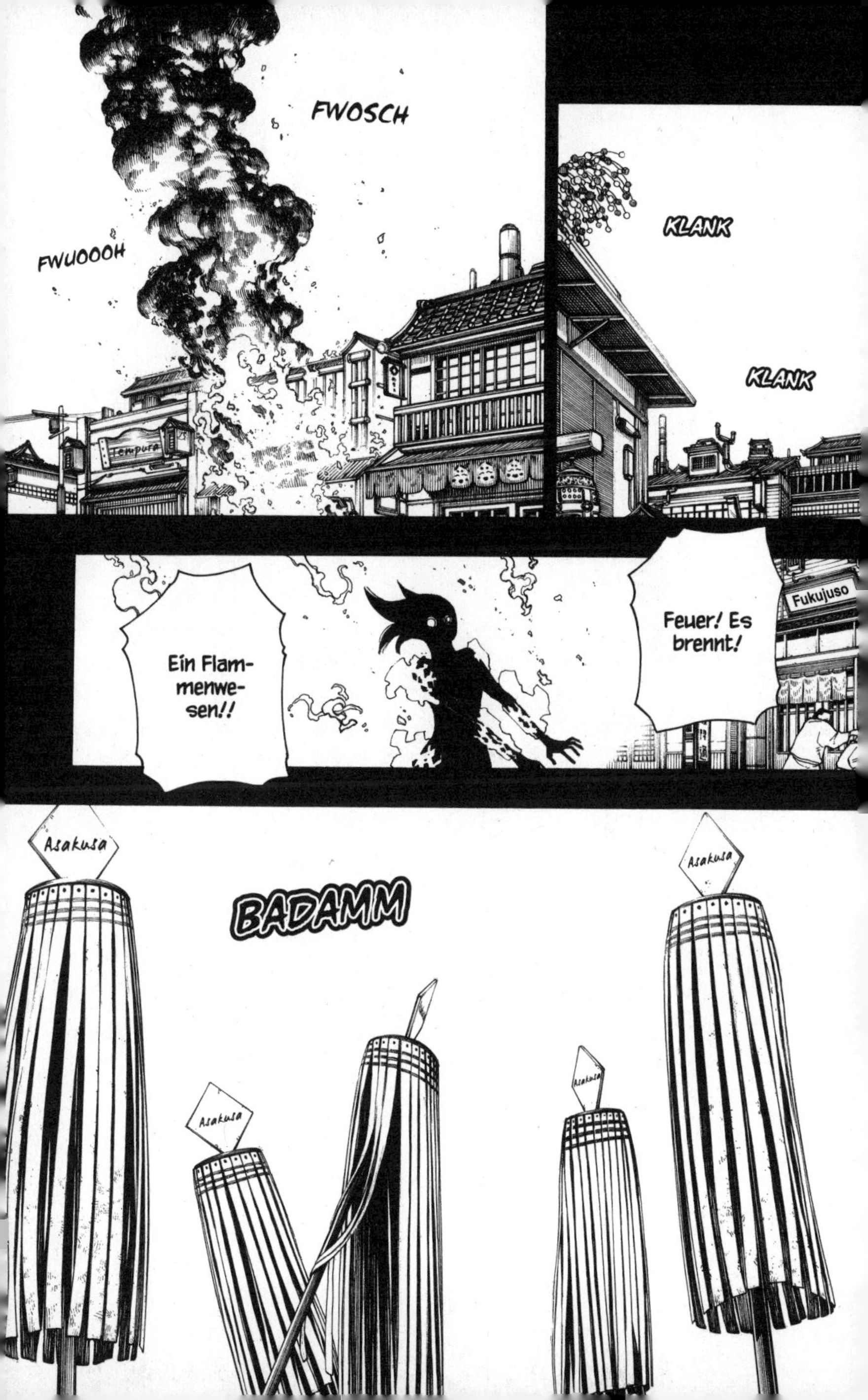
KLANK
KLANK
FWOSCH
FWUOOOH
Tempura
Fukujuso
Feuer! Es brennt!
Ein Flammenwesen!!
Asakusa
BADAMM
Asakusa
Asakusa
Asakusa
Asakusa

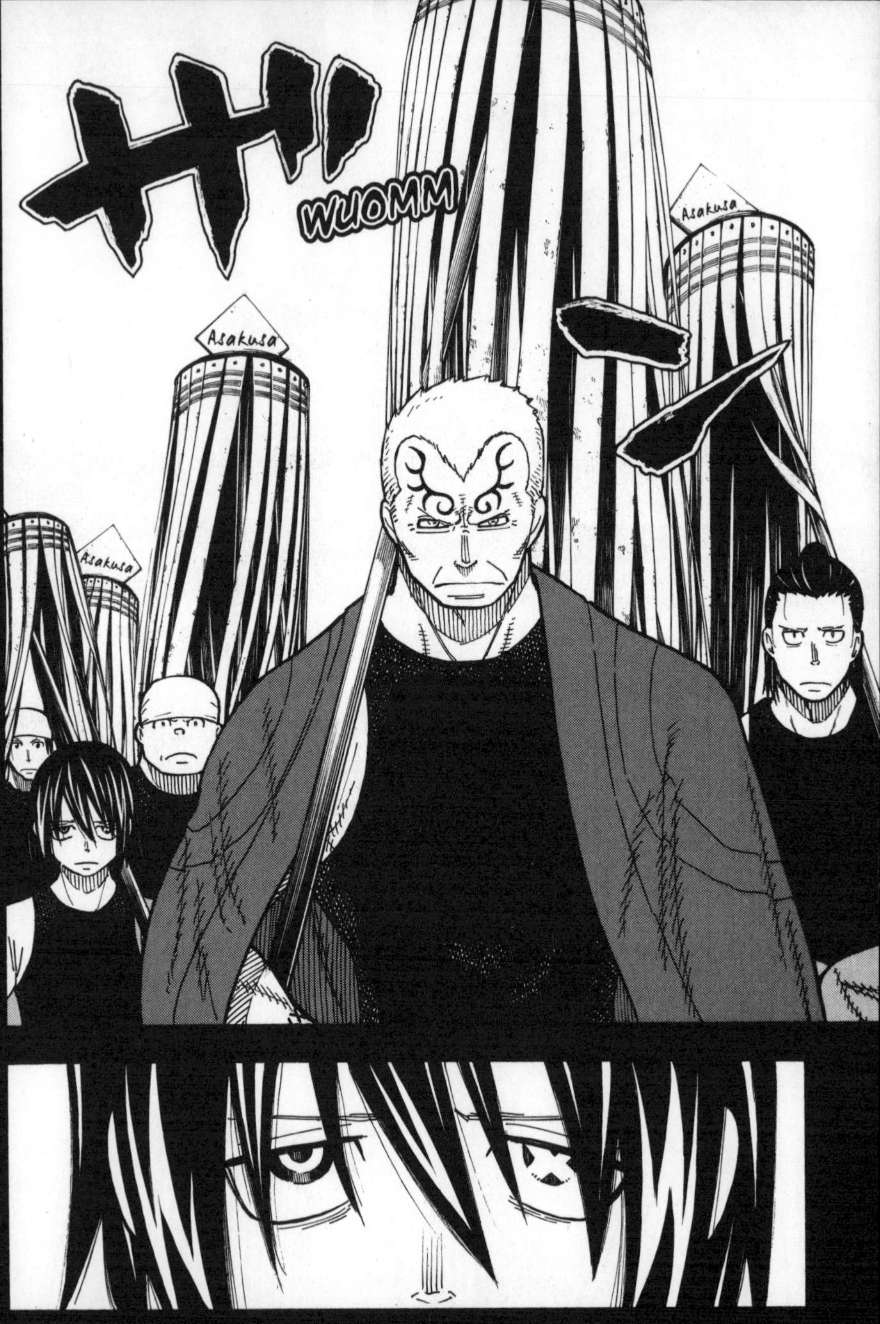
WUOMM
Asakusa
Asakusa
Asakusa

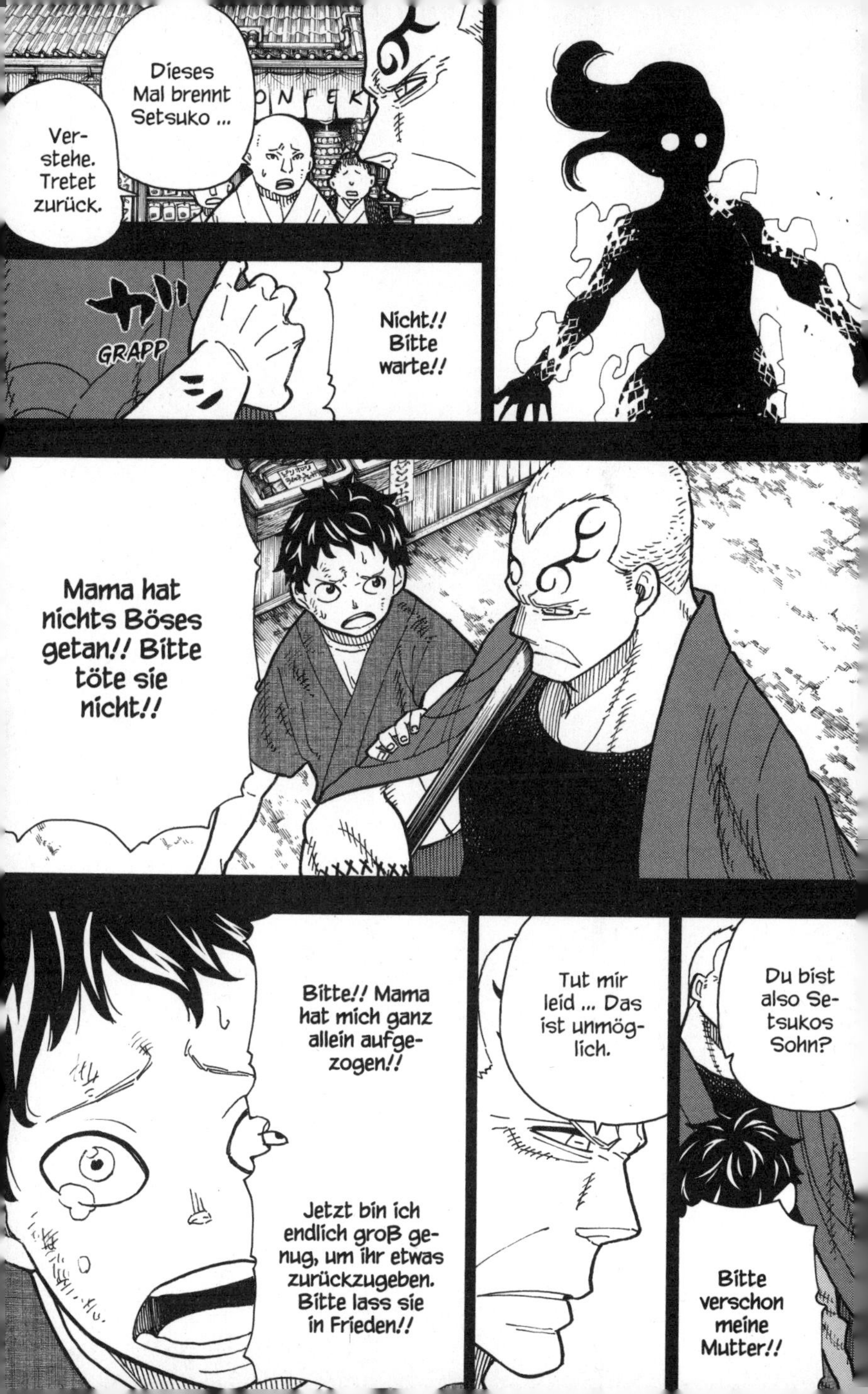
Dieses Mal brennt Setsuko ...
Ver-steho. Tretet zurück.
KONFEKT
Nicht!! Bitte warte!!
GRAPP
Mama hat nichts Böses getan!! Bitte töte sie nicht!!
Du bist also Setsukos Sohn?
Bitte verschon meine Mutter!!
Tut mir leid ... Das ist unmöglich.
Bitte!! Mama hat mich ganz allein aufgezogen!!
Jetzt bin ich endlich groß genug, um ihr etwas zurückzugeben. Bitte lass sie in Frieden!!

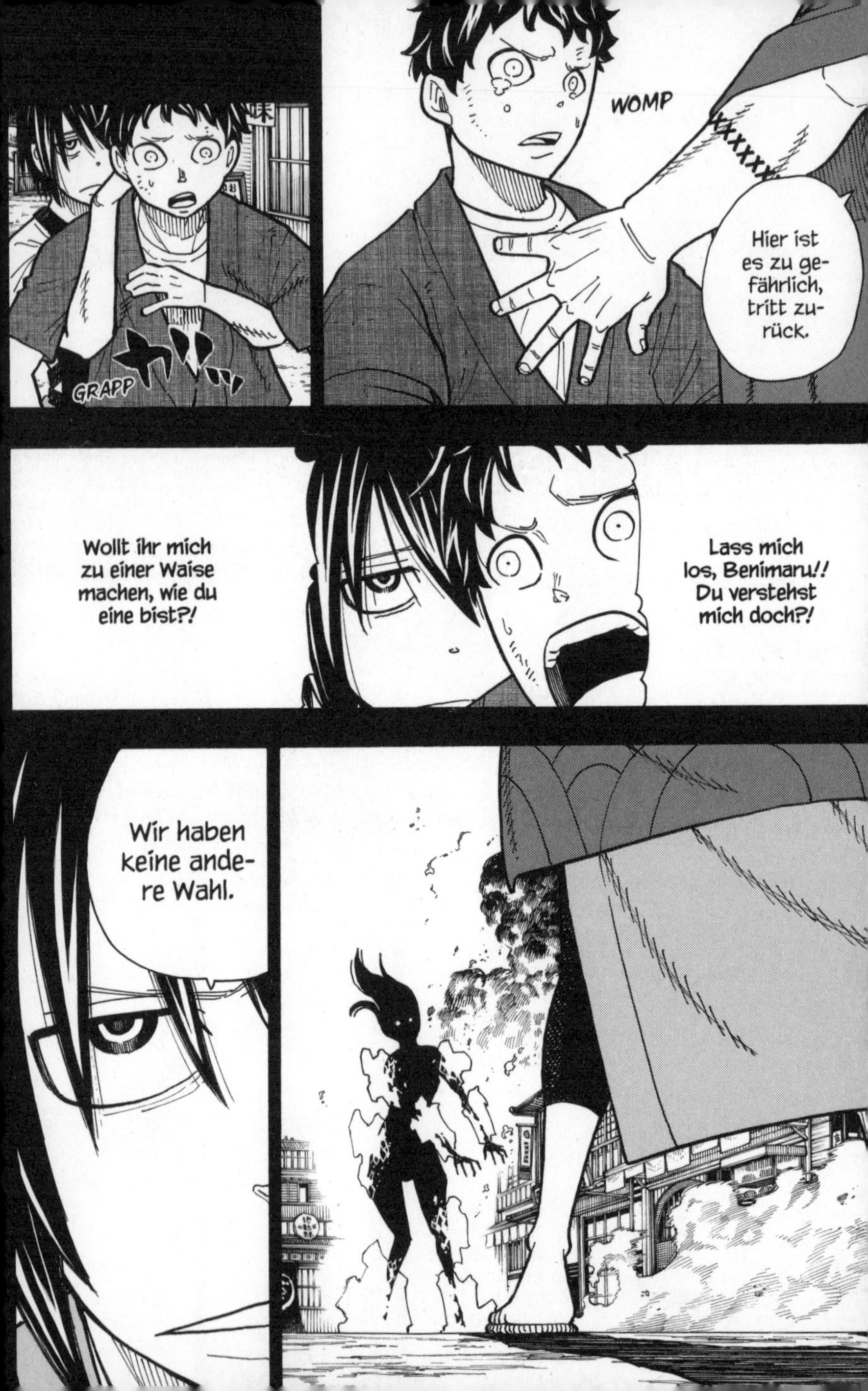
WOMP
Hier ist es zu gefährlich, tritt zurück.
GRAPP
Lass mich los, Benimaru!! Du verstehst mich doch?!
Wollt ihr mich zu einer Waise machen, wie du eine bist?!
Wir haben keine andere Wahl.

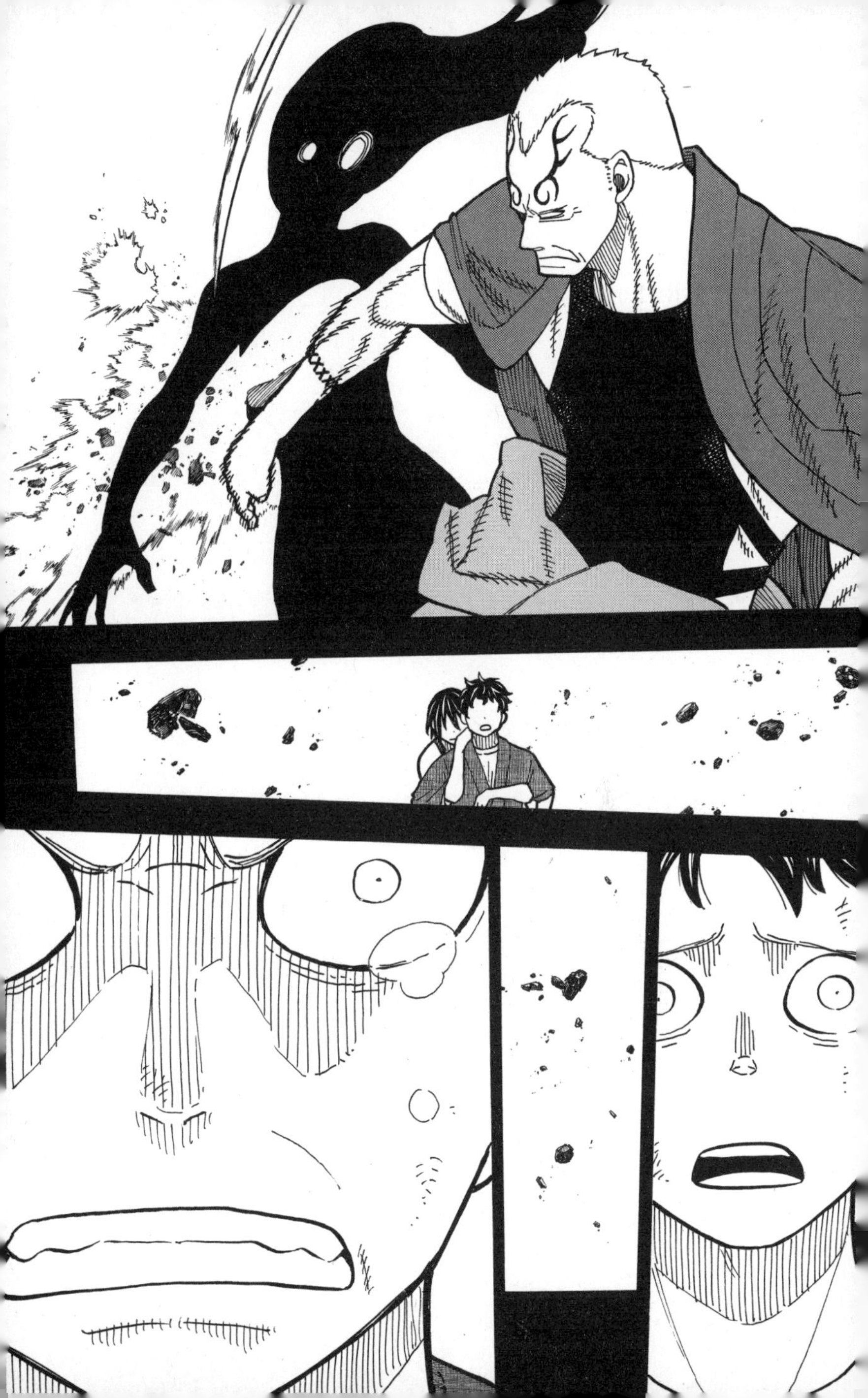

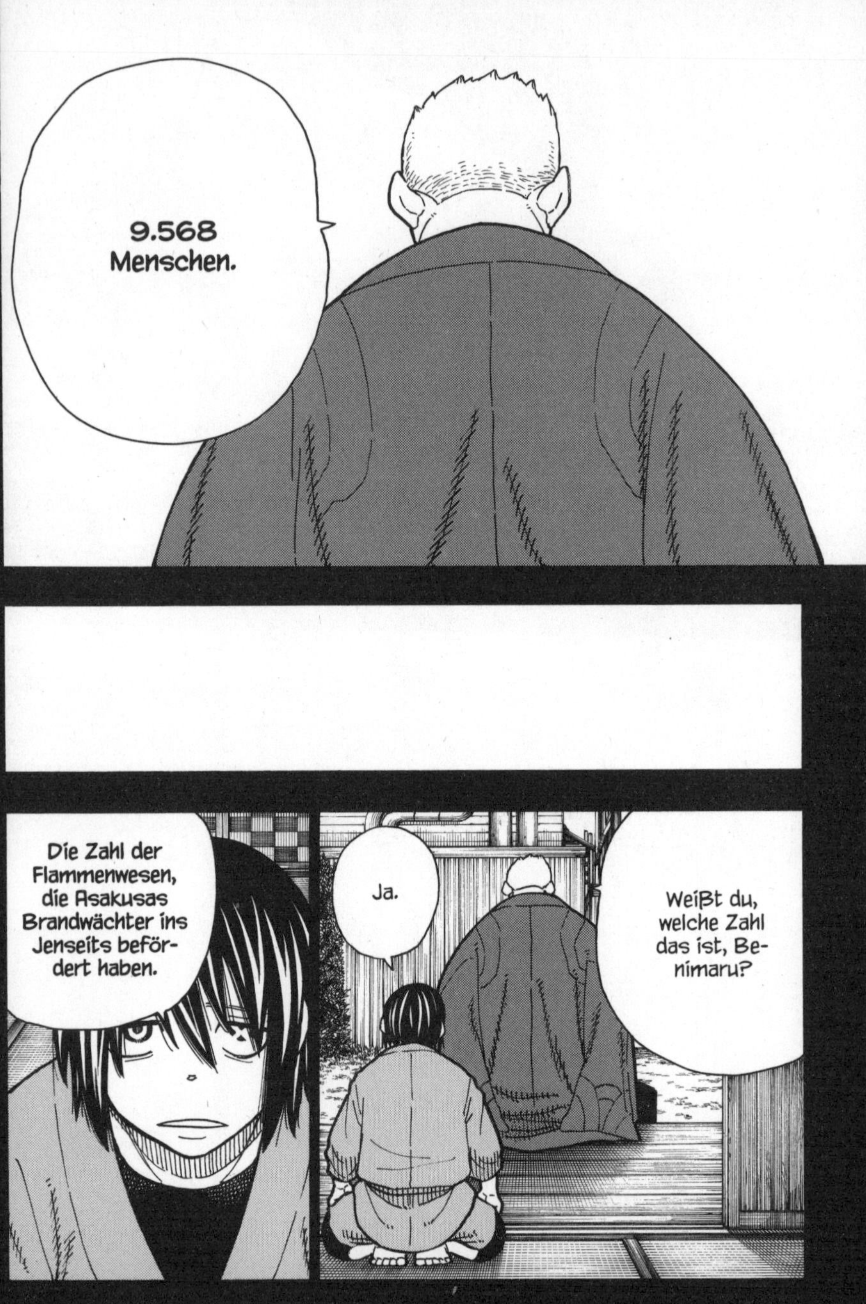
9.568 Menschen.
Weißt du, welche Zahl das ist, Benimaru?
Ja.
Die Zahl der Flammenwesen, die Asakusas Brandwächter ins Jenseits befördert haben.

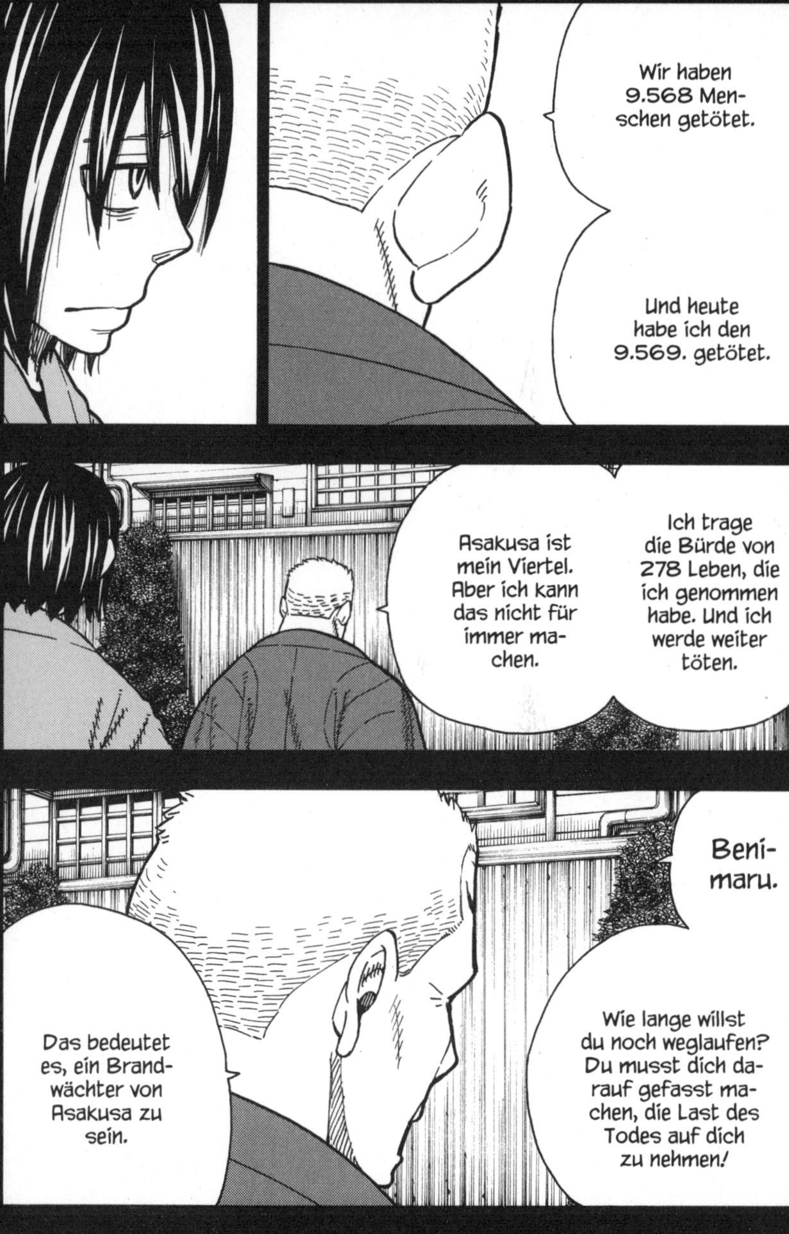
Wir haben 9.568 Menschen getötet.
Und heute habe ich den 9.569. getötet.
Ich trage die Bürde von 278 Leben, die ich genommen habe. Und ich werde weiter töten.
Asakusa ist mein Viertel. Aber ich kann das nicht für immer machen.
Benimaru.
Wie lange willst du noch weglaufen? Du musst dich darauf gefasst machen, die Last des Todes auf dich zu nehmen!
Das bedeutet es, ein Brandwächter von Asakusa zu sein.

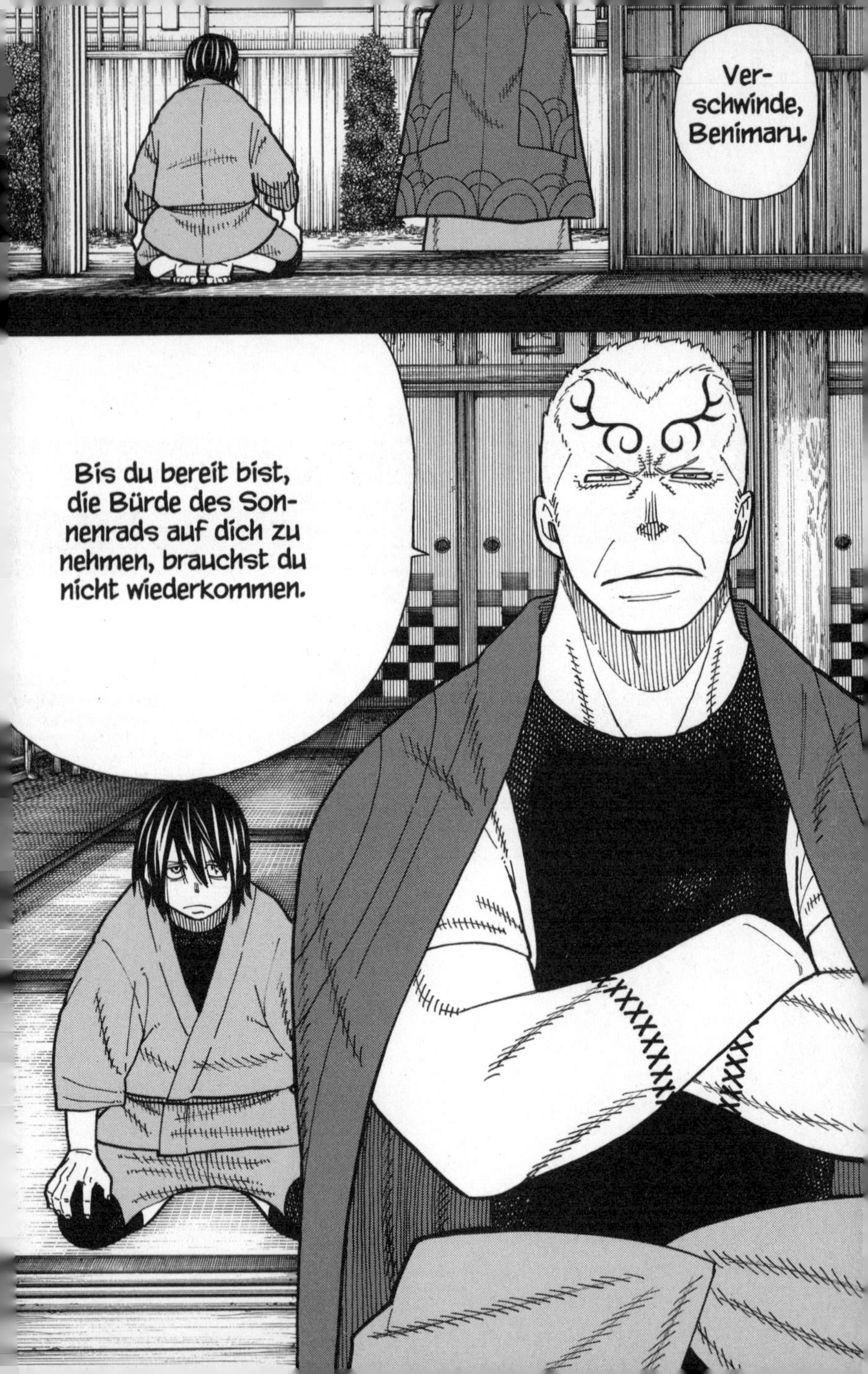
Verschwinde, Benimaru.
Bis du bereit bist, die Bürde des Sonnenrads auf dich zu nehmen, brauchst du nicht wiederkommen.

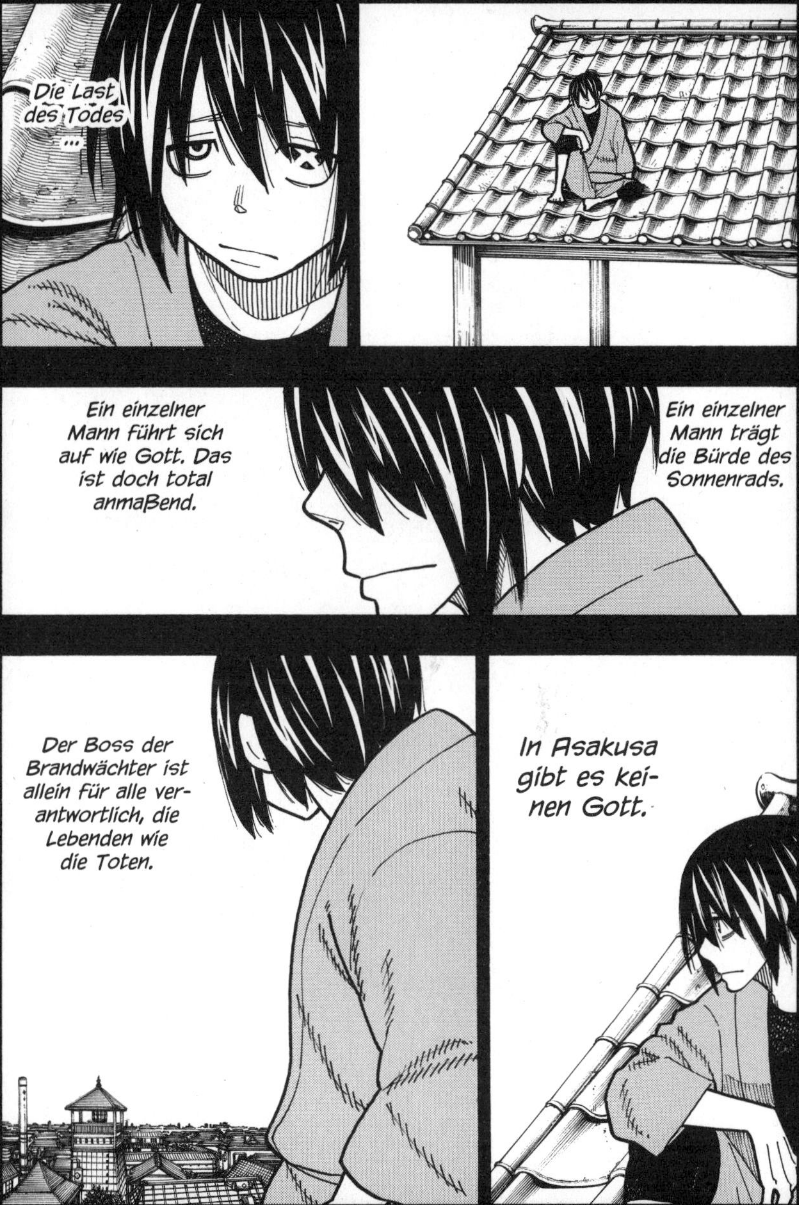
Die Last des Todes ...
Ein einzelner Mann trägt die Bürde des Sonnenrads.
Ein einzelner Mann führt sich auf wie Gott. Das ist doch total anmaßend.
In Asakusa gibt es keinen Gott.
Der Boss der Brandwächter ist allein für alle verantwortlich, die Lebenden wie die Toten.

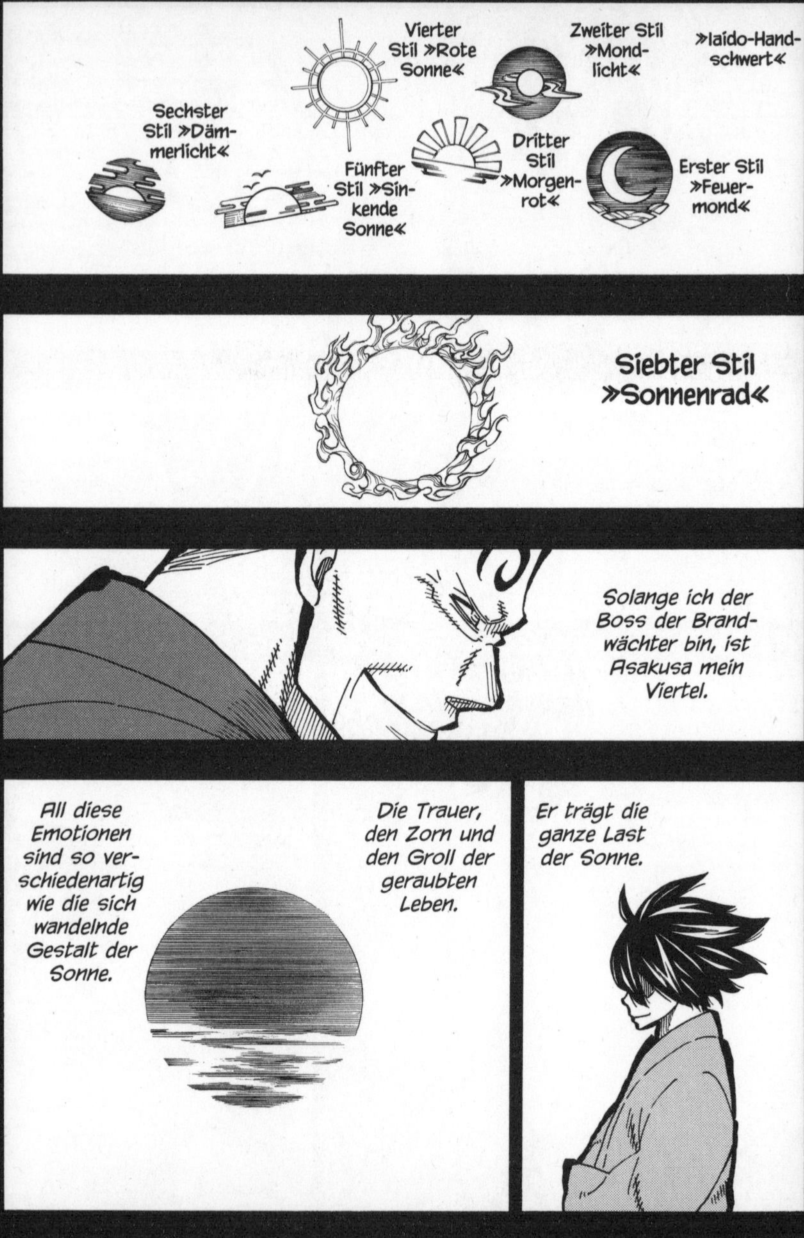
»Iaido-Handschwert«
Erster Stil »Feuermond«
Zweiter Stil »Mondlicht«
Dritter Stil »Morgenrot«
Vierter Stil »Rote Sonne«
Fünfter Stil »Sinkende Sonne«
Sechster Stil »Dämmerlicht«
Siebter Stil »Sonnenrad«
Solange ich der Boss der Brandwächter bin, ist Asakusa mein Viertel.
Er trägt die ganze Last der Sonne.
Die Trauer, den Zorn und den Groll der geraubten Leben.
All diese Emotionen sind so verschiedenartig wie die sich wandelnde Gestalt der Sonne.

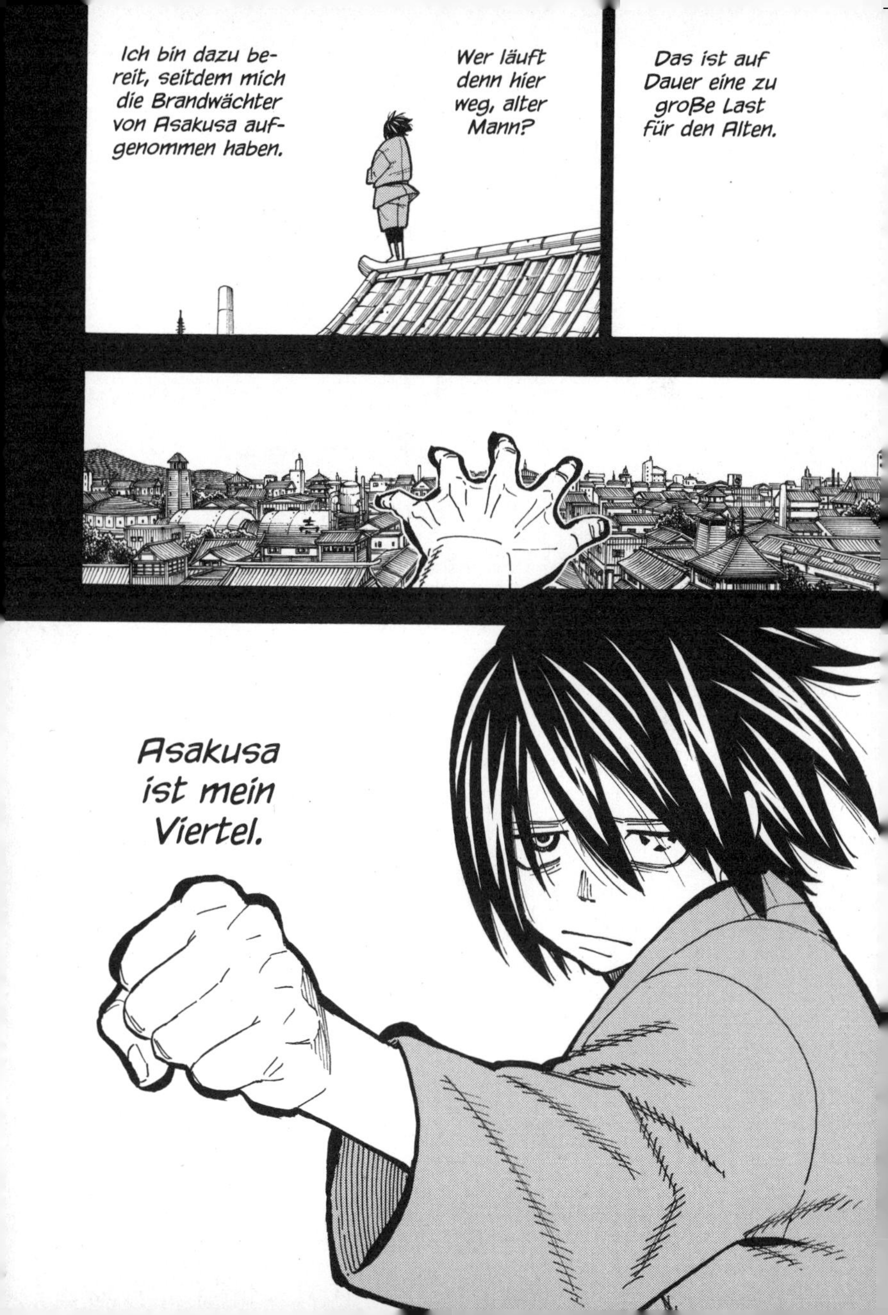

Das ist auf Dauer eine zu große Last für den Alten.
Wer läuft denn hier weg, alter Mann?
Ich bin dazu bereit, seitdem mich die Brandwächter von Asakusa aufgenommen haben.
Asakusa ist mein Viertel.

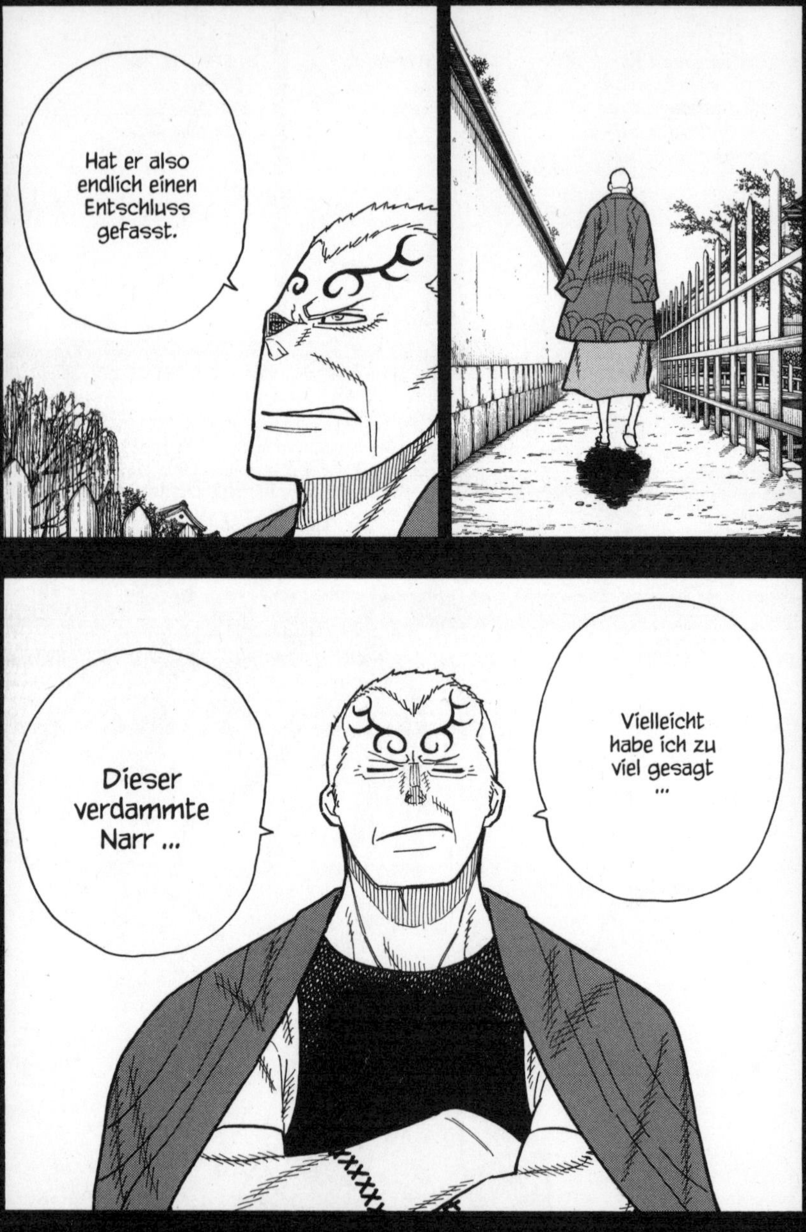
Hat er also endlich einen Entschluss gefasst.
Vielleicht habe ich zu viel gesagt ...
Dieser verdammte Narr ...

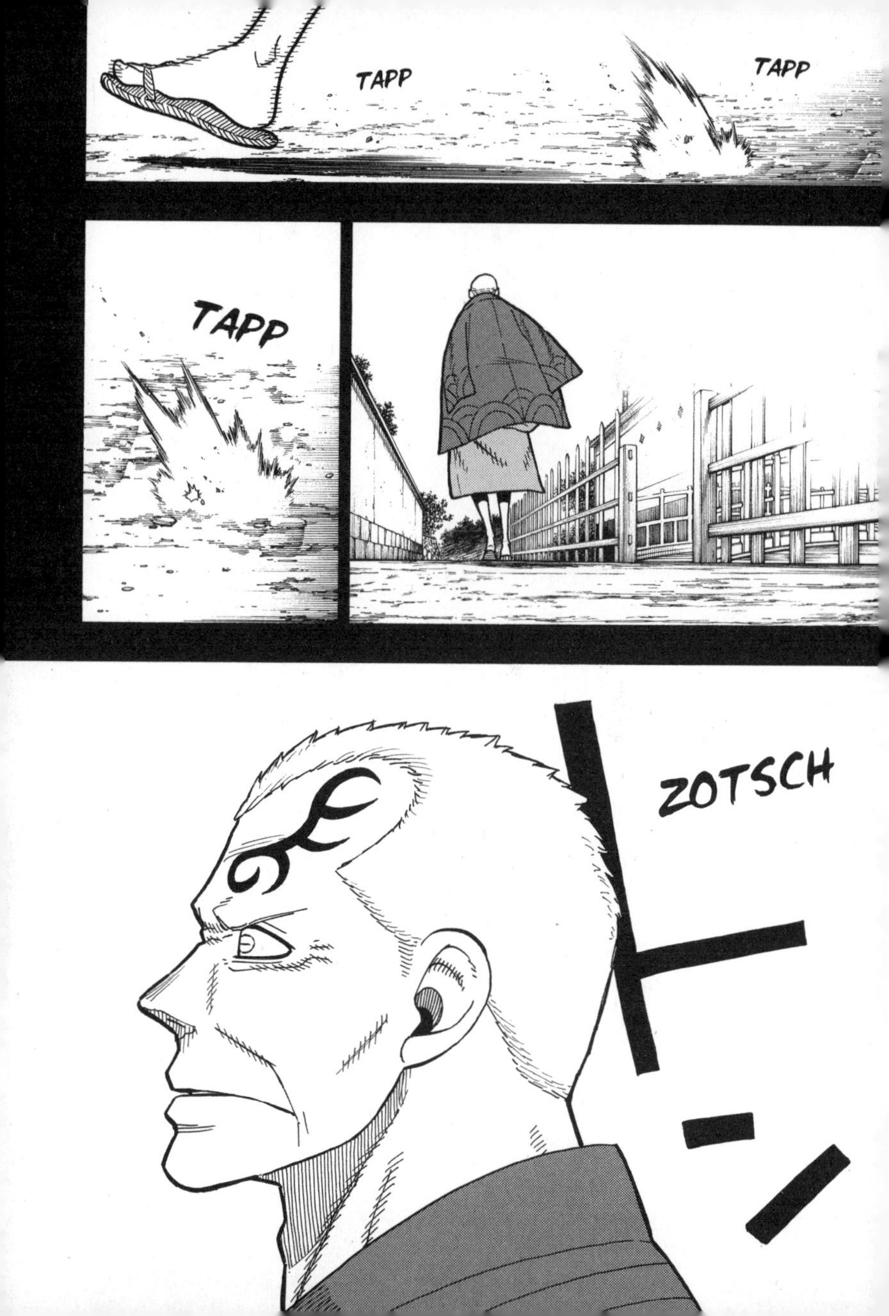
TAPP
TAPP
TAPP
ZOTSCH

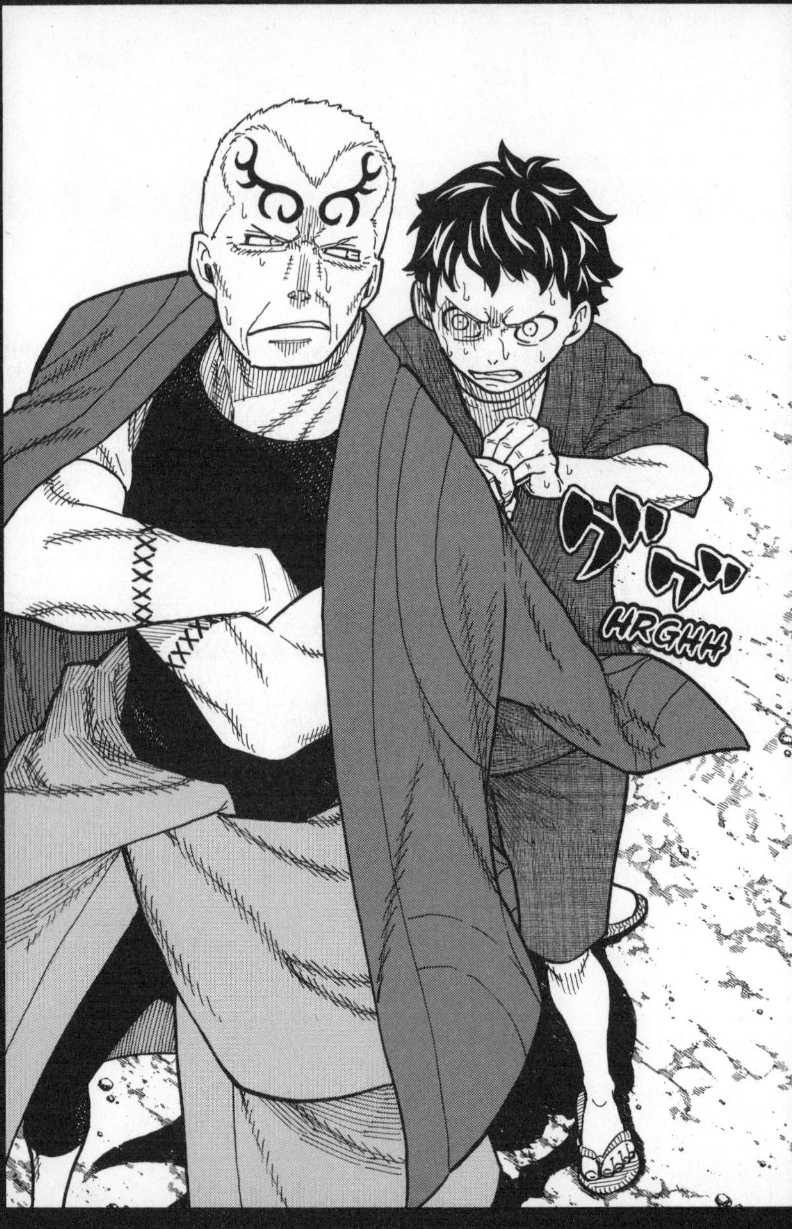
グググ
HRGHH

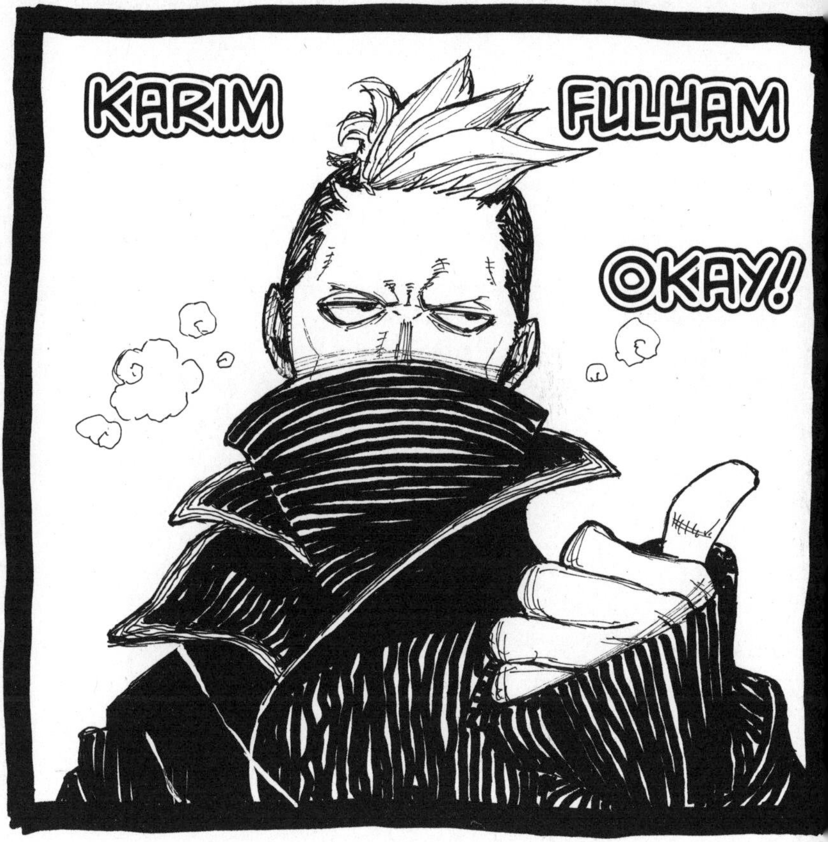

Kapitel 227:
Reue

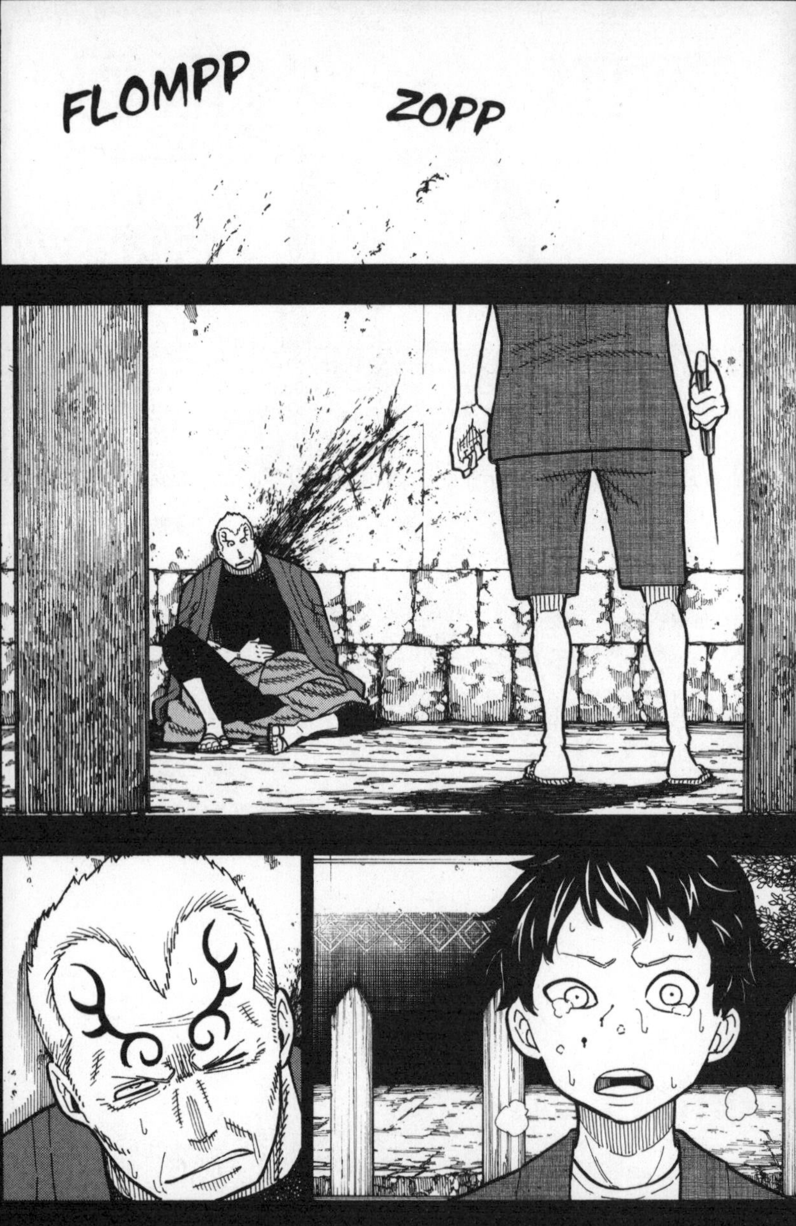
FLOMPP
ZOPP

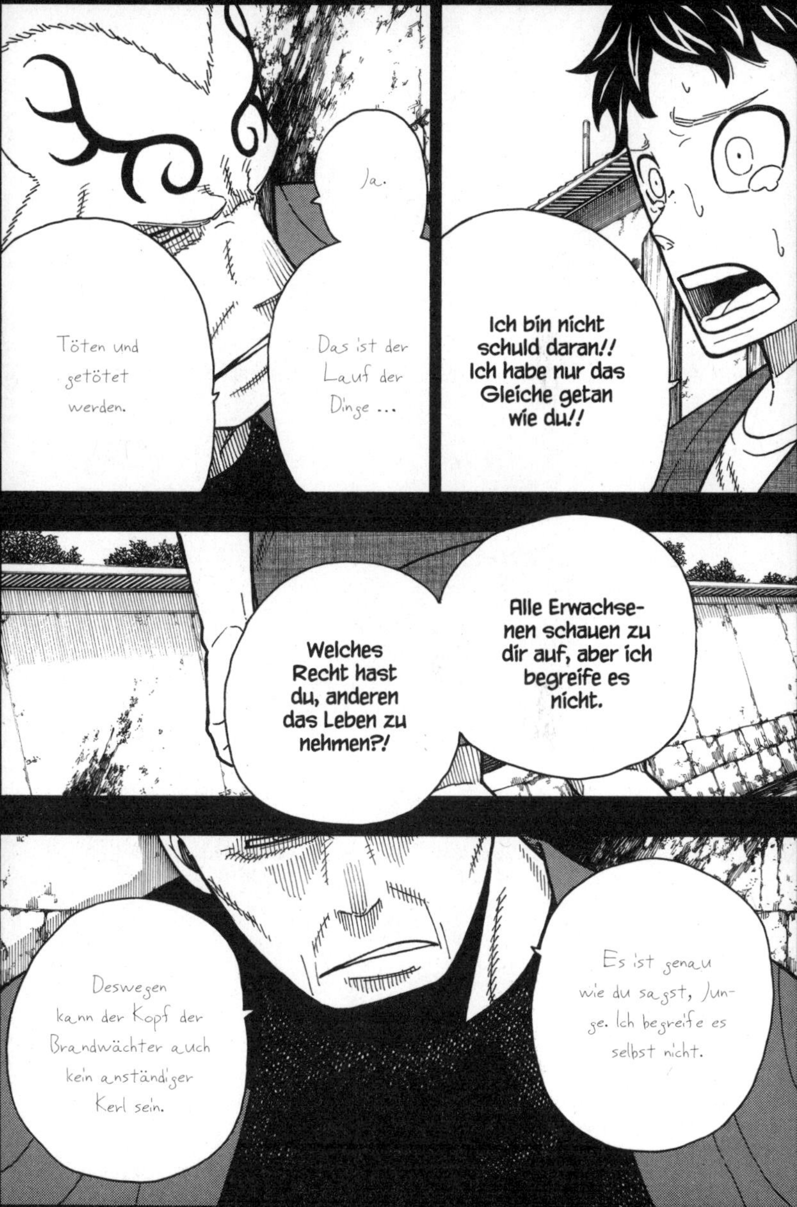
Ich bin nicht schuld daran!! Ich habe nur das Gleiche getan wie du!!
Ja.
Das ist der Lauf der Dinge ...
Töten und getötet werden.
Alle Erwachsenen schauen zu dir auf, aber ich begreife es nicht.
Welches Recht hast du, anderen das Leben zu nehmen?!
Es ist genau wie du sagst, Junge. Ich begreife es selbst nicht.
Deswegen kann der Kopf der Brandwächter auch kein anständiger Kerl sein.

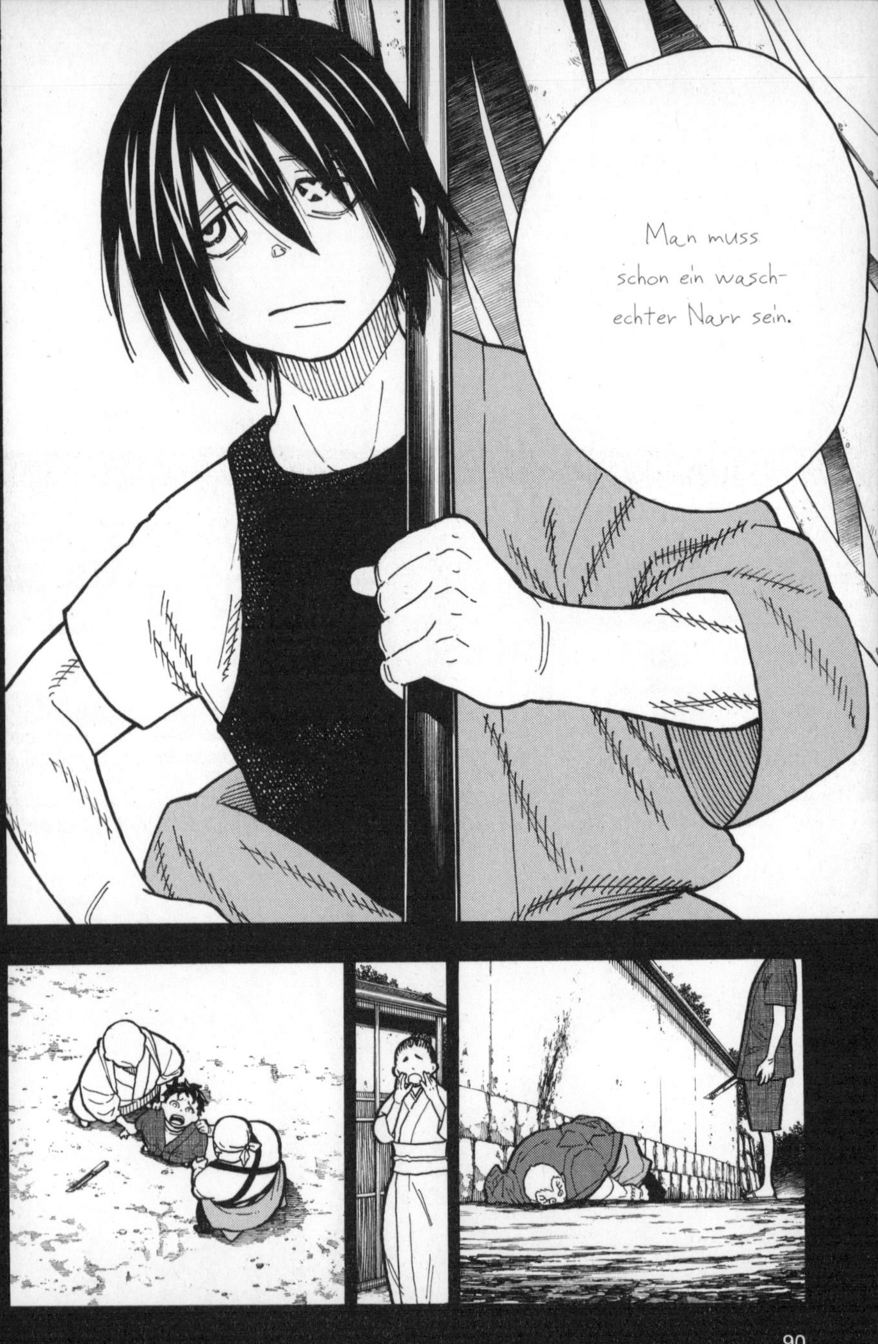
Man muss schon ein waschechter Narr sein.

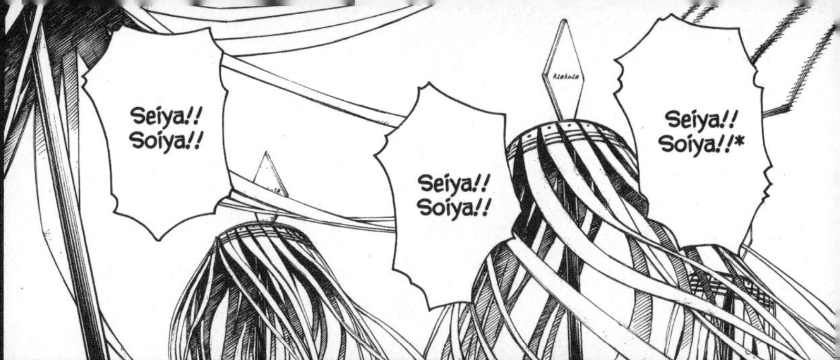

* Anfeuerungsrufe, u. a. beim Tragen von Mikoshi, den tragbaren Schreinen, bei traditionellen Festen an Shinto-Schreinen

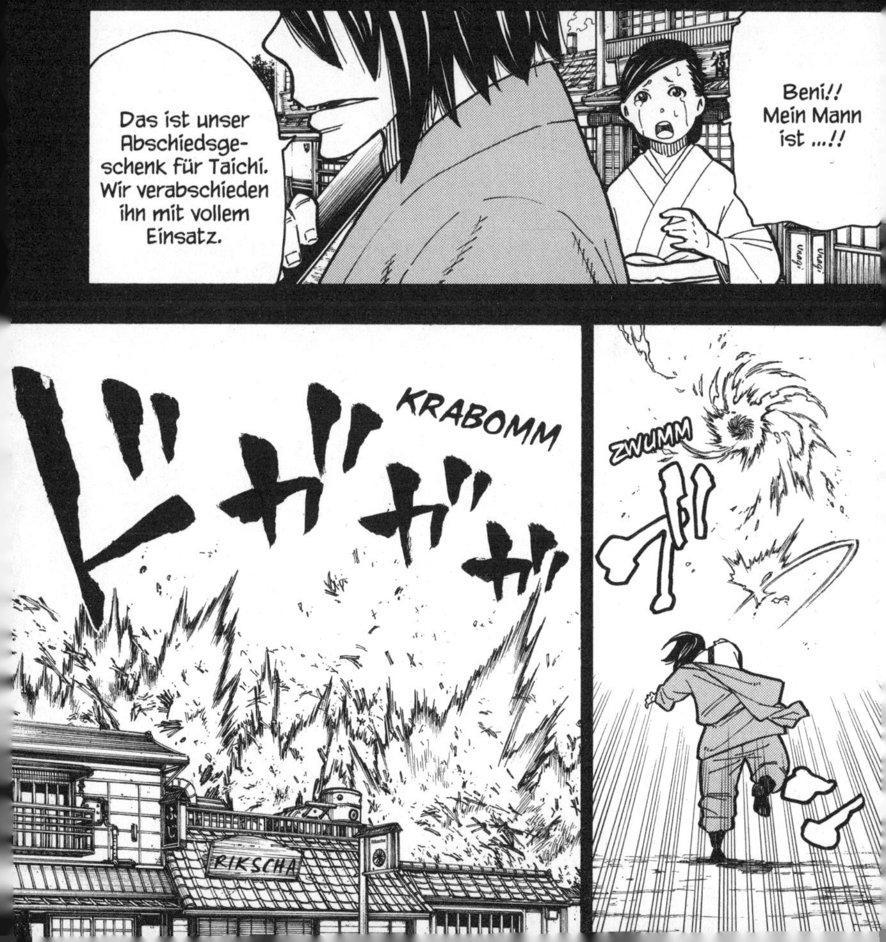

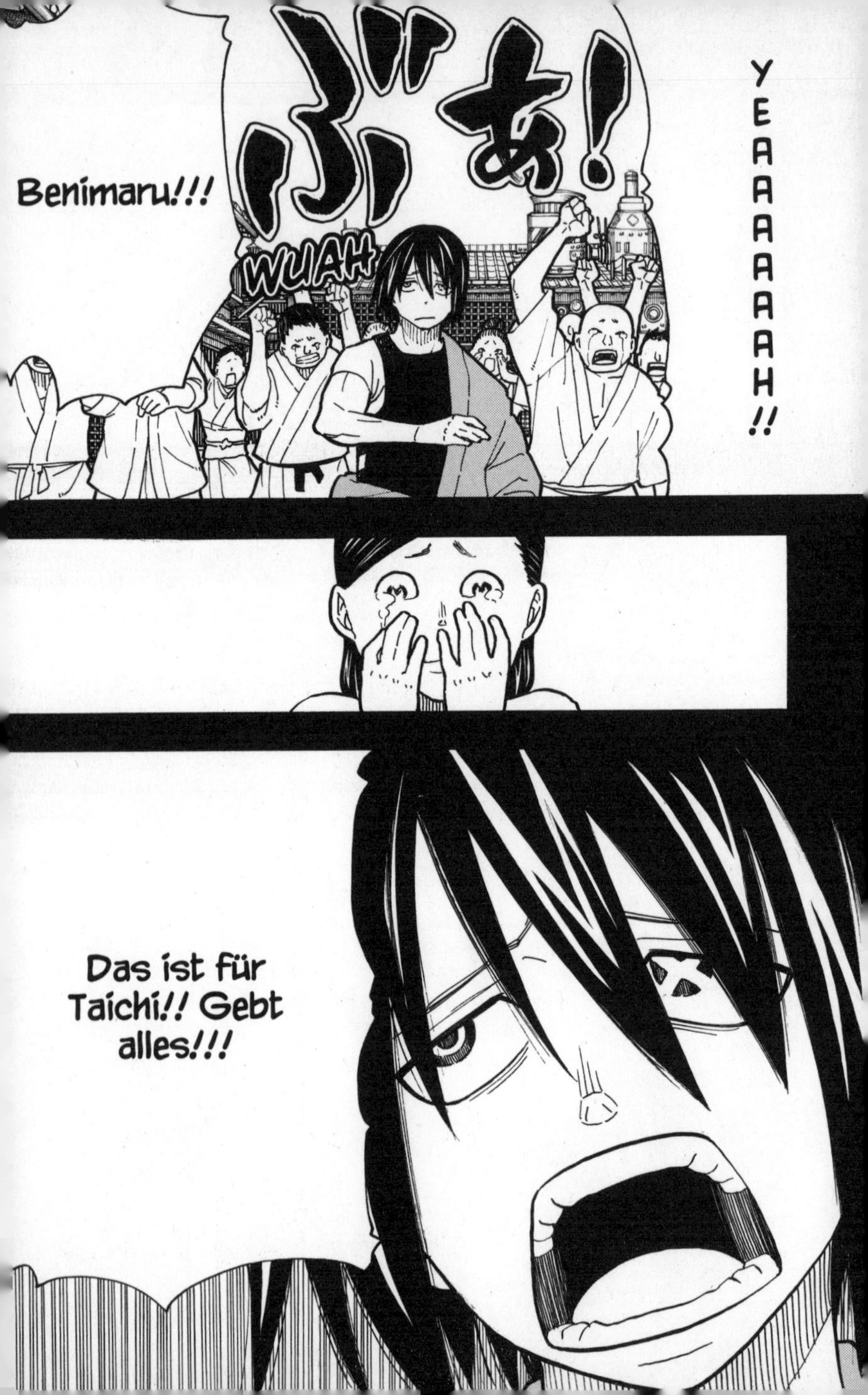

YEAAAAAAAH!!
ぶぁ!
WUAH
Benimaru!!!
Das ist für Taichi!! Gebt alles!!!

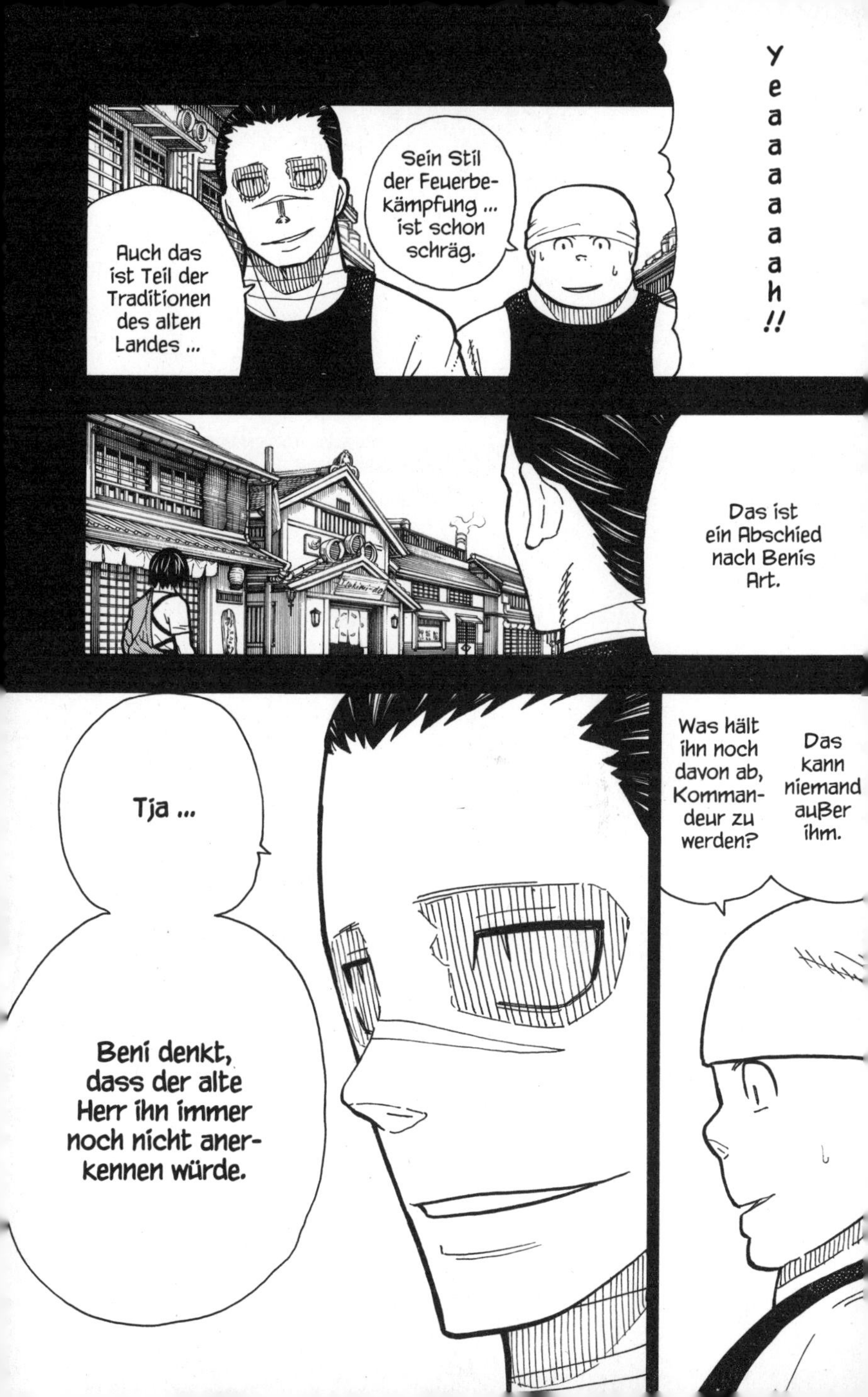
Yeaaaaaah!!
Sein Stil der Feuerbekämpfung ... ist schon schräg.
Auch das ist Teil der Traditionen des alten Landes ...
Das ist ein Abschied nach Benis Art.
Das kann niemand außer ihm.
Was hält ihn noch davon ab, Kommandeur zu werden?
Tja ...
Beni denkt, dass der alte Herr ihn immer noch nicht anerkennen würde.

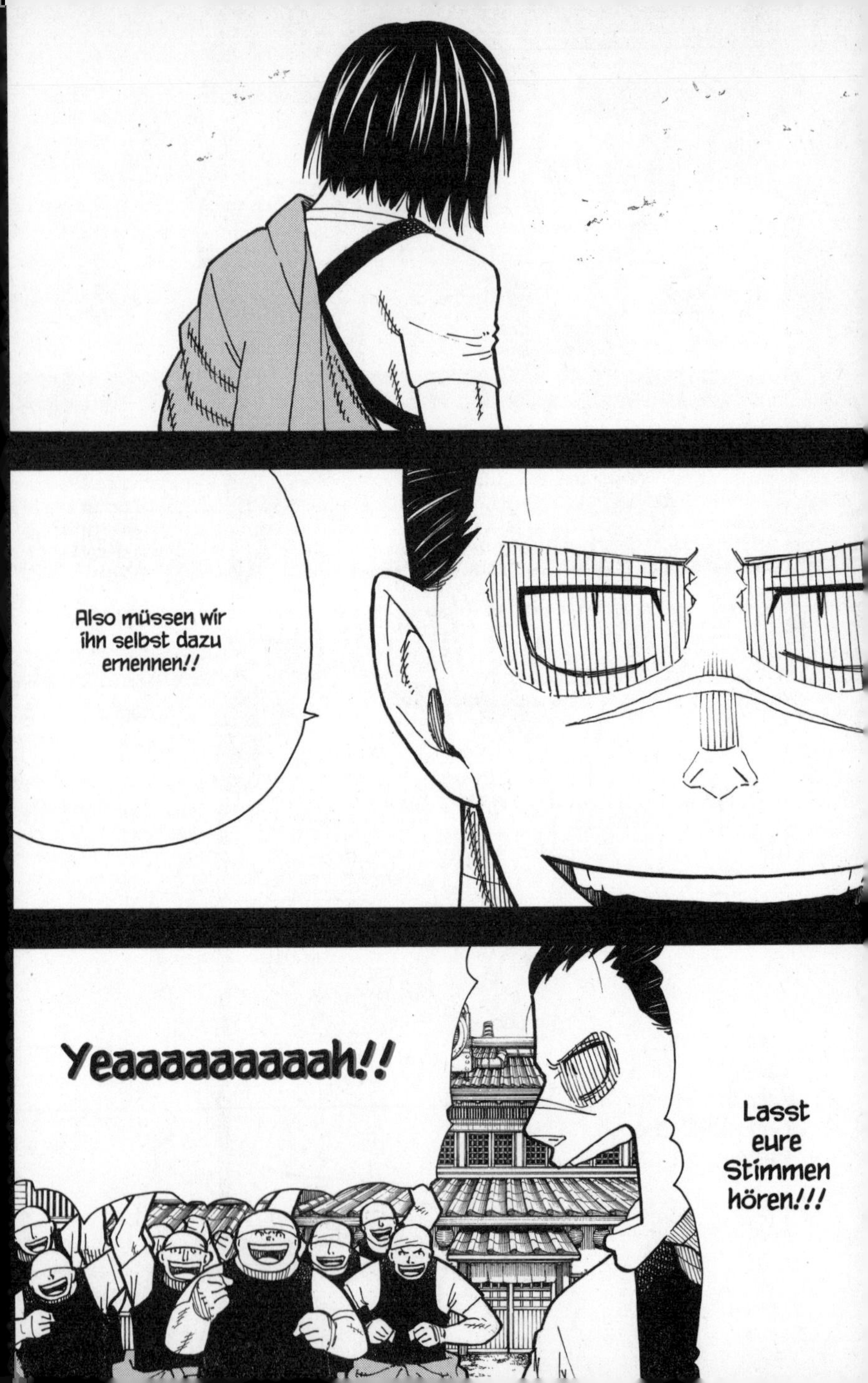
Also müssen wir ihn selbst dazu ernennen!!
Lasst eure Stimmen hören!!!
Yeaaaaaaaaaah!!

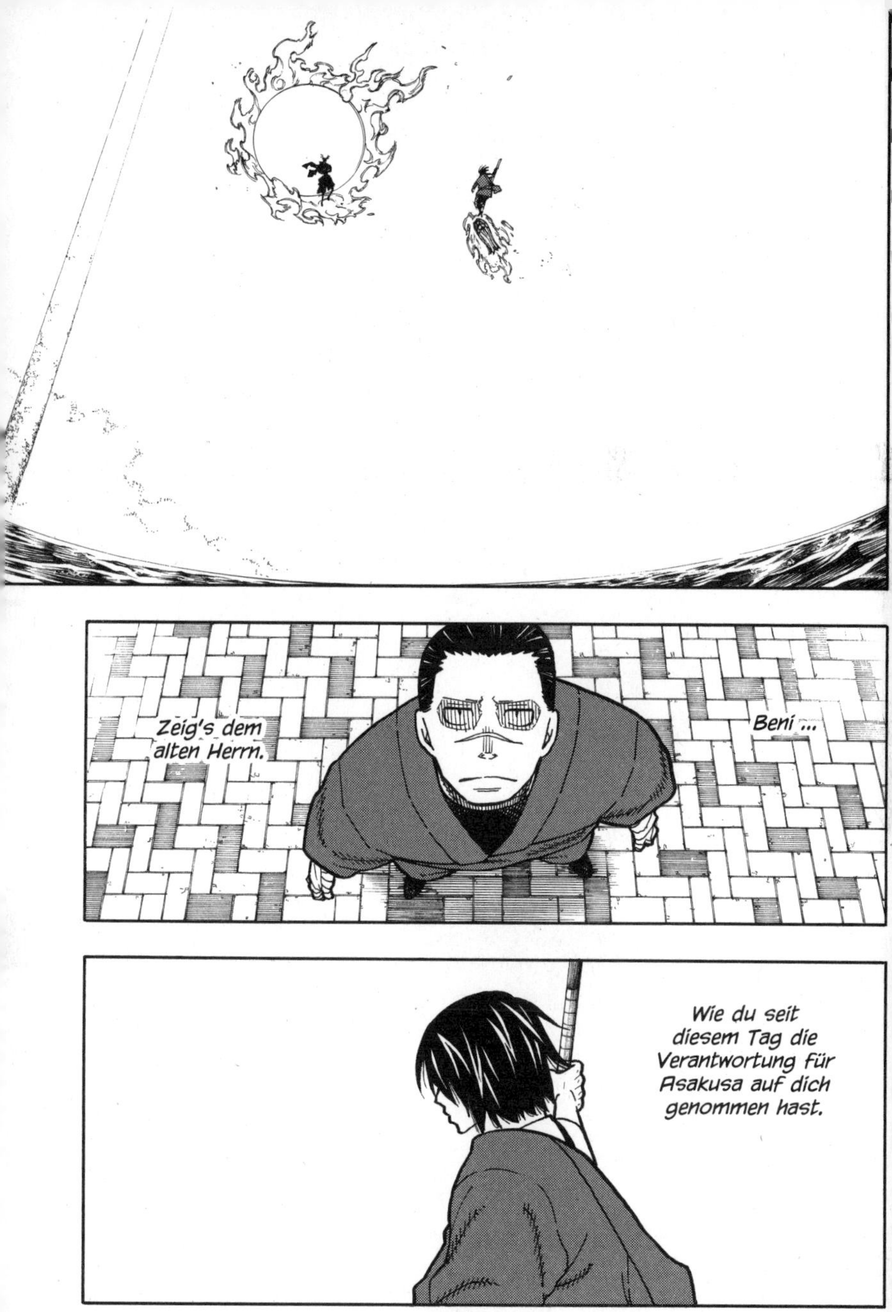
Beni ...
Zeig's dem alten Herrn.
Wie du seit diesem Tag die Verantwortung für Asakusa auf dich genommen hast.

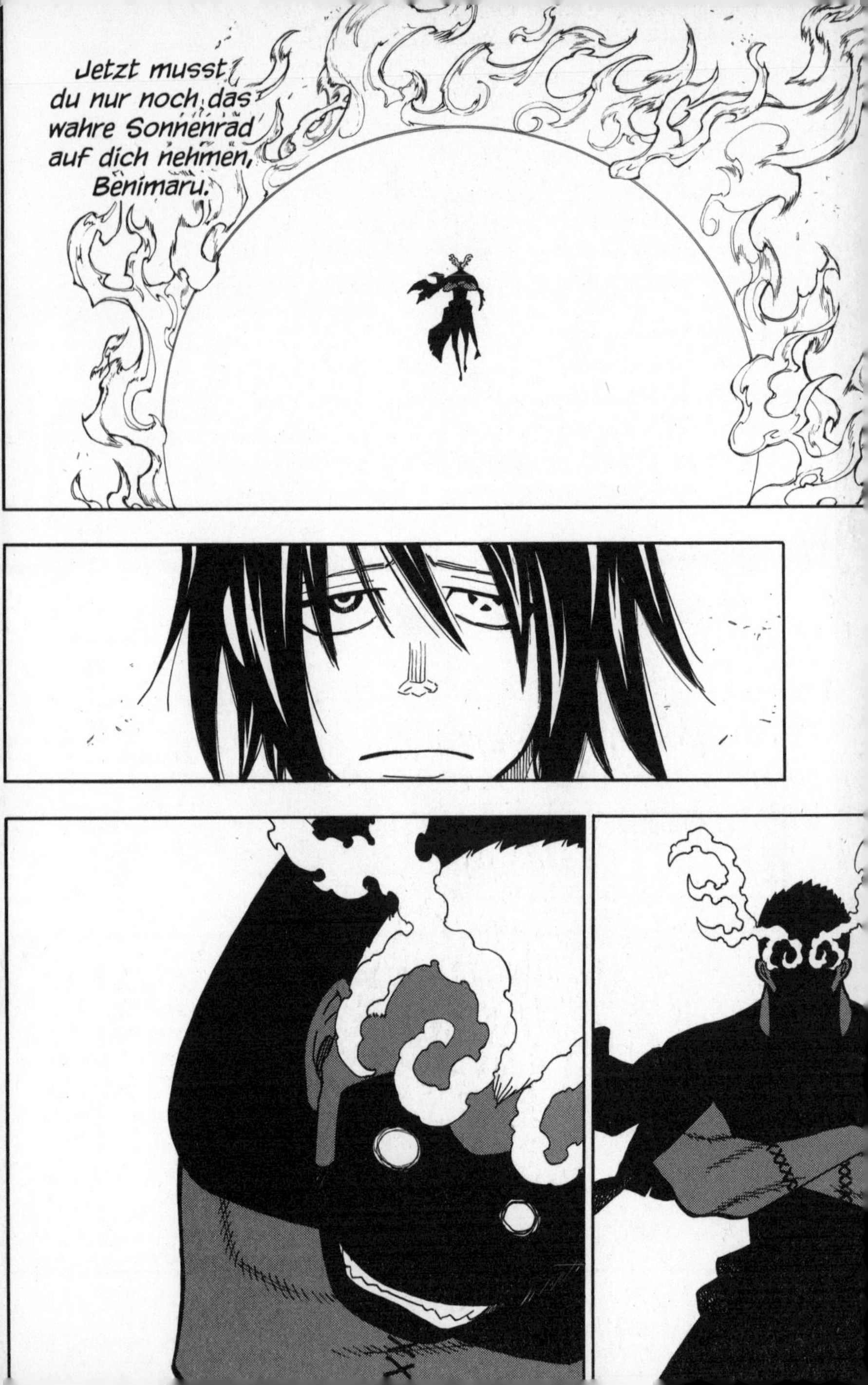
Jetzt musst du nur noch das wahre Sonnenrad auf dich nehmen, Benimaru.

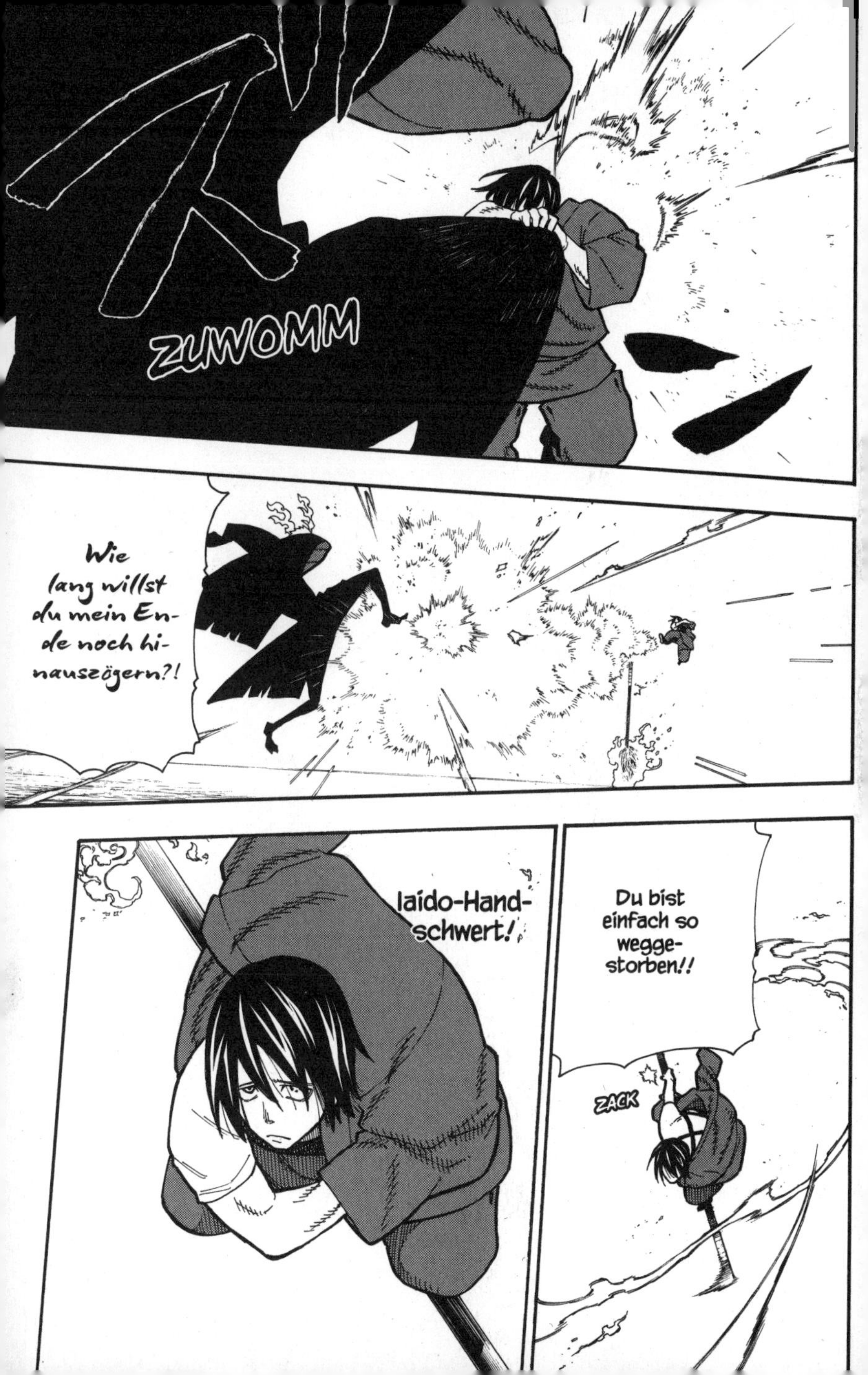
ZUWOMM
Wie lang willst du mein Ende noch hinauszögern?!
Du bist einfach so weggestorben!!
ZACK
Iaido-Handschwert!

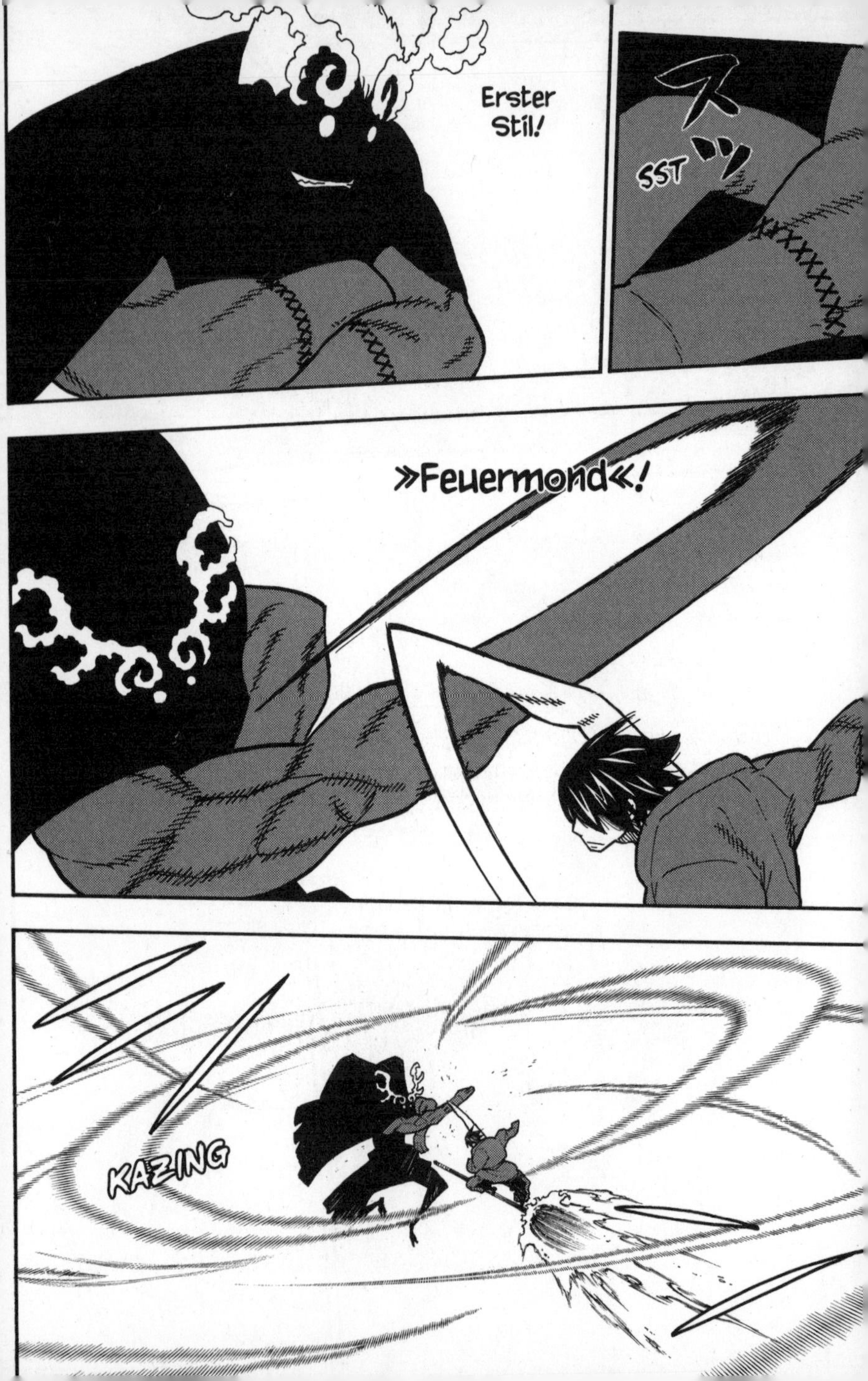
SST
Erster Stil!
»Feuermond«!
KAZING

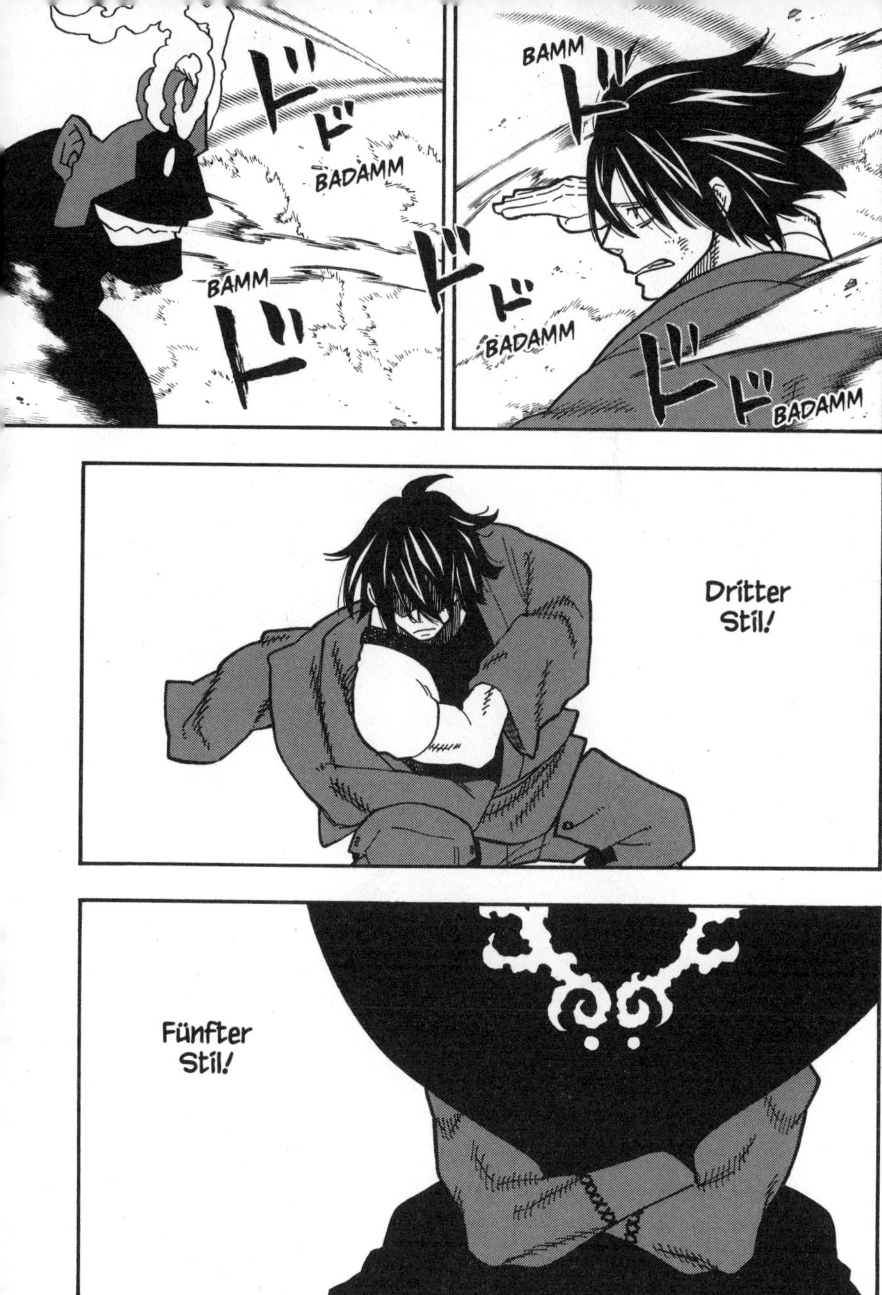
BAMM
BADAMM
BADAMM
BADAMM
BAMM
Dritter Stil!
Fünfter Stil!

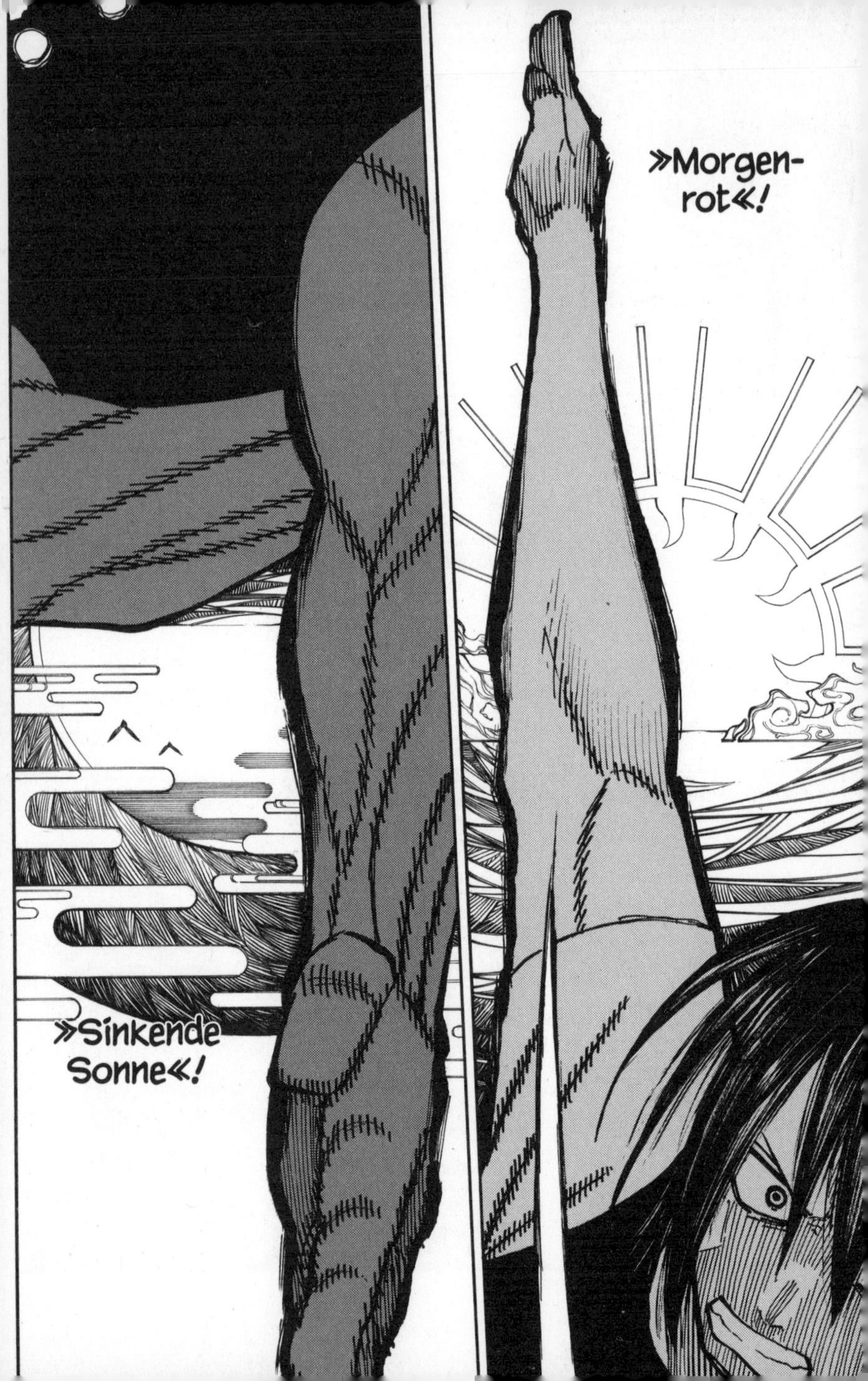
»Morgen-rot«!
»Sinkende Sonne«!

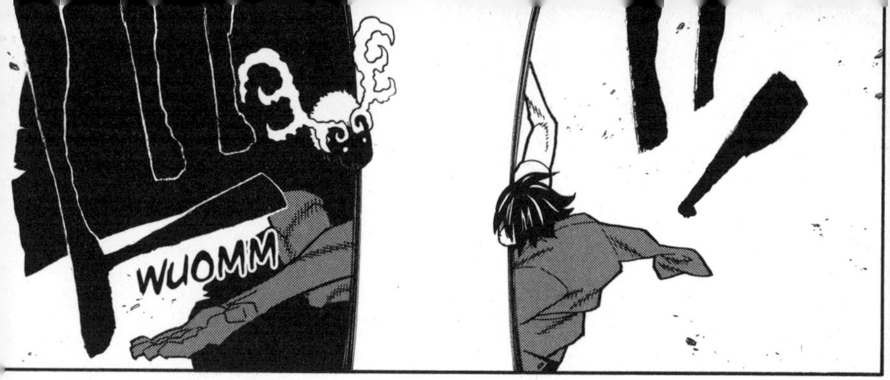
WUOMM

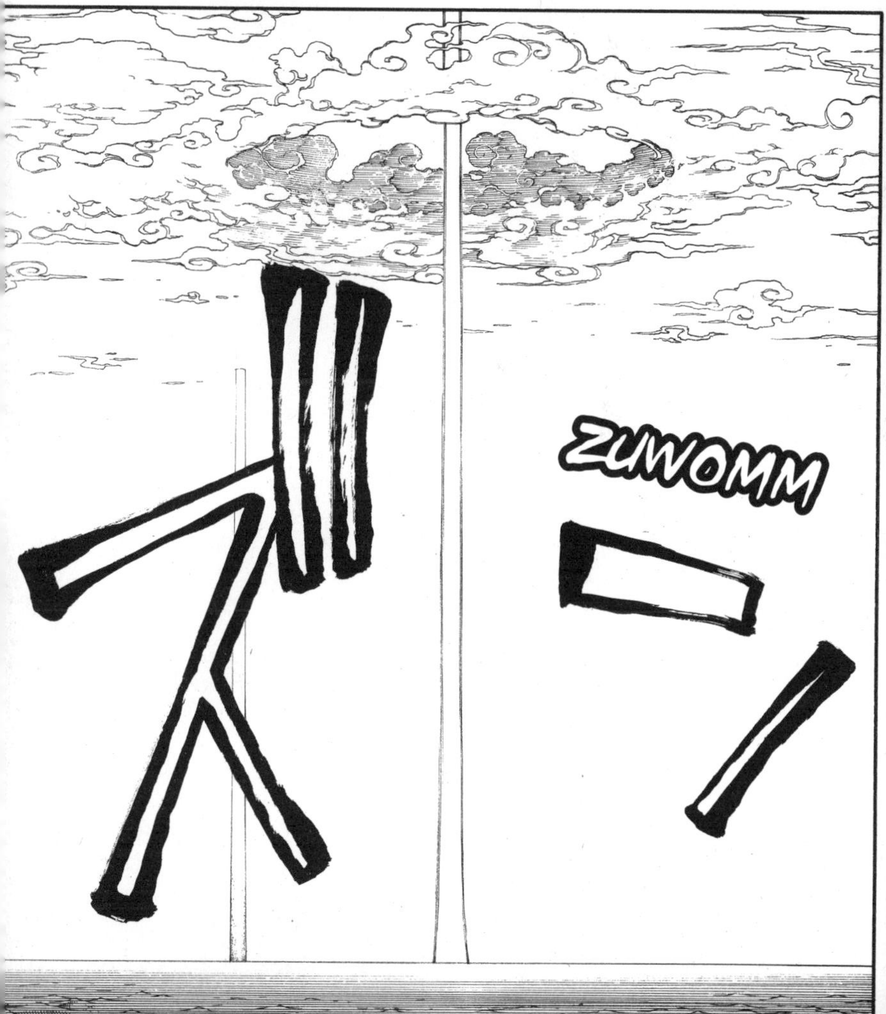
ZUWOMM

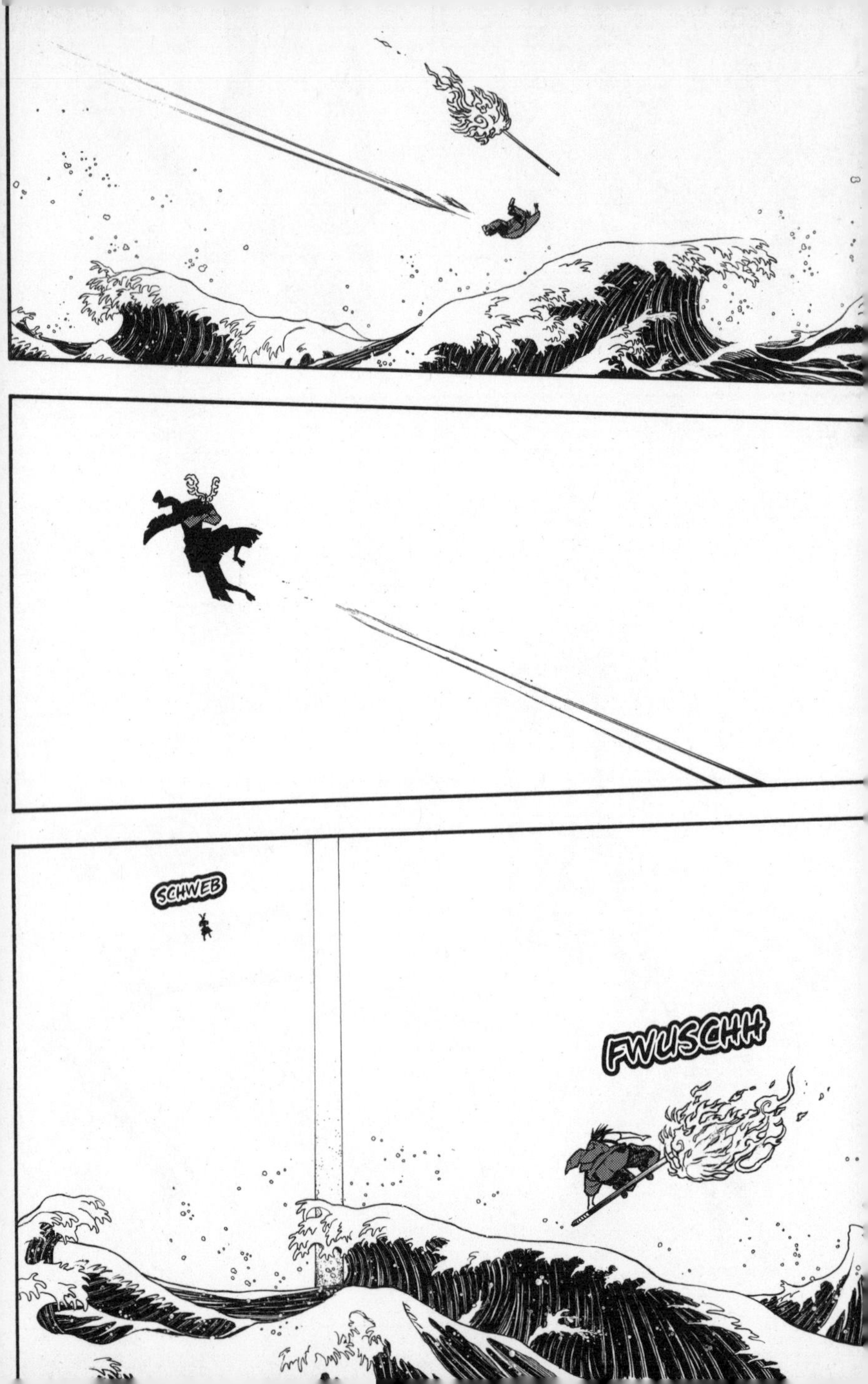
SCHWEB
FWUSCHH

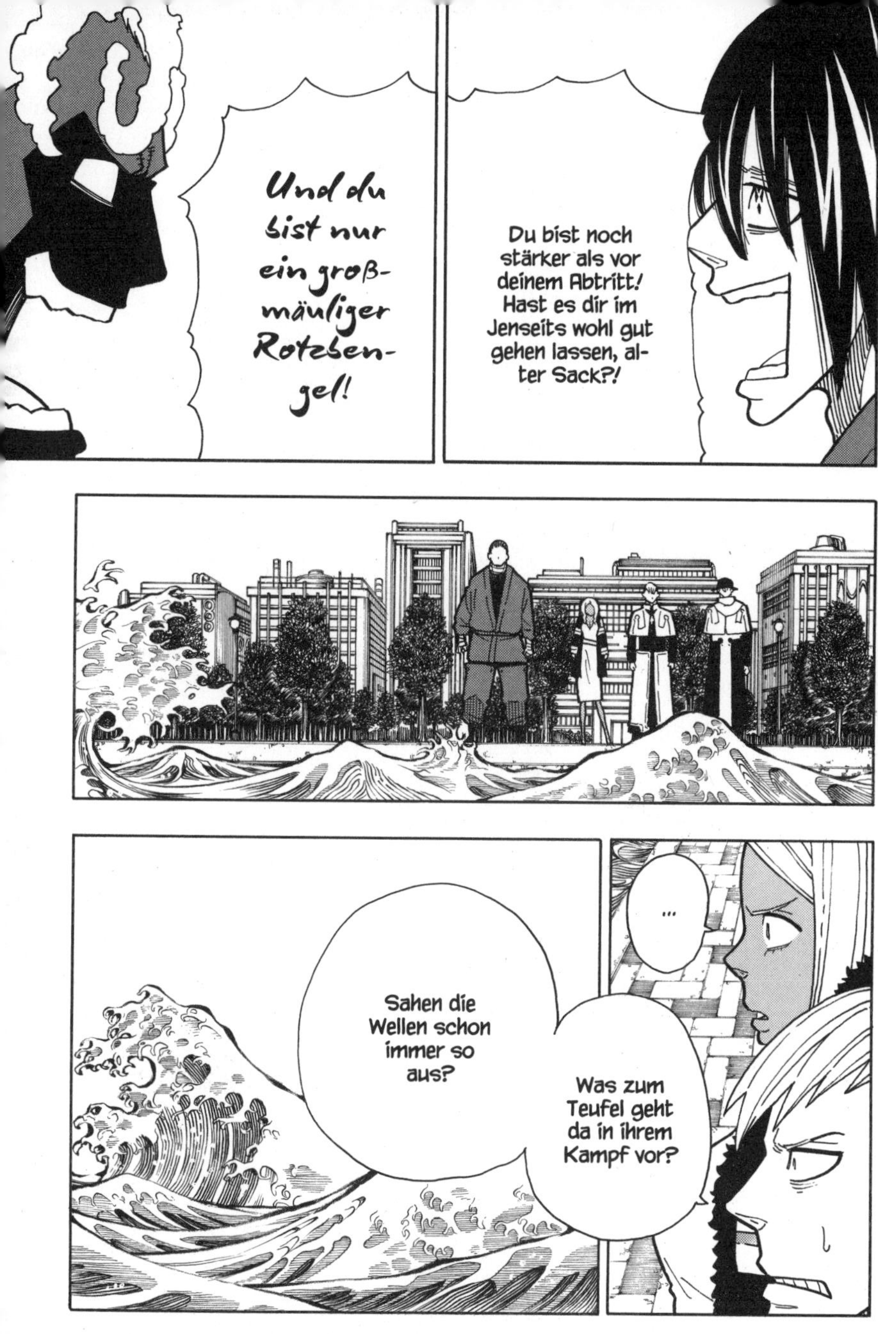
Du bist noch stärker als vor deinem Abtritt! Hast es dir im Jenseits wohl gut gehen lassen, alter Sack?!
Und du bist nur ein großmäuliger Rotzbengel!
...
Sahen die Wellen schon immer so aus?
Was zum Teufel geht da in ihrem Kampf vor?

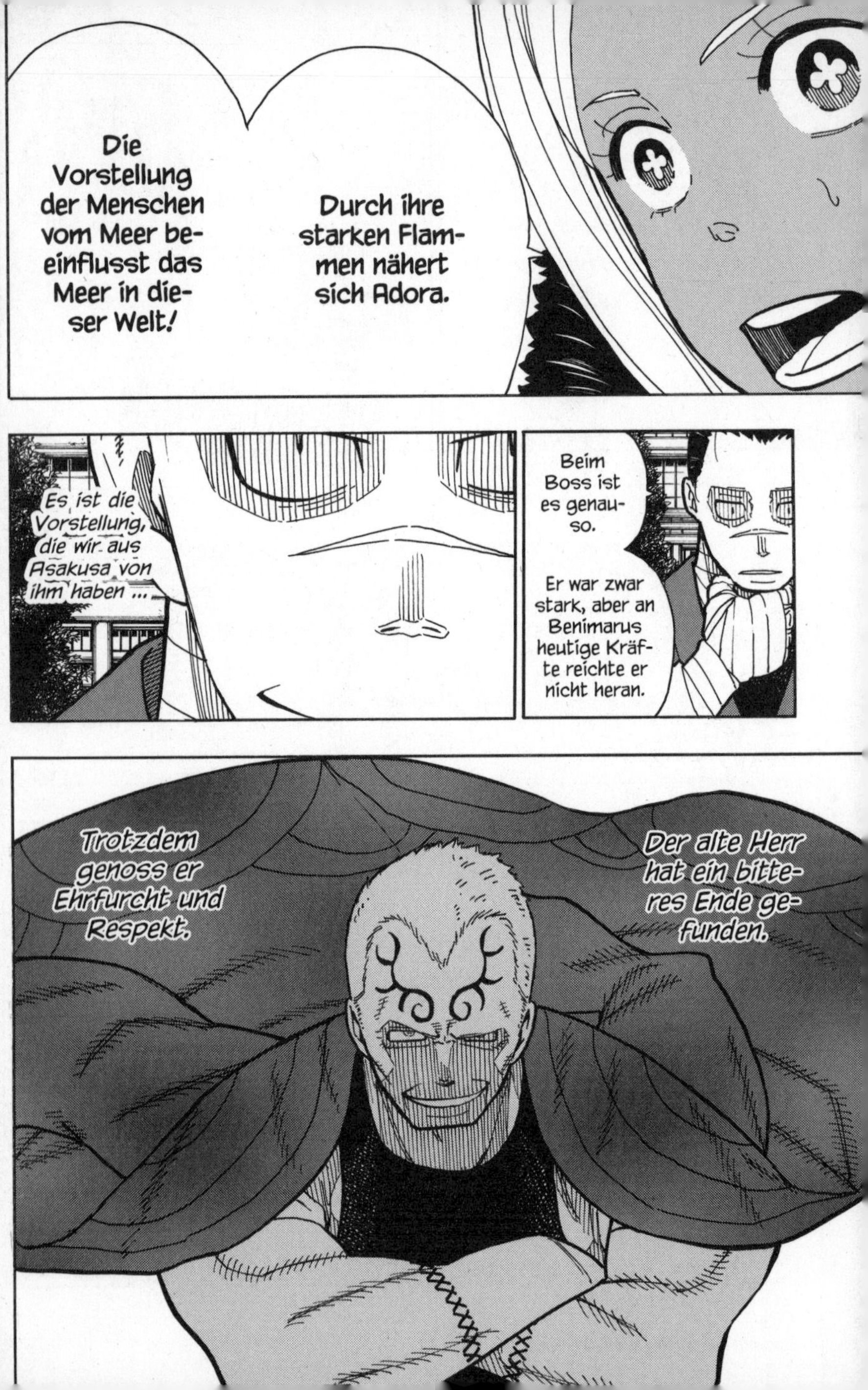

Durch ihre starken Flammen nähert sich Adora.
Die Vorstellung der Menschen vom Meer beeinflusst das Meer in dieser Welt!
Beim Boss ist es genauso.
Er war zwar stark, aber an Benimarus heutige Kräfte reichte er nicht heran.
Es ist die Vorstellung, die wir aus Asakusa von ihm haben ...
Der alte Herr hat ein bitteres Ende gefunden.
Trotzdem genoss er Ehrfurcht und Respekt.

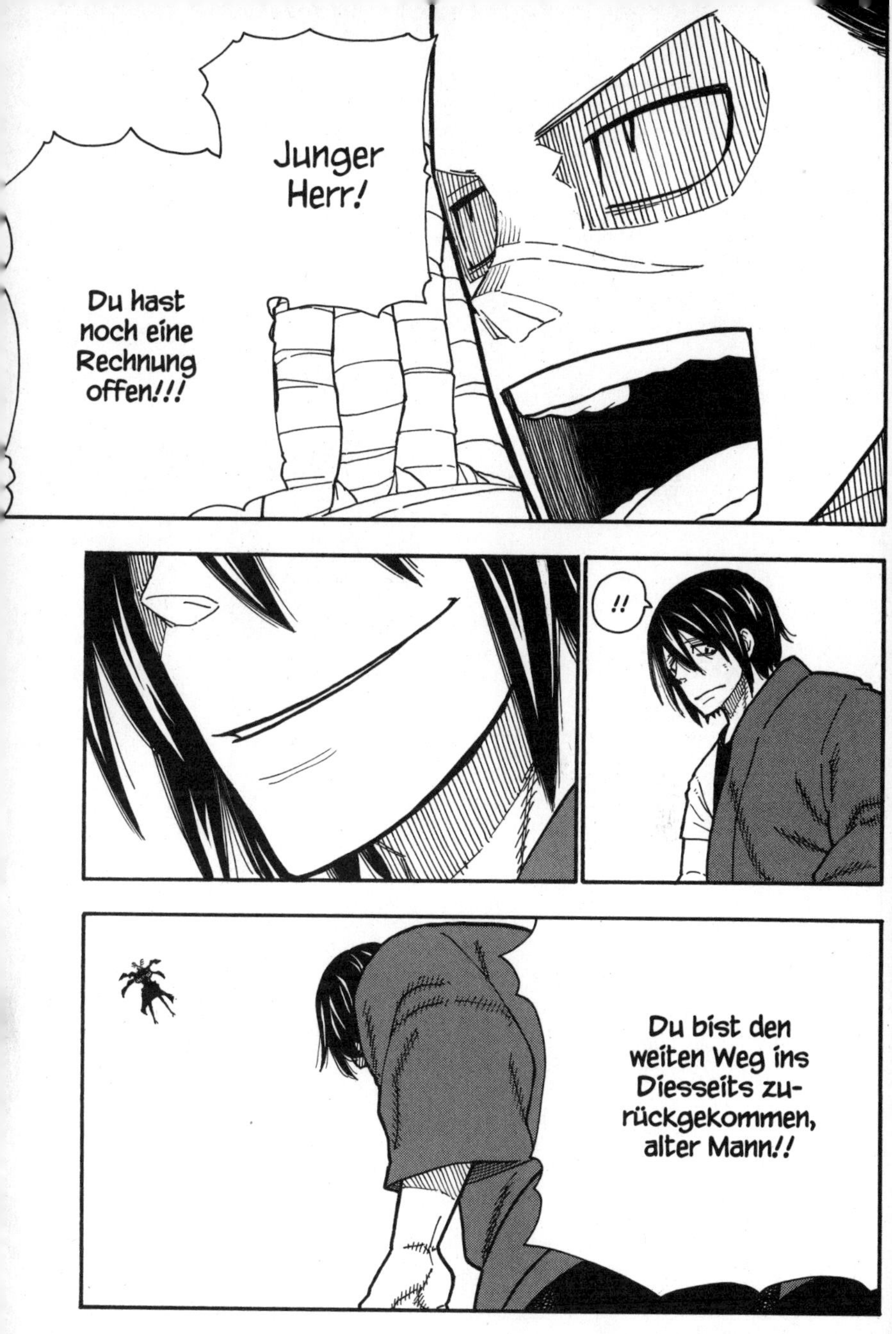
Junger Herr!
Du hast noch eine Rechnung offen!!!
!!
Du bist den weiten Weg ins Diesseits zurückgekommen, alter Mann!!

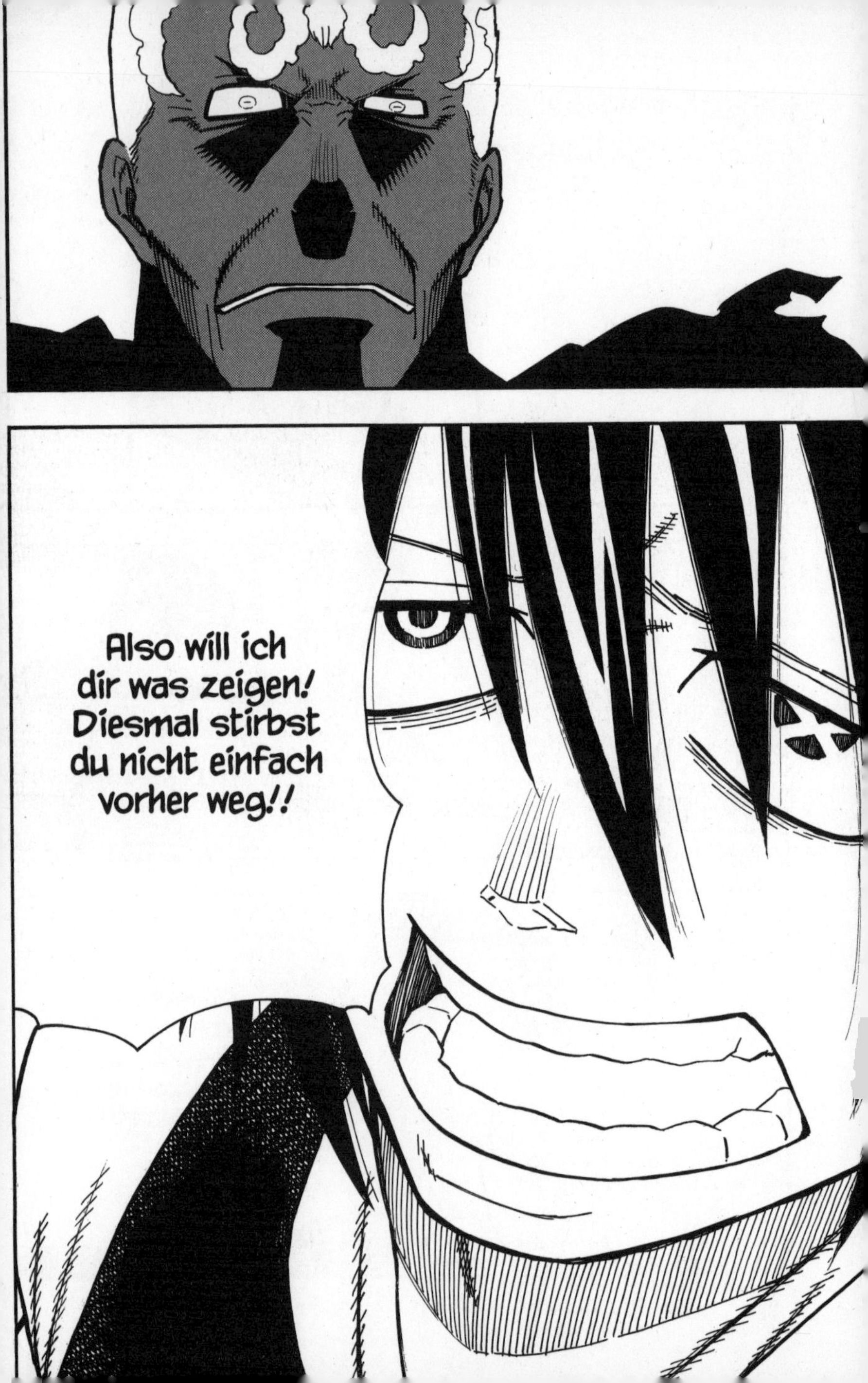
Also will ich dir was zeigen! Diesmal stirbst du nicht einfach vorher weg!!

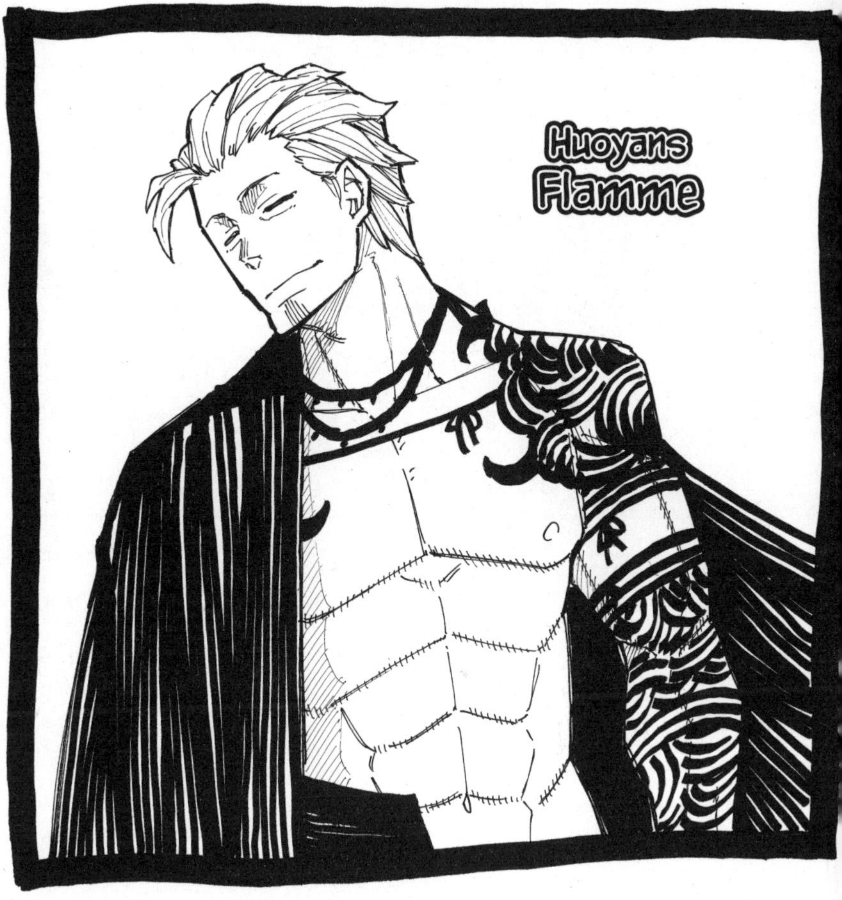

Kapitel 228:
Ein Souvenir aus dem Jenseits

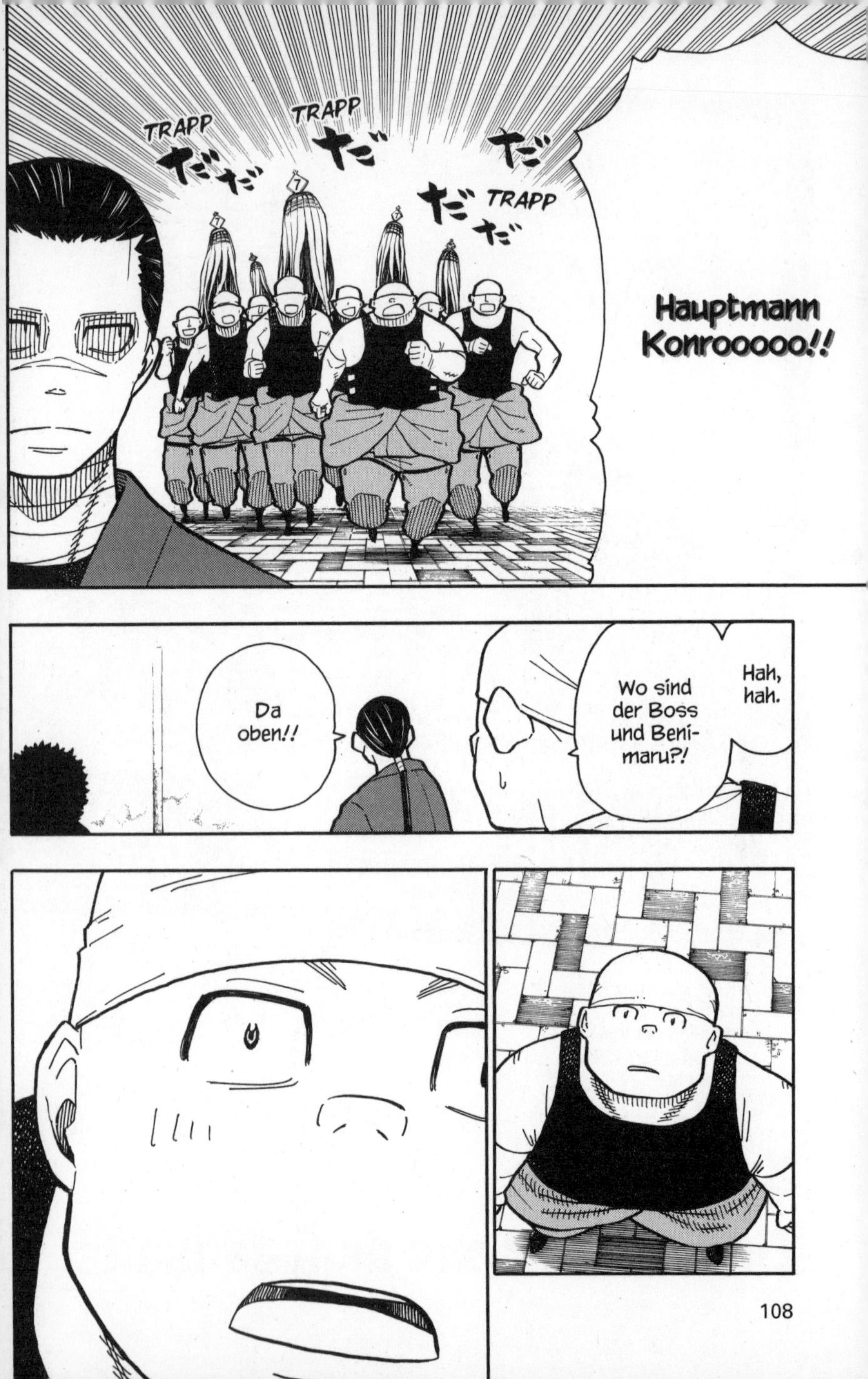
TRAPP
TRAPP
TRAPP
Hauptmann Konrooooo!!
Hah, hah.
Wo sind der Boss und Beni-maru?!
Da oben!!

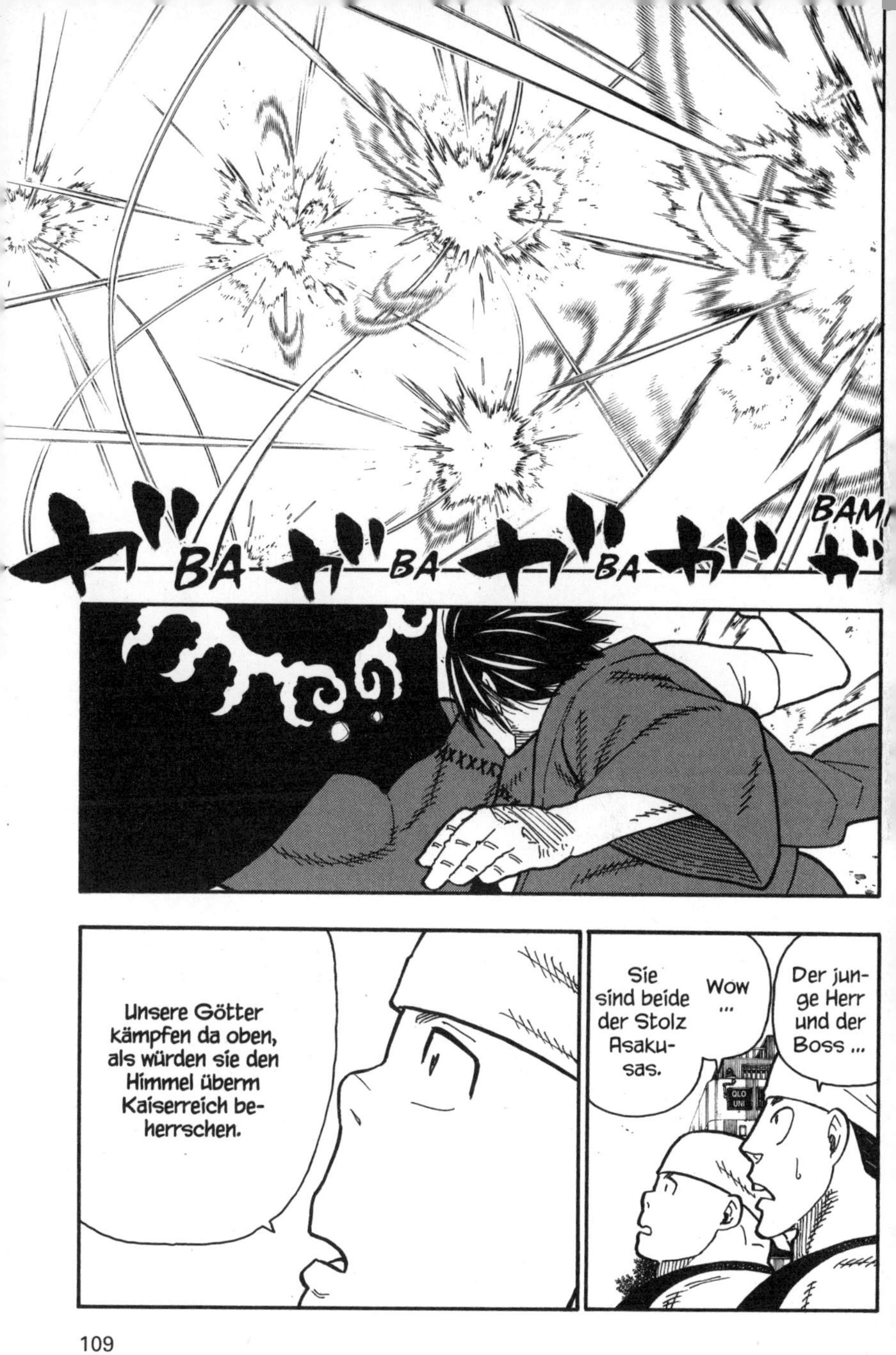

BAM!
BA
BA
BA
Der junge Herr und der Boss ...
Wow ...
Sie sind beide der Stolz Asakusas.
QLO UNI
Unsere Götter kämpfen da oben, als würden sie den Himmel überm Kaiserreich beherrschen.

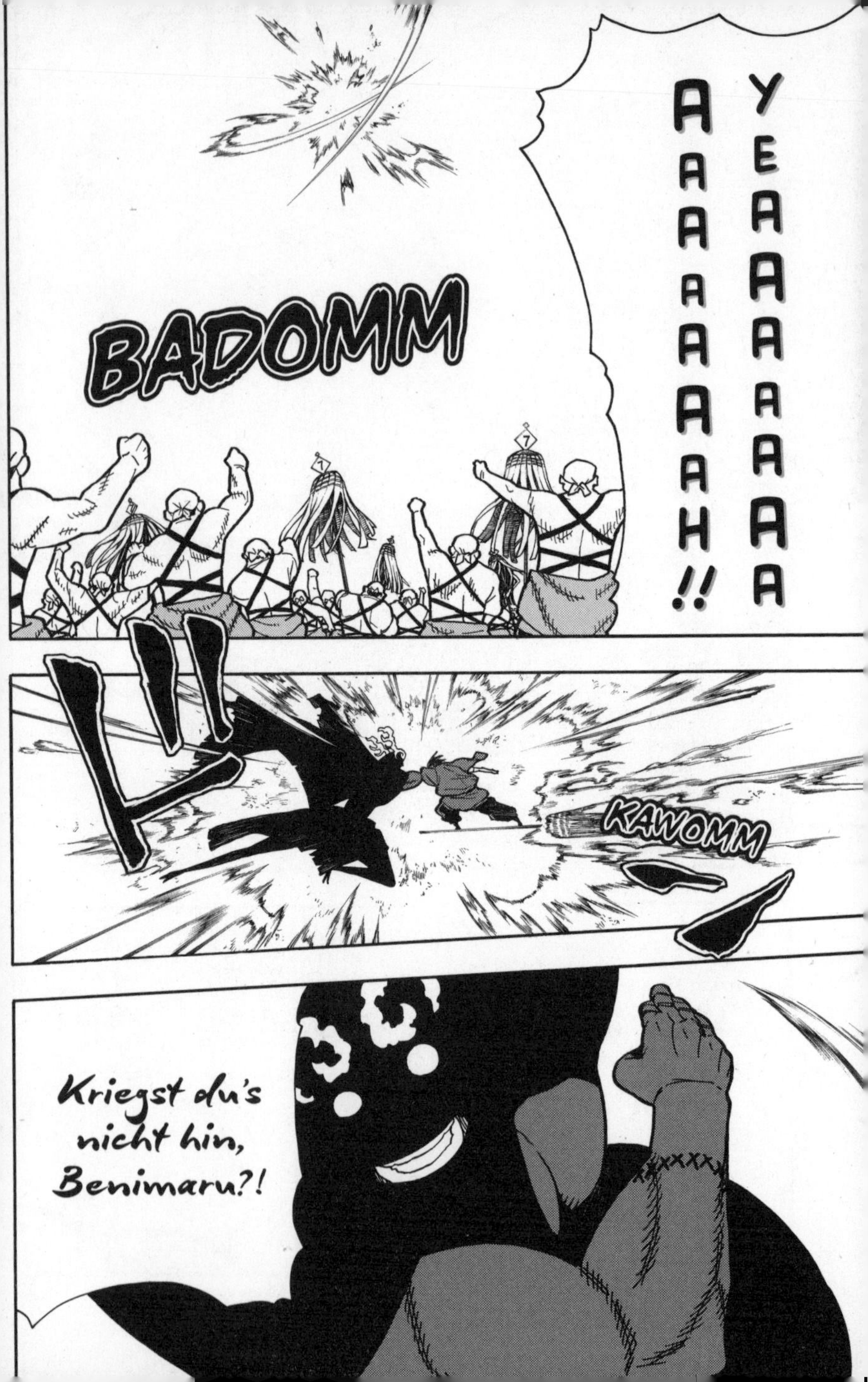
YEAAAAAAA
AAAAAAAH!!
BADOMM
KAWOMM
Kriegst du's nicht hin, Benimaru?!

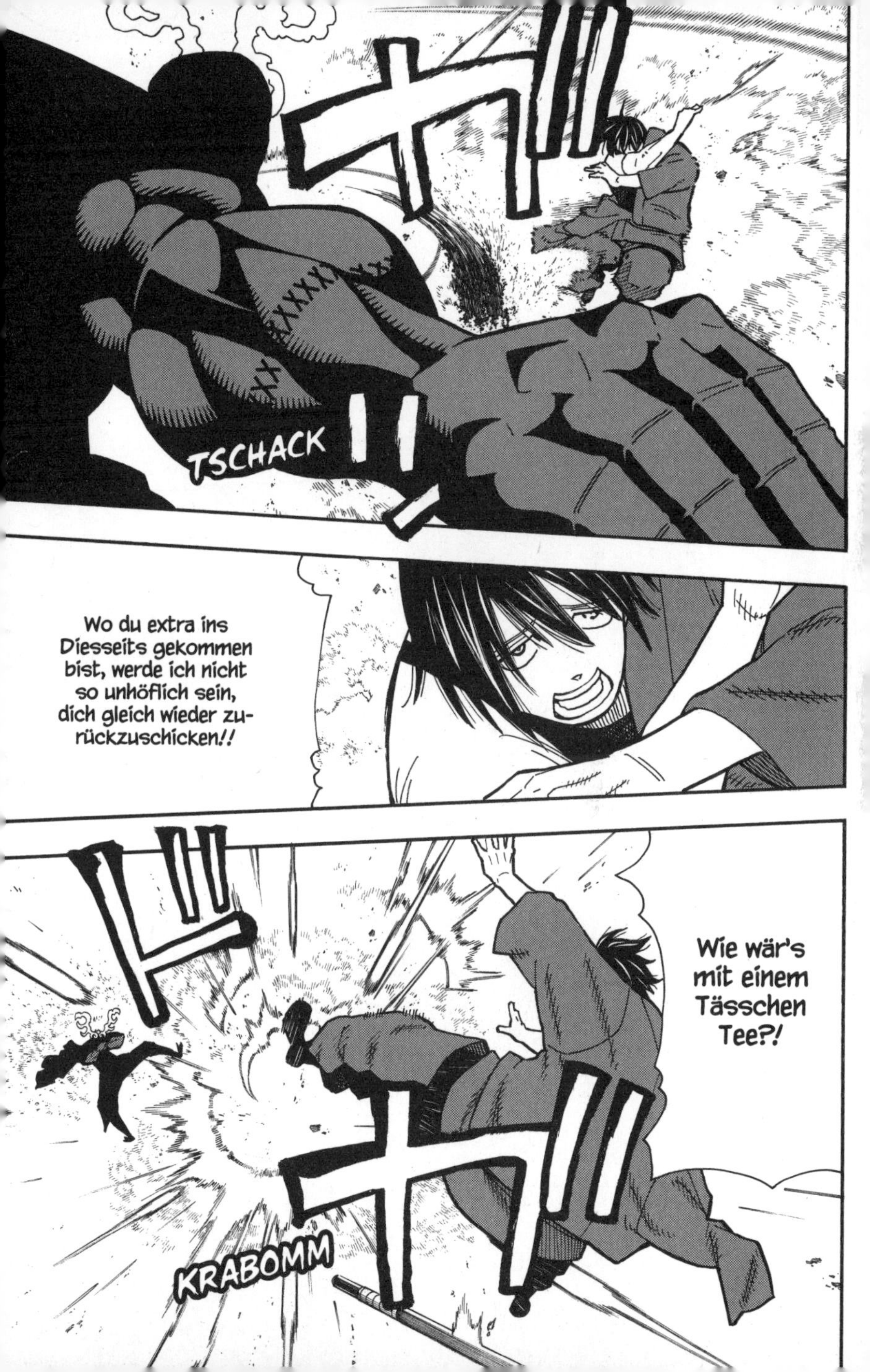
TSCHACK
Wo du extra ins Diesseits gekommen bist, werde ich nicht so unhöflich sein, dich gleich wieder zurückzuschicken!!
Wie wär's mit einem Tässchen Tee?!
KRABOMM

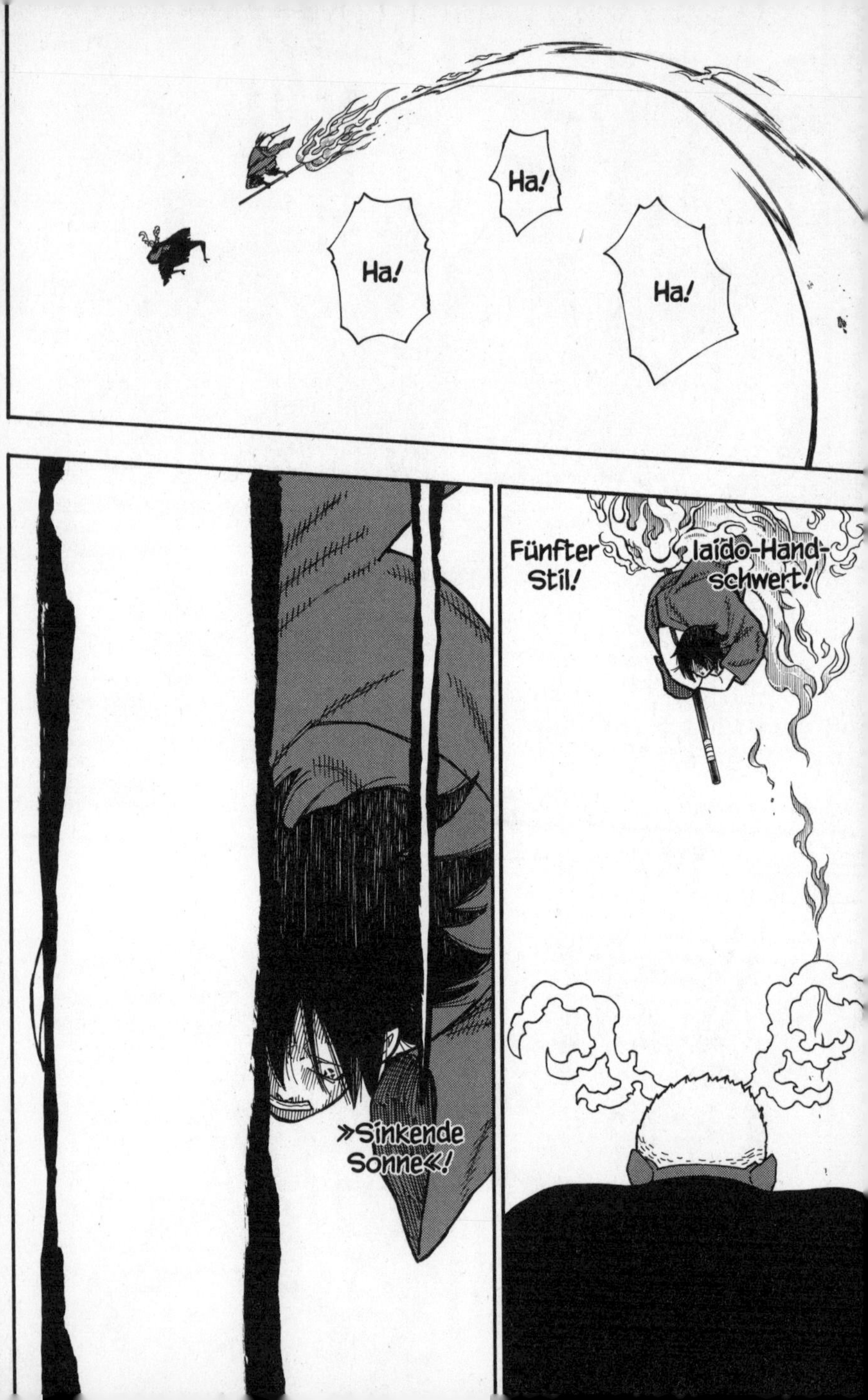
Ha!
Ha!
Ha!
Iaido-Hand-schwert!
Fünfter Stil!
»Sinkende Sonne«!

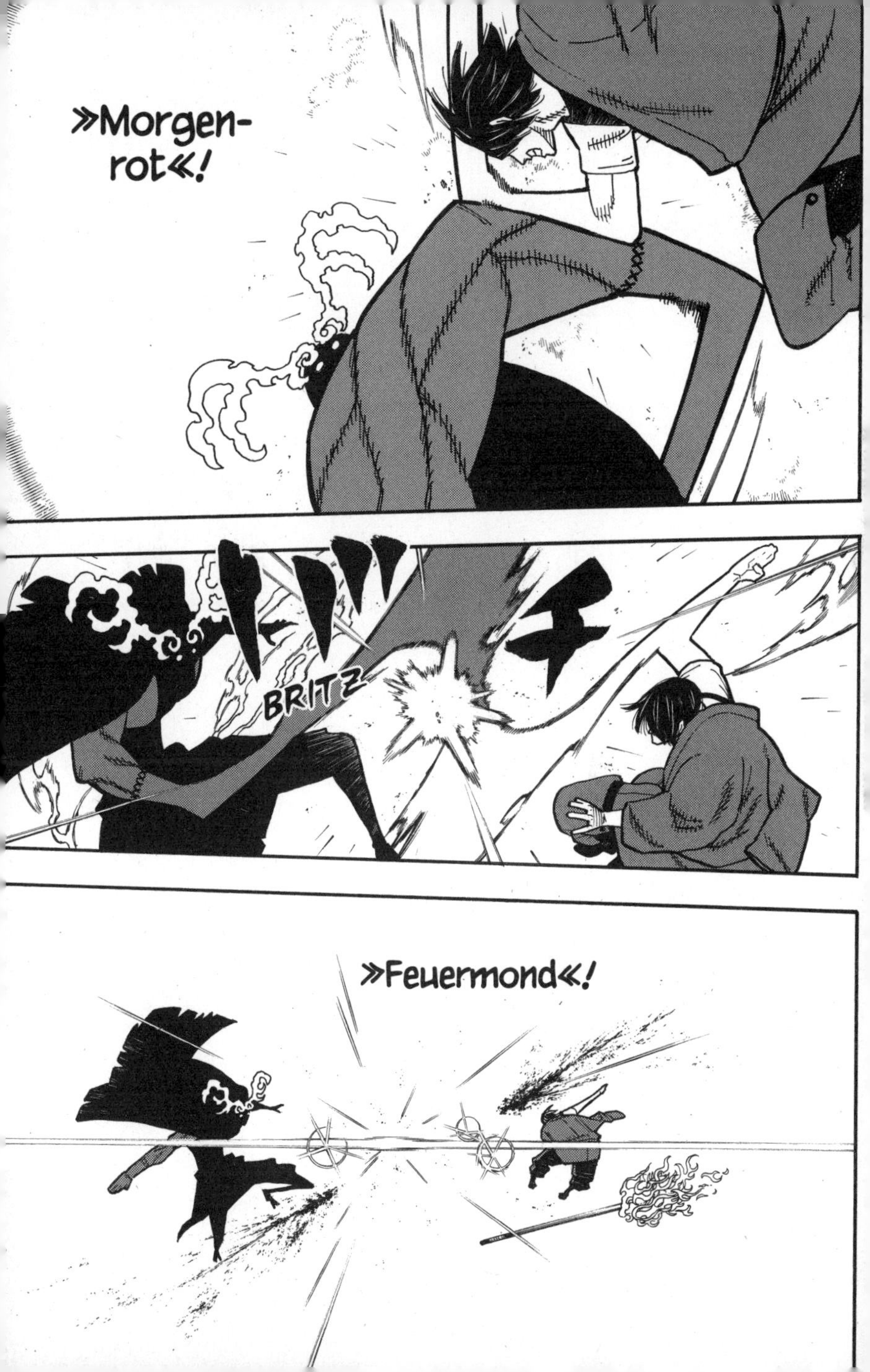
»Morgen-
rot«!
BRITZ
»Feuermond«!

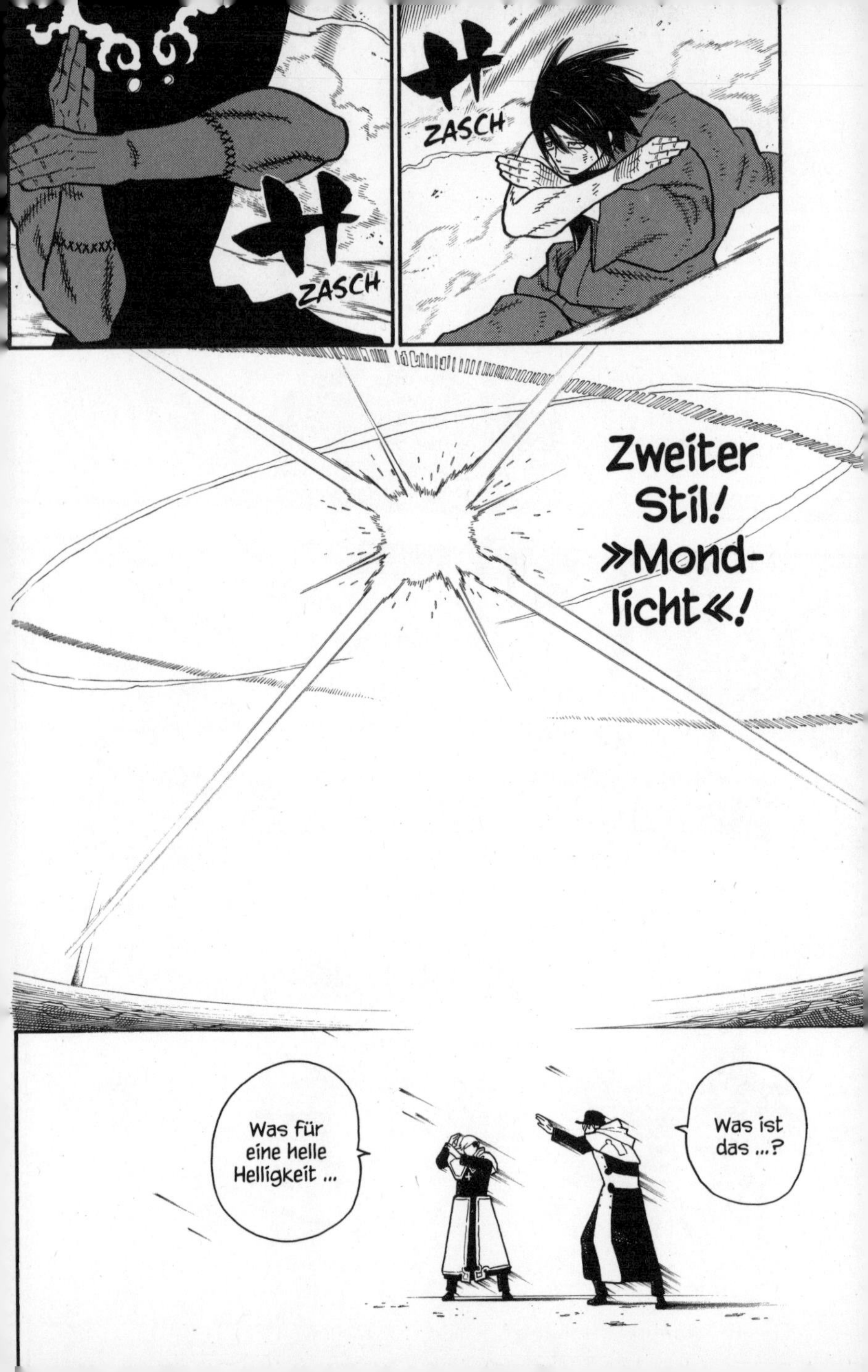
ZASCH
ZASCH
Zweiter Stil! »Mondlicht«!
Was ist das ...?
Was für eine helle Helligkeit ...

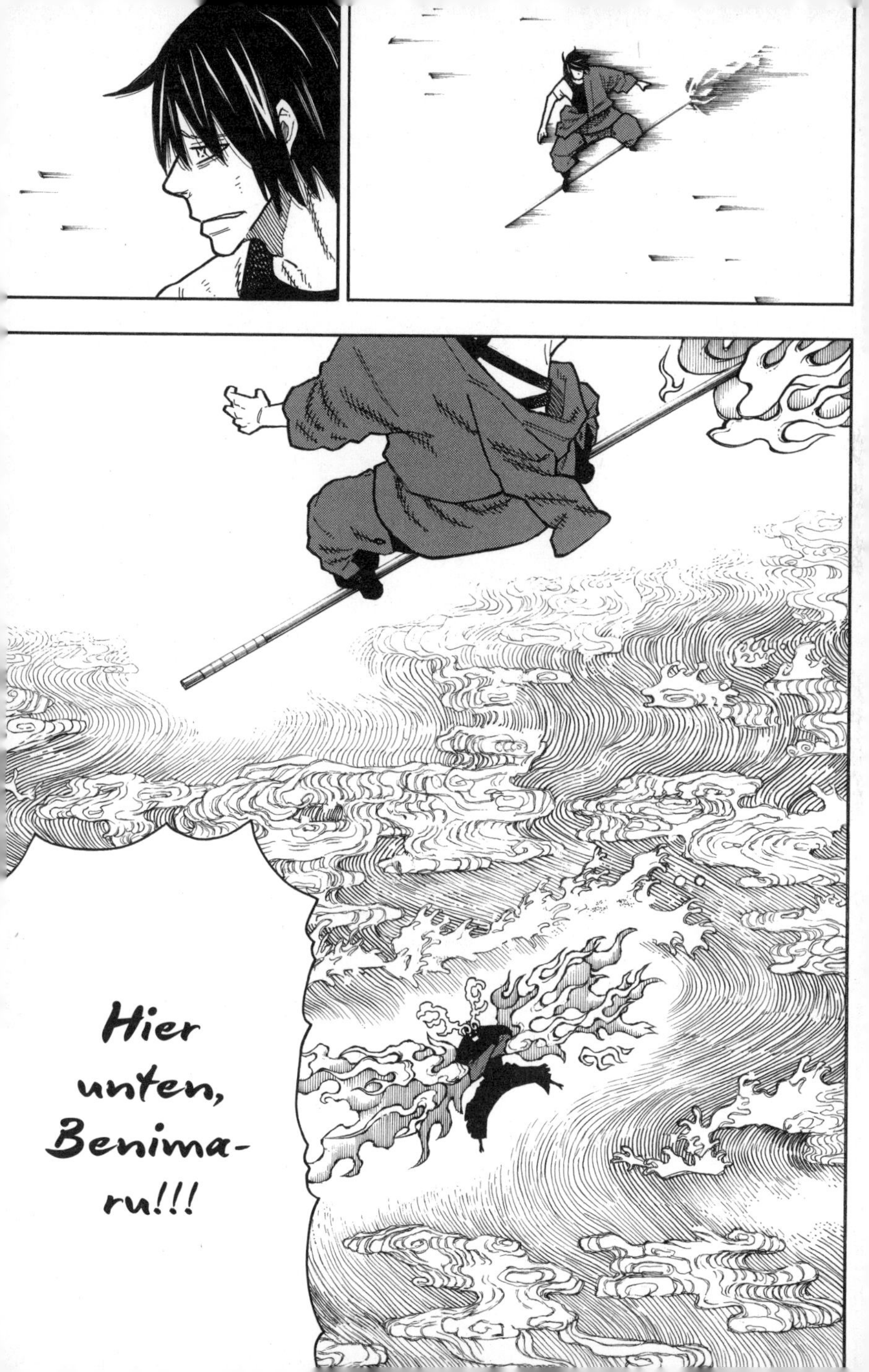
Hier unten, Benima-ru!!!

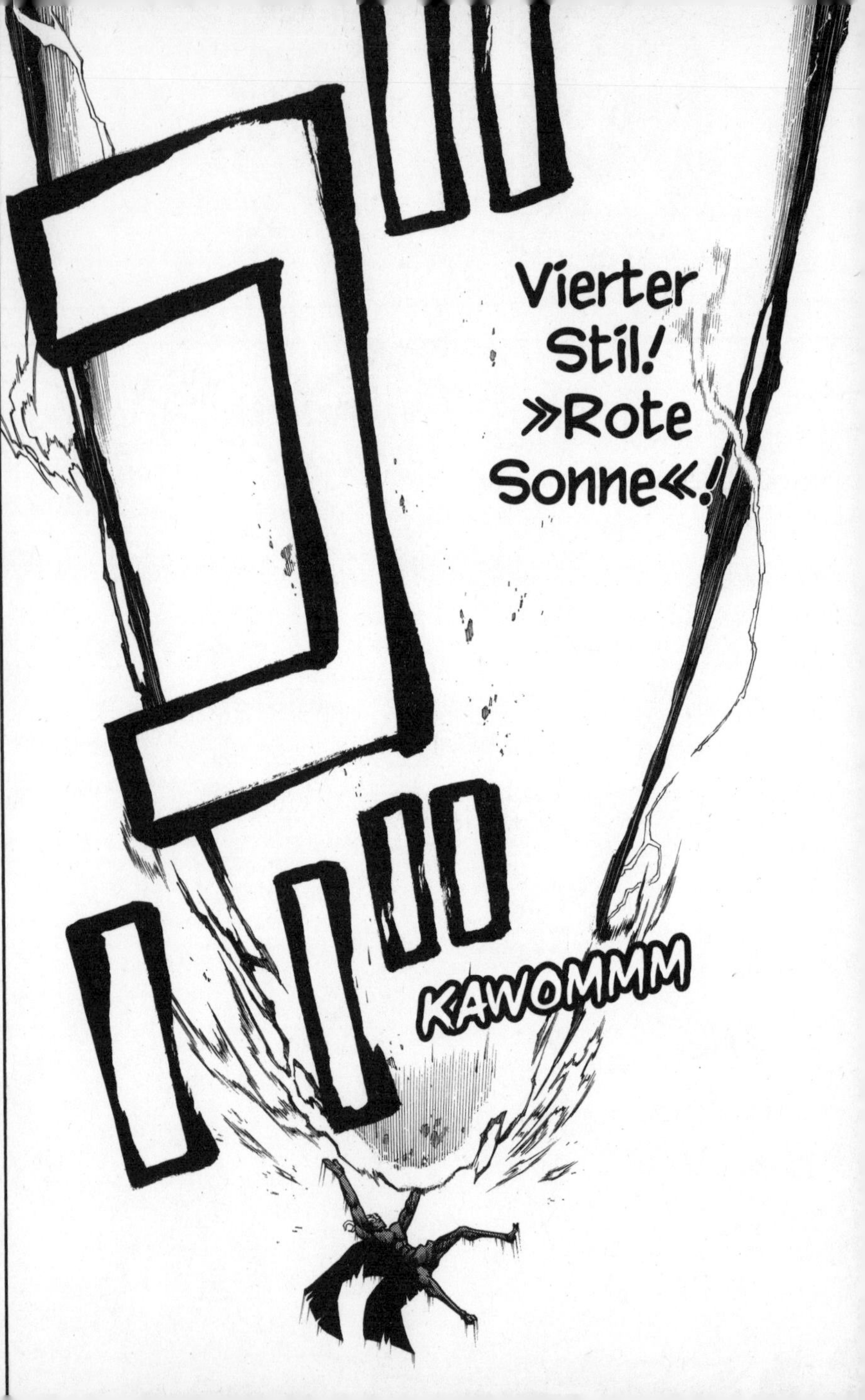
Vierter Stil! »Rote Sonne«!
KAWOMMM

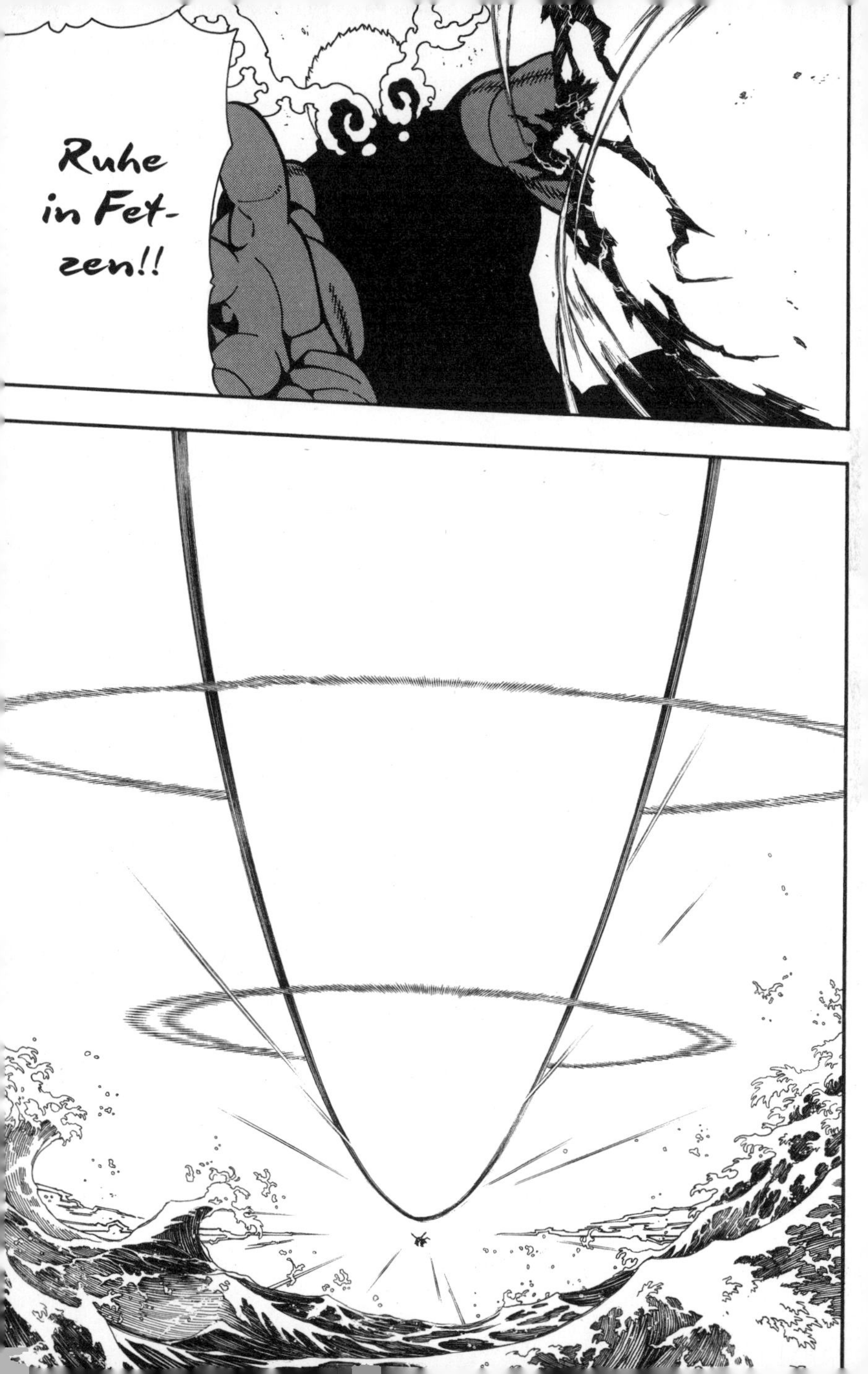
Ruhe in Fetzen!!

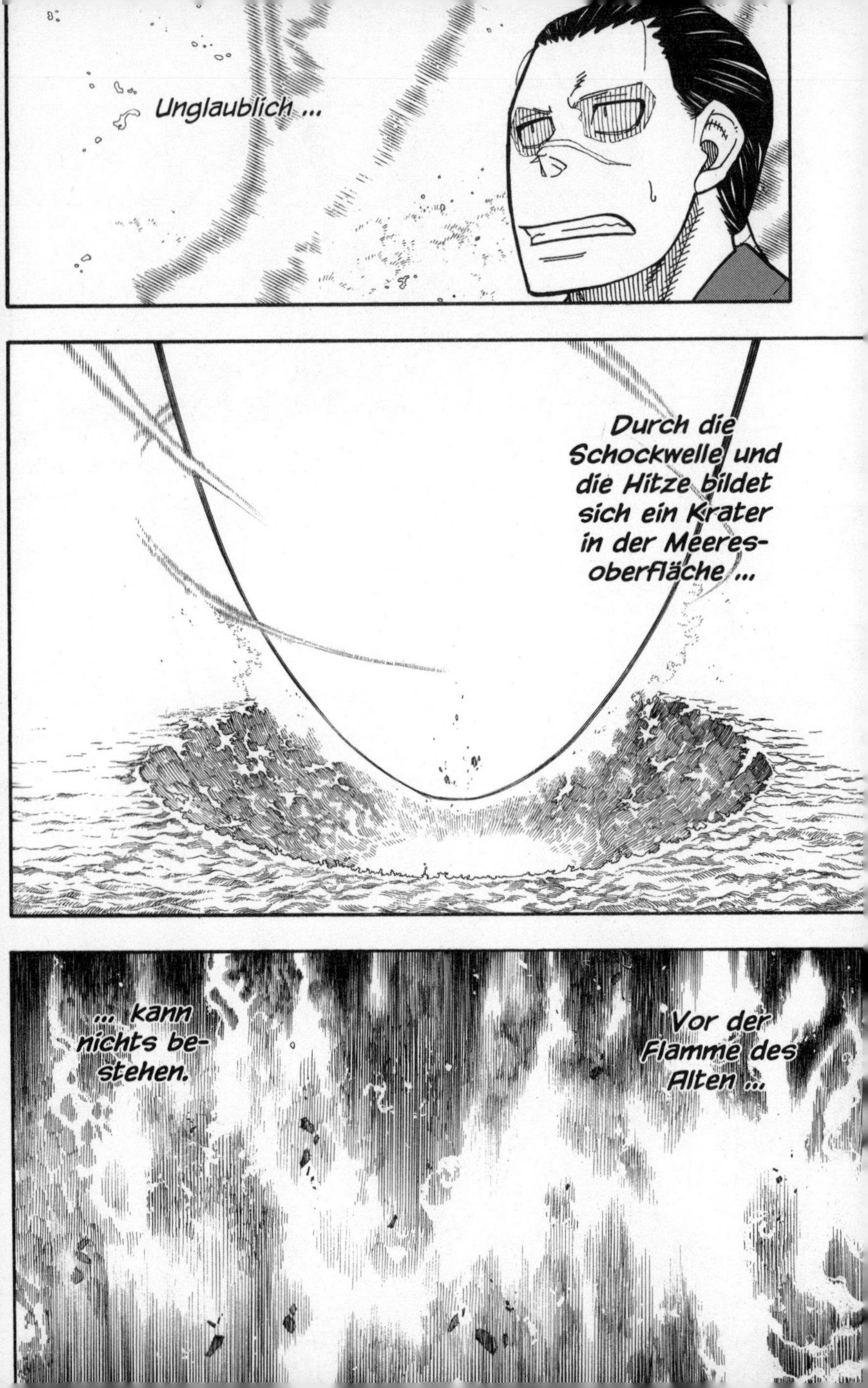
Unglaublich ...
Durch die Schockwelle und die Hitze bildet sich ein Krater in der Meeres-oberfläche ...
Vor der Flamme des Alten ...
... kann nichts be-stehen.

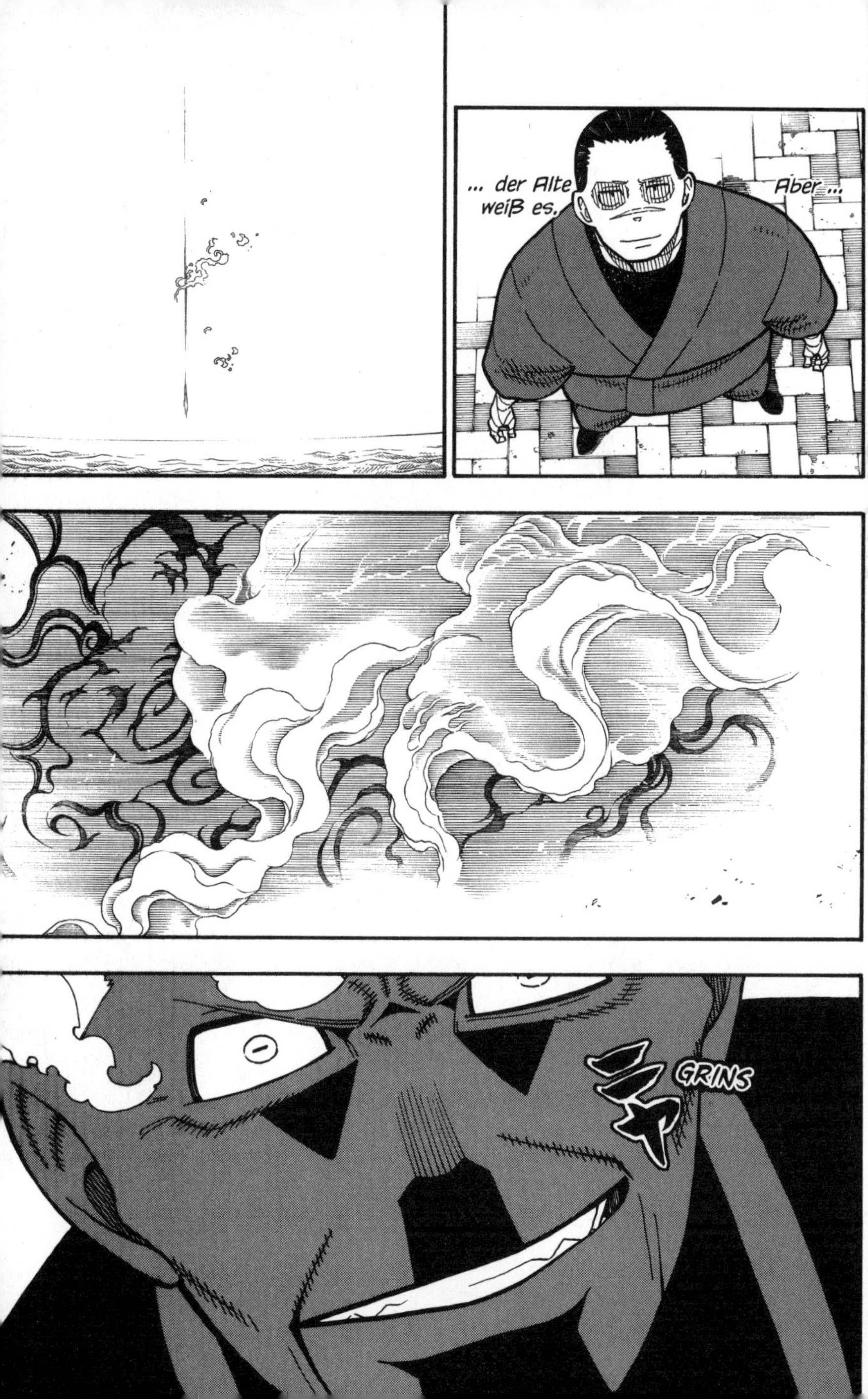
Aber ...
... der Alte weiß es.
GRINS

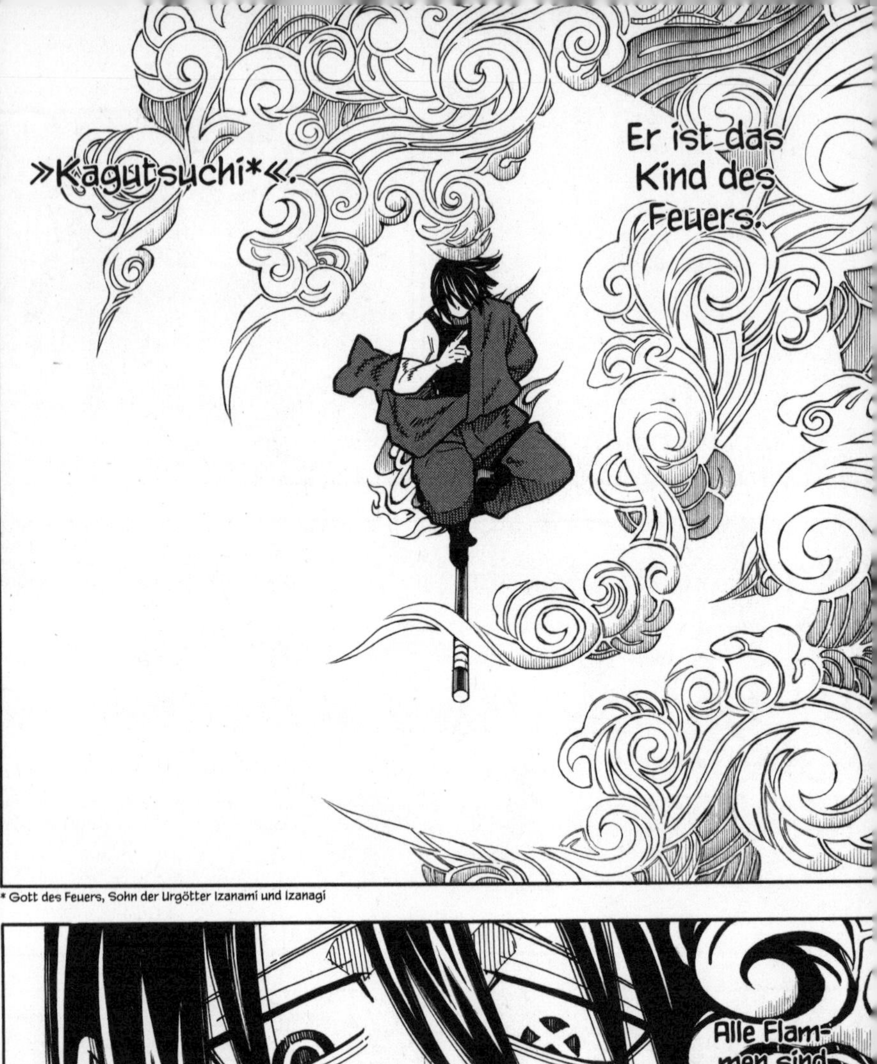

* Gott des Feuers, Sohn der Urgötter Izanami und Izanagi

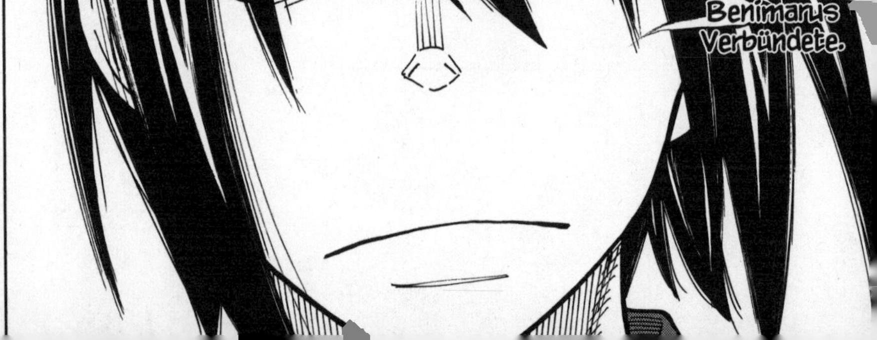

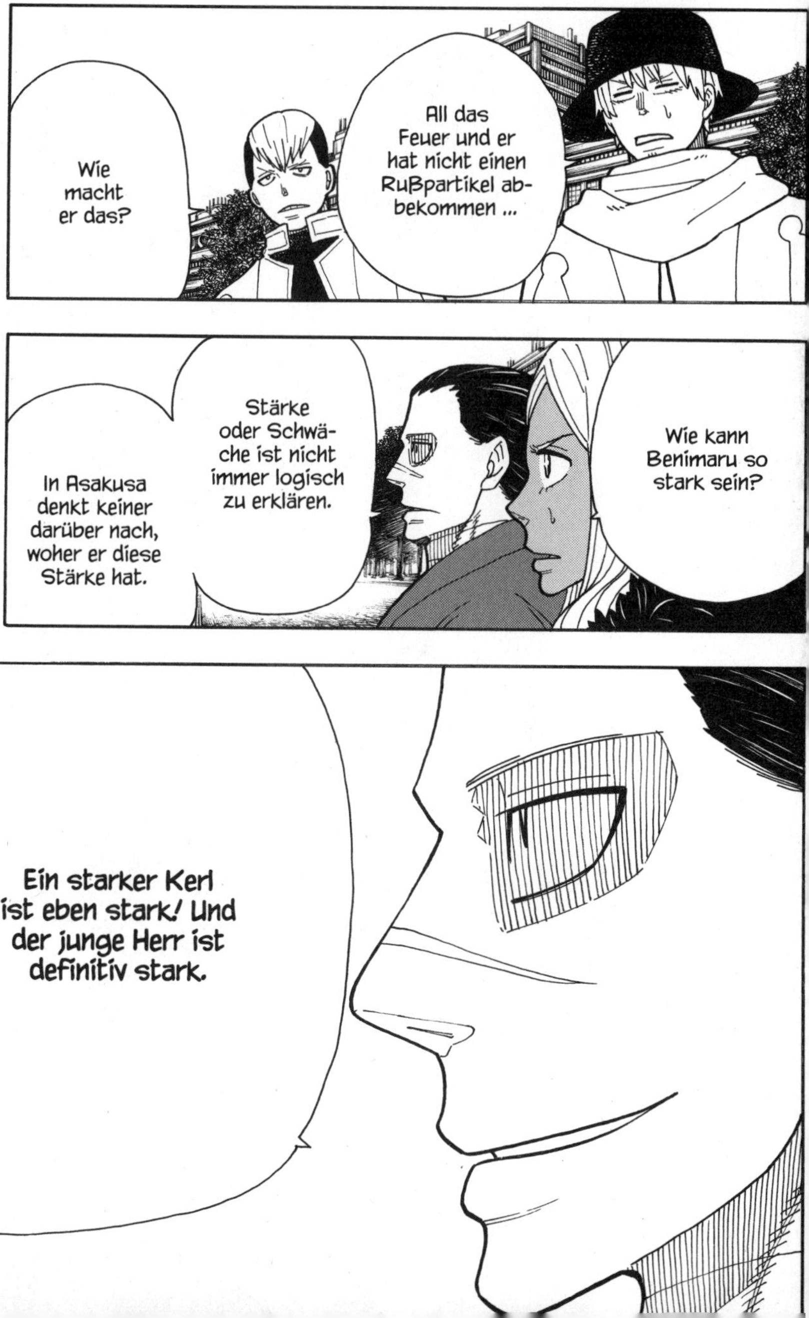
All das Feuer und er hat nicht einen Rußpartikel abbekommen ...
Wie macht er das?
Wie kann Benimaru so stark sein?
Stärke oder Schwäche ist nicht immer logisch zu erklären.
In Asakusa denkt keiner darüber nach, woher er diese Stärke hat.
Ein starker Kerl ist eben stark! Und der junge Herr ist definitiv stark.

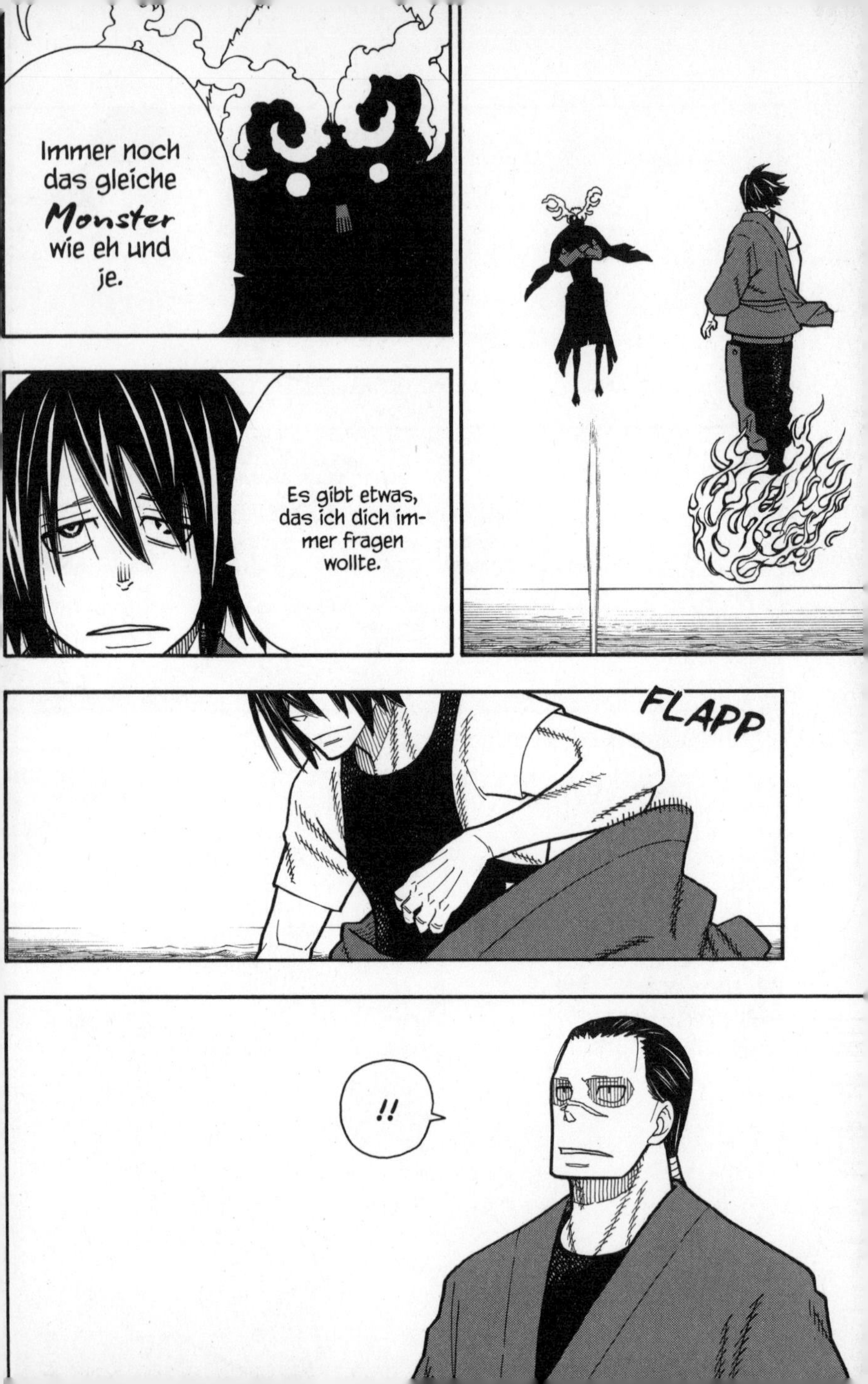
Immer noch das gleiche Monster wie eh und je.
Es gibt etwas, das ich dich immer fragen wollte.
FLAPP
!!

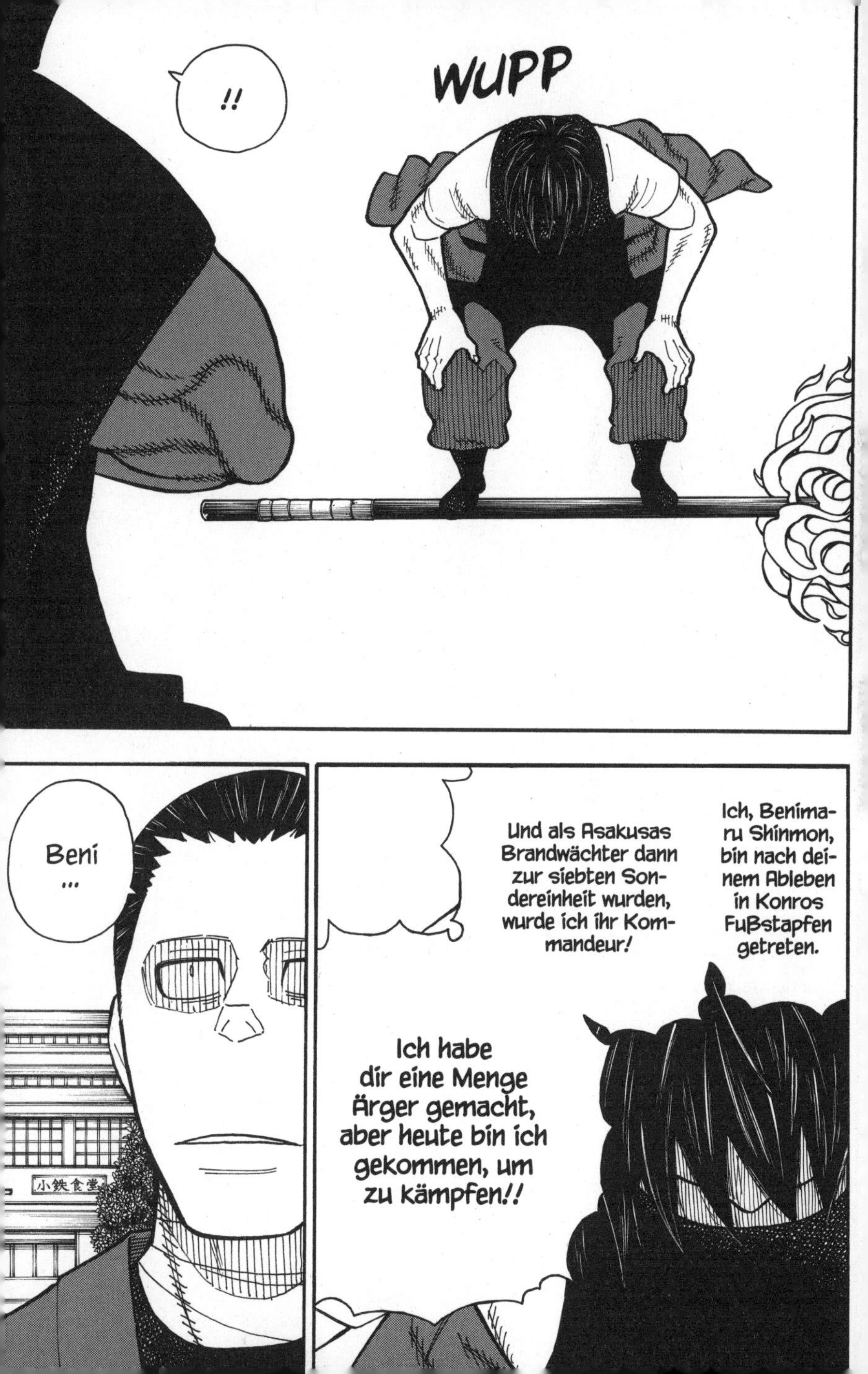
WUPP
!!
Ich, Benimaru Shinmon, bin nach deinem Ableben in Konros Fußstapfen getreten.
Und als Asakusas Brandwächter dann zur siebten Sondereinheit wurden, wurde ich ihr Kommandeur!
Ich habe dir eine Menge Ärger gemacht, aber heute bin ich gekommen, um zu kämpfen!!
Beni ...
小鉄食堂

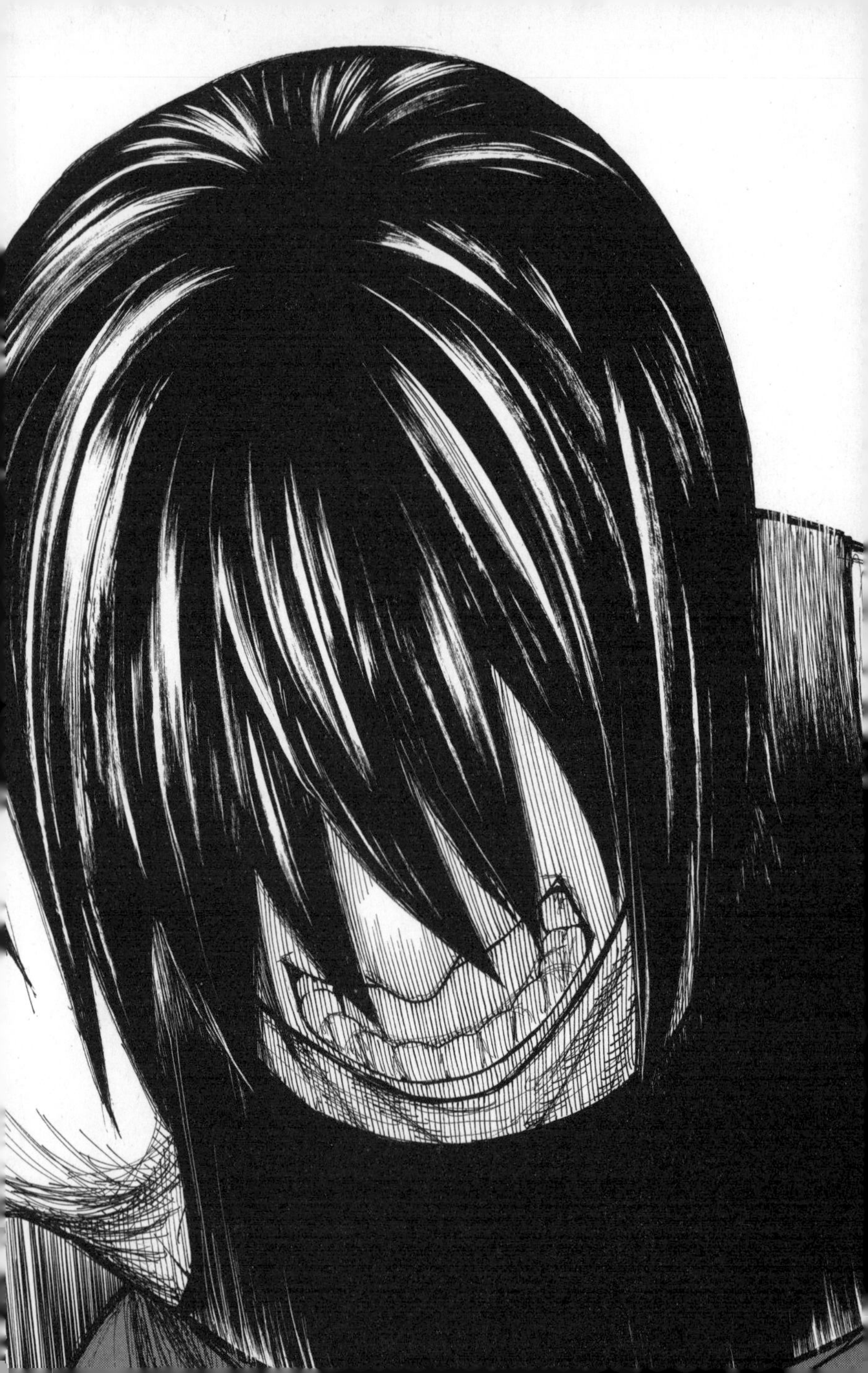

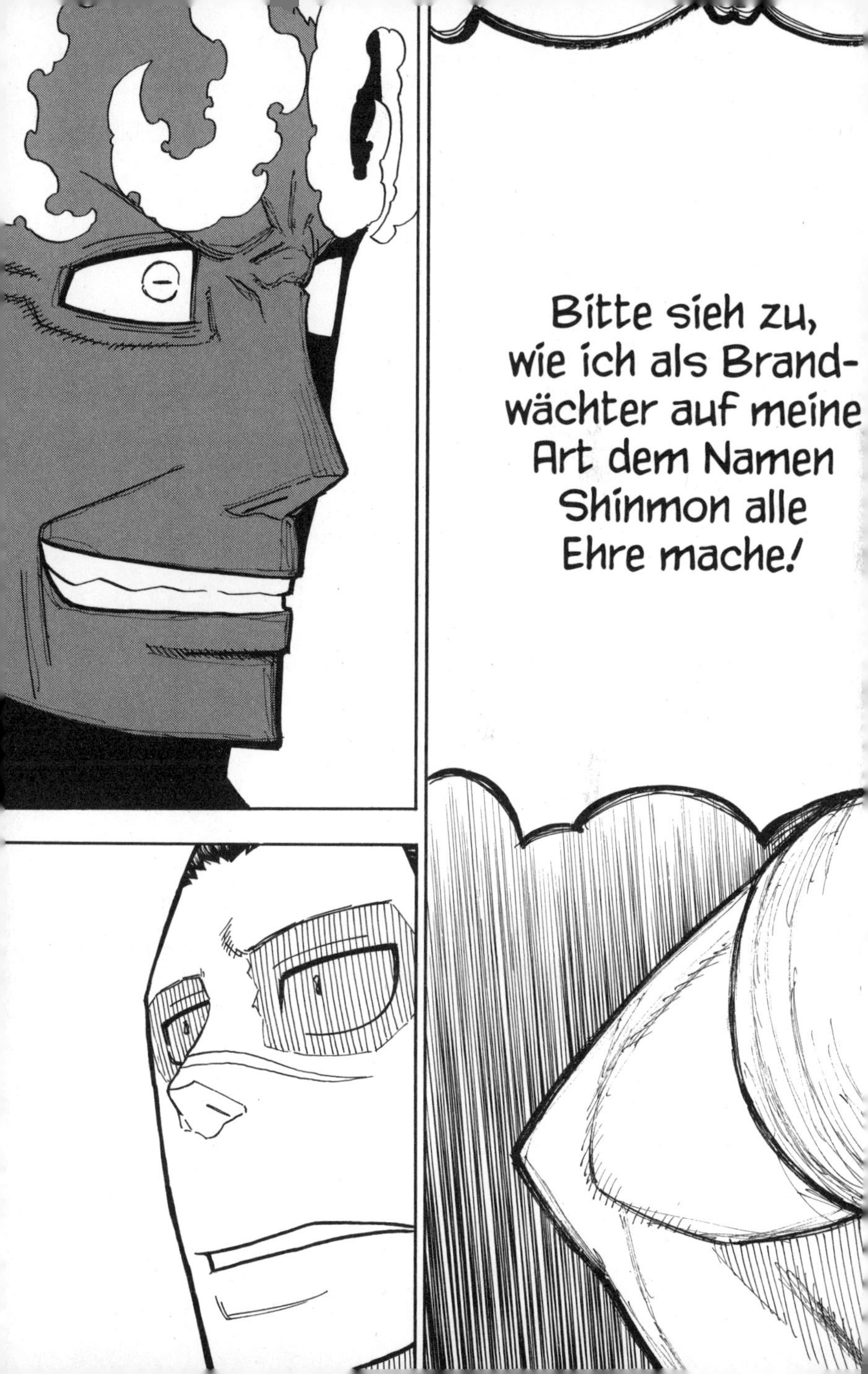
Bitte sieh zu, wie ich als Brandwächter auf meine Art dem Namen Shinmon alle Ehre mache!

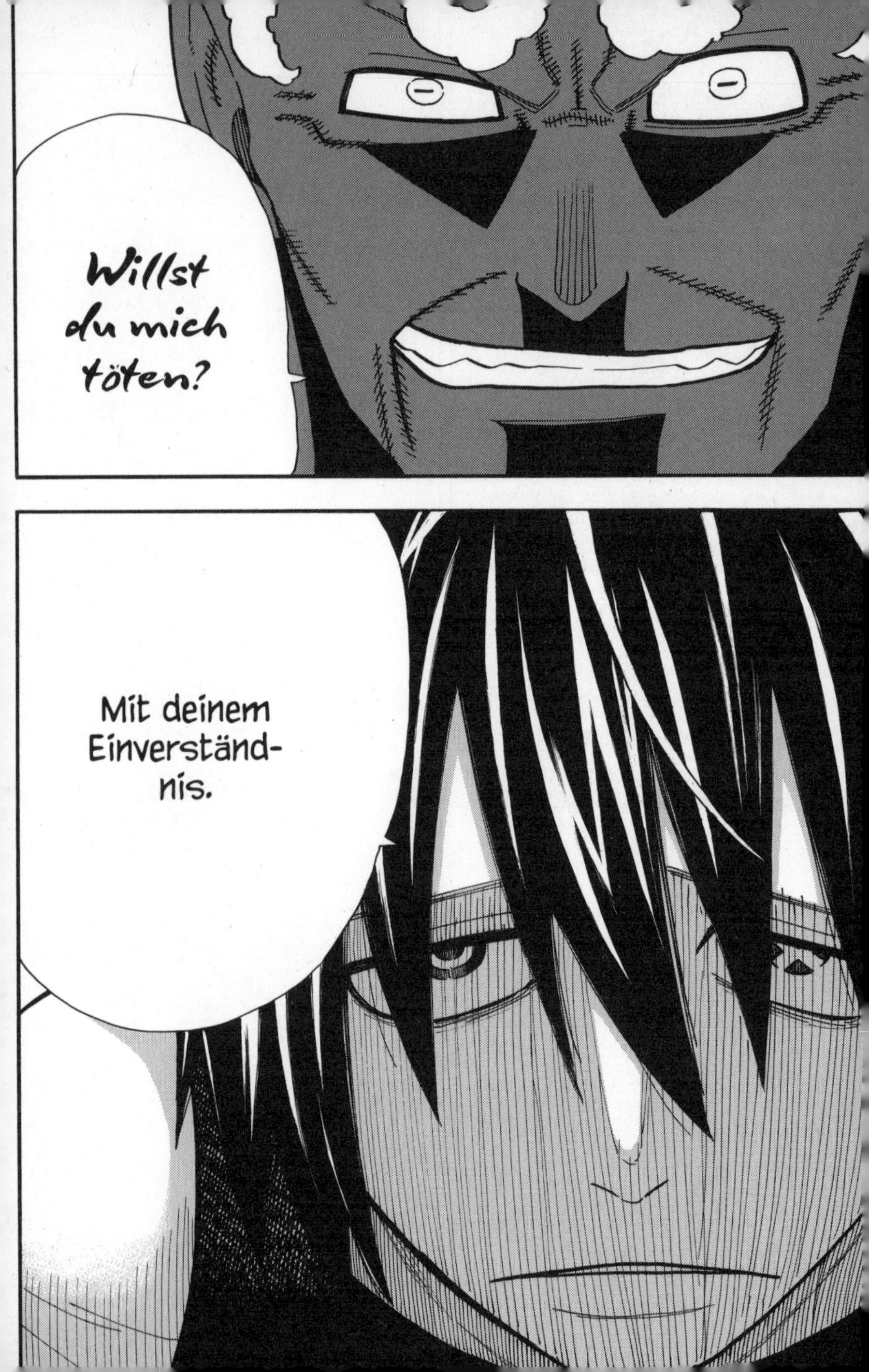
Willst du mich töten?
Mit deinem Einverständnis.

FIRE FORCE

FIRE FORCE

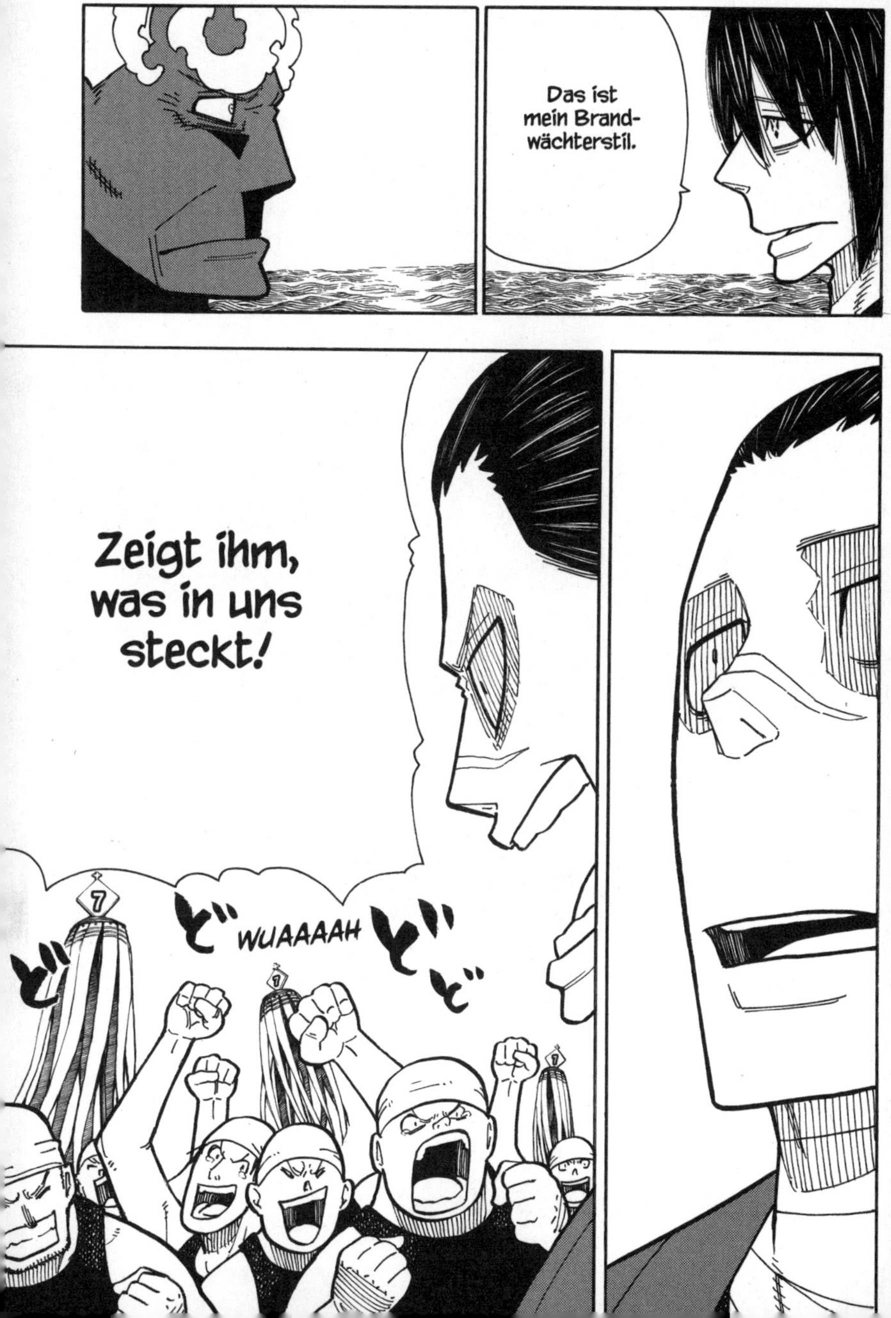
Das ist mein Brand-wächterstil.
Zeigt ihm, was in uns steckt!
ど
WUAAAAH
ど
ど
ど

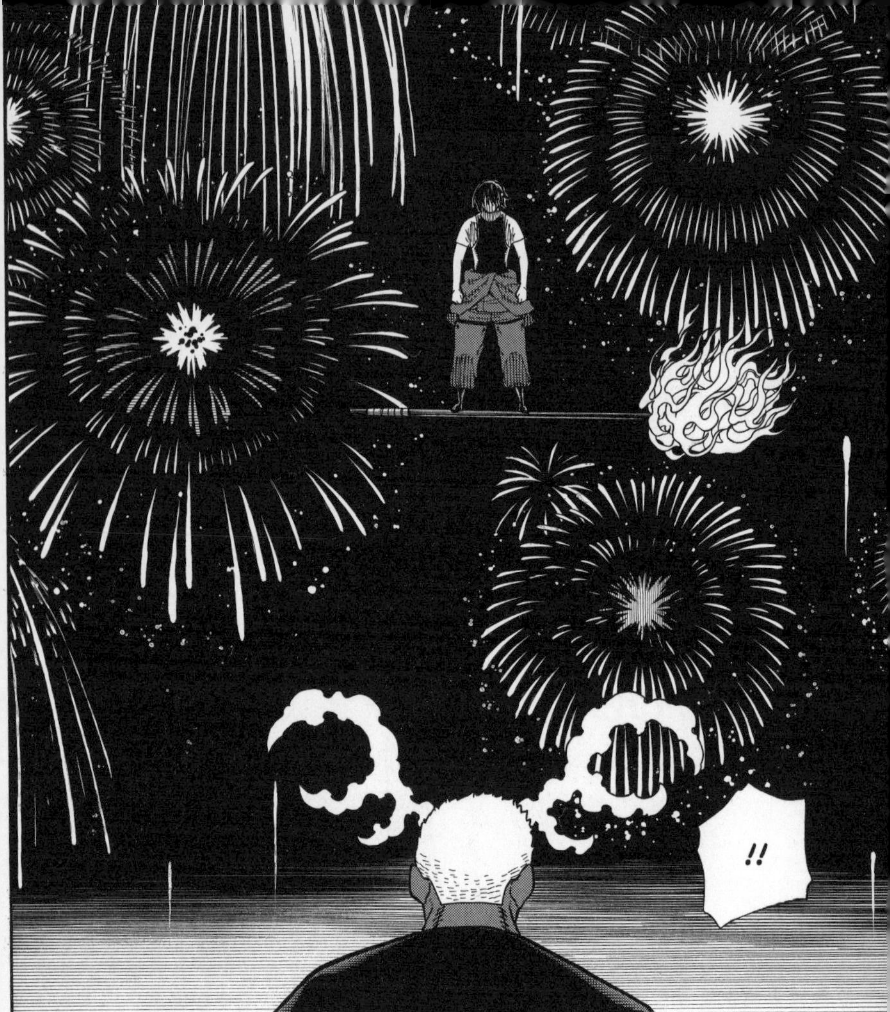

Kapitel 229:
Vor dem Sonnenrad

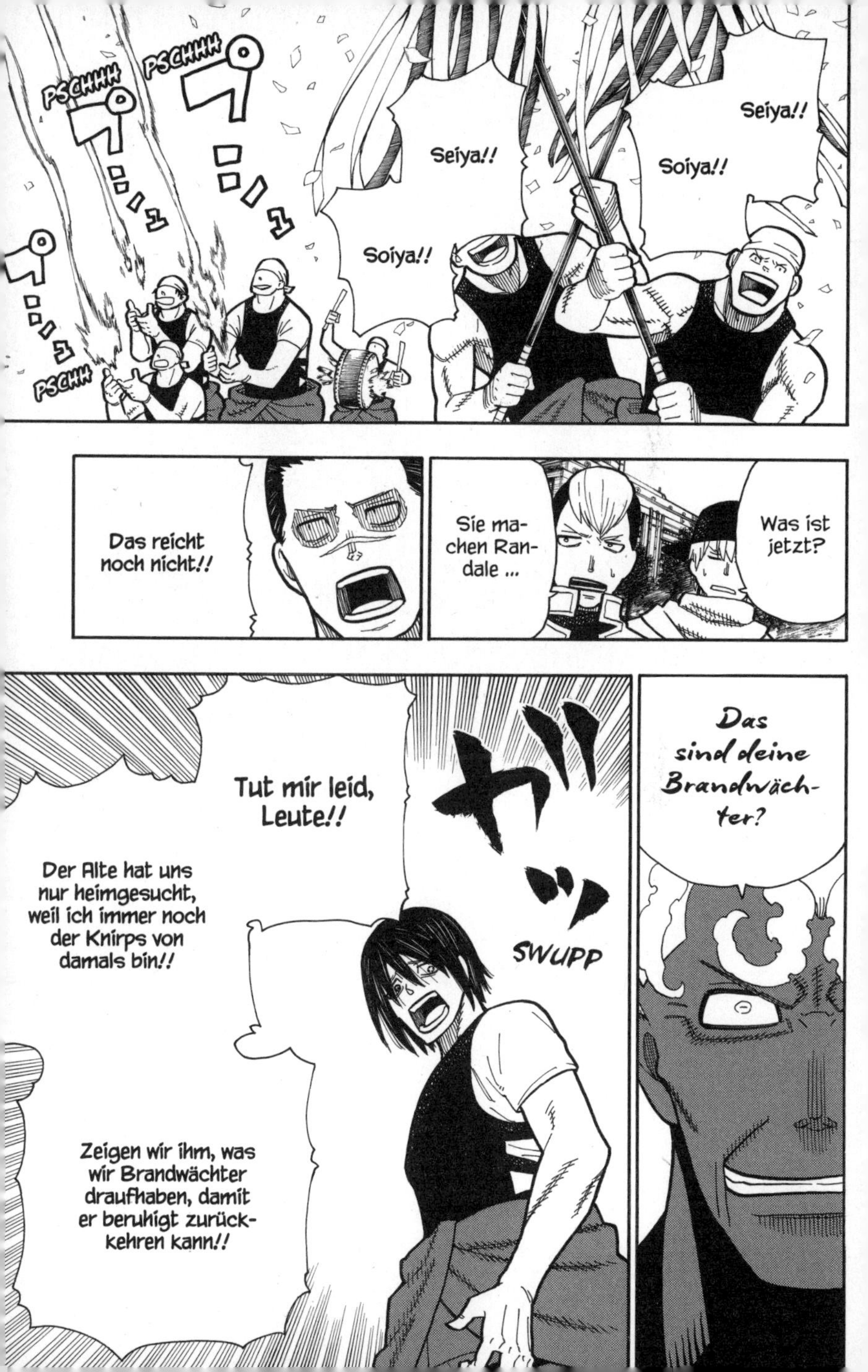
Seiya!!
Soiya!!
Seiya!!
Soiya!!
PSCHHH
PSCHHH
PSCHH
Was ist jetzt?
Sie machen Randale ...
Das reicht noch nicht!!
Das sind deine Brandwächter?
SWUPP
Tut mir leid, Leute!!
Der Alte hat uns nur heimgesucht, weil ich immer noch der Knirps von damals bin!!
Zeigen wir ihm, was wir Brandwächter draufhaben, damit er beruhigt zurückkehren kann!!

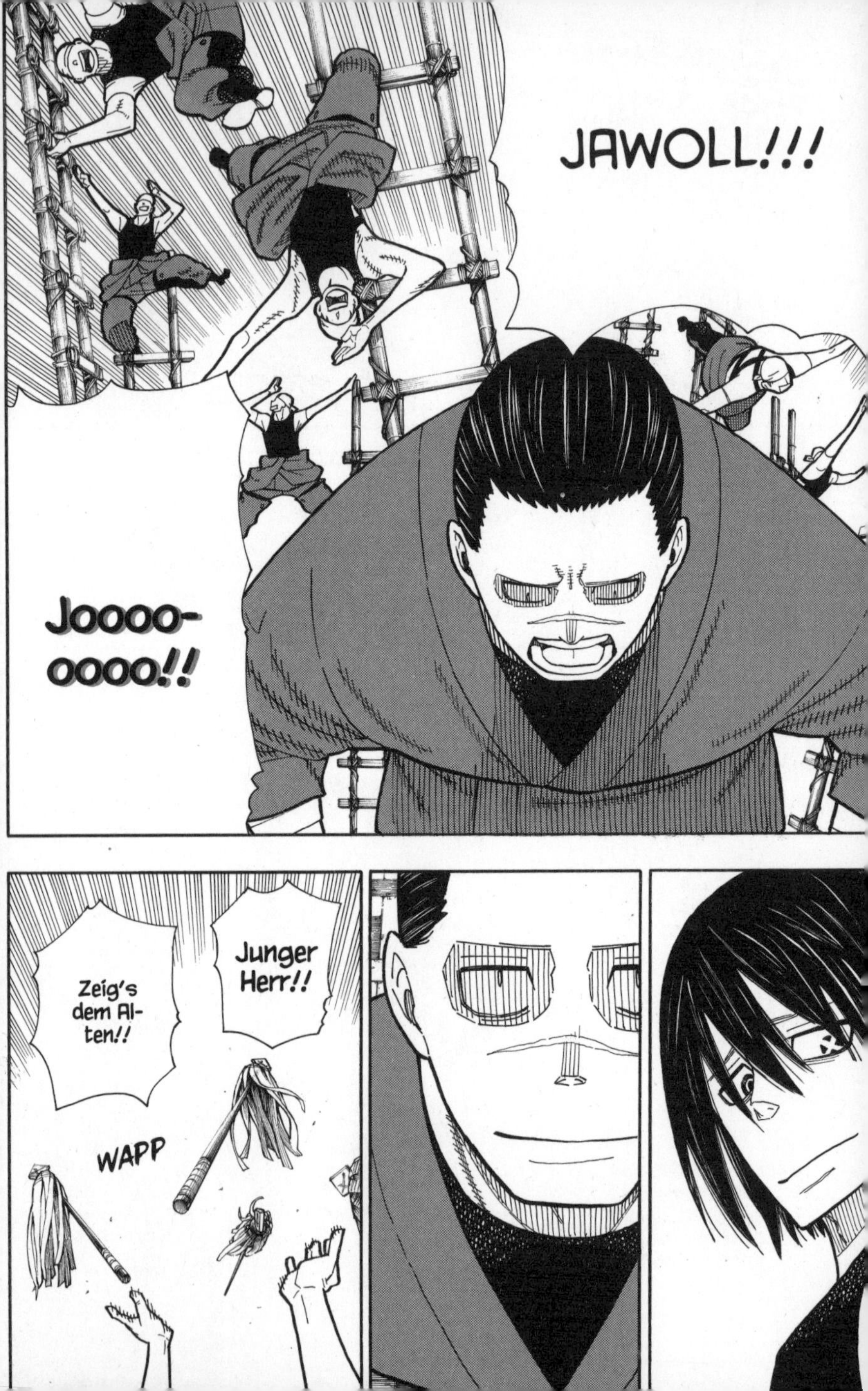
JAWOLL!!!
Joooo-oooo!!
Junger Herr!!
Zeig's dem Al-ten!!
WAPP

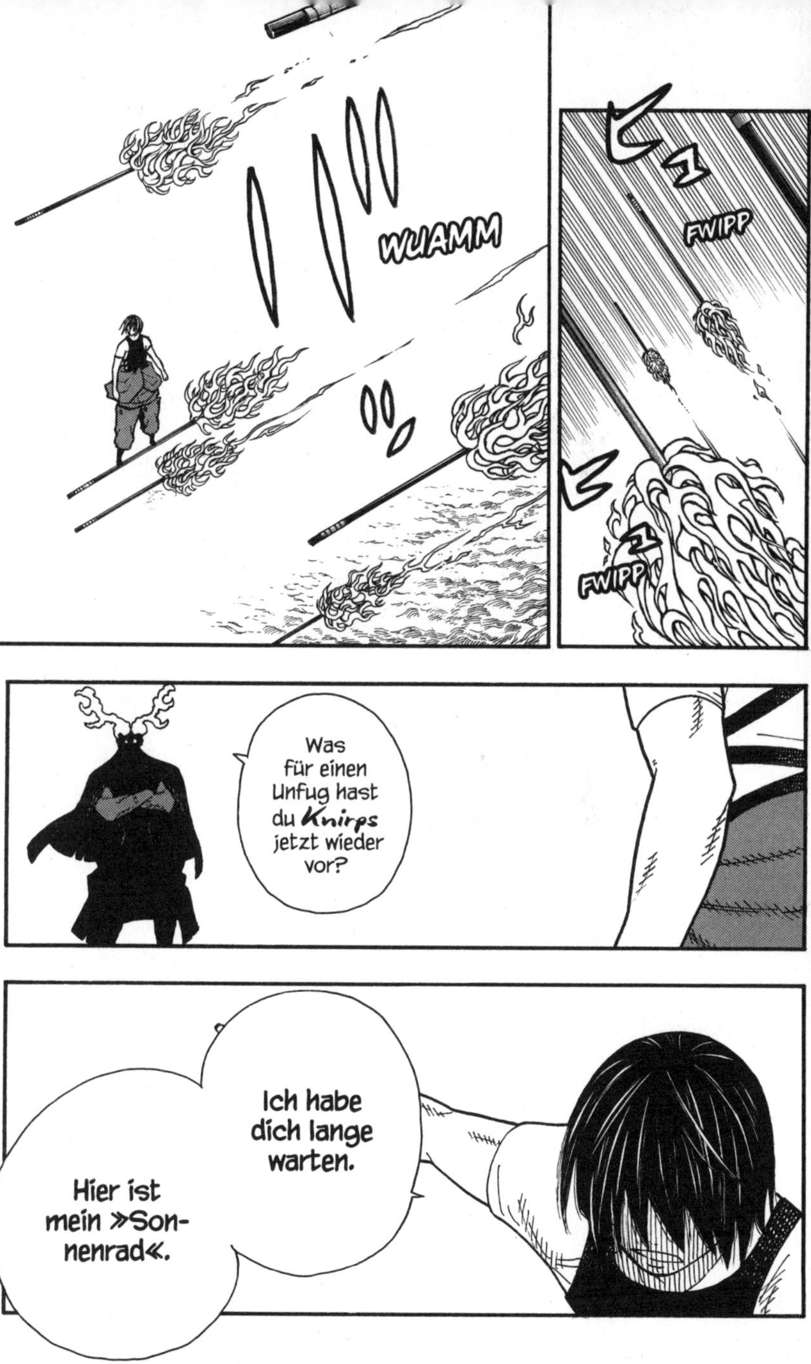
FWIPP
FWIPP
WUAMM
Was für einen Unfug hast du Knirps jetzt wieder vor?
Ich habe dich lange warten.
Hier ist mein »Sonnenrad«.

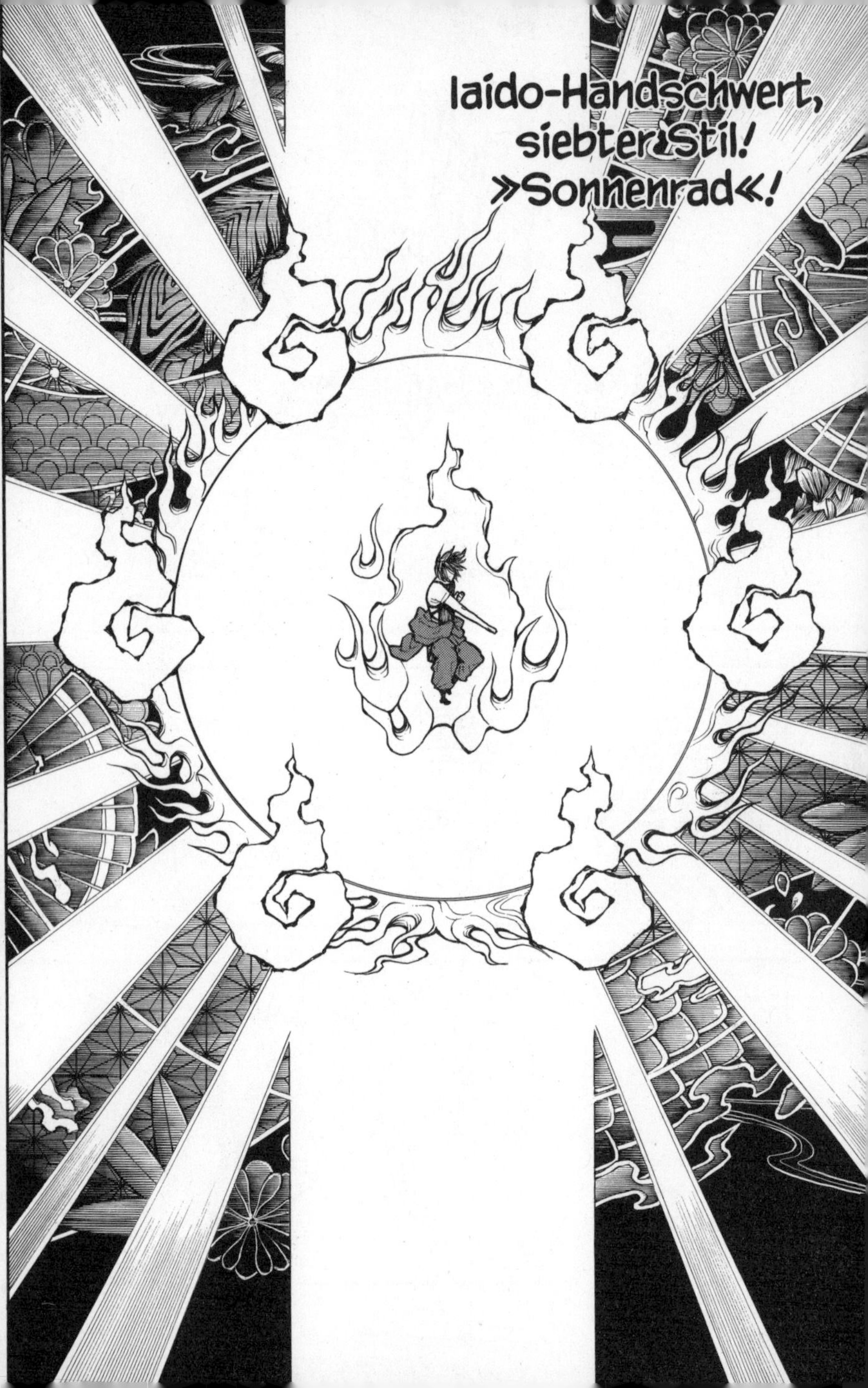
Iaido-Handschwert, siebter Stil! »Sonnenrad«!

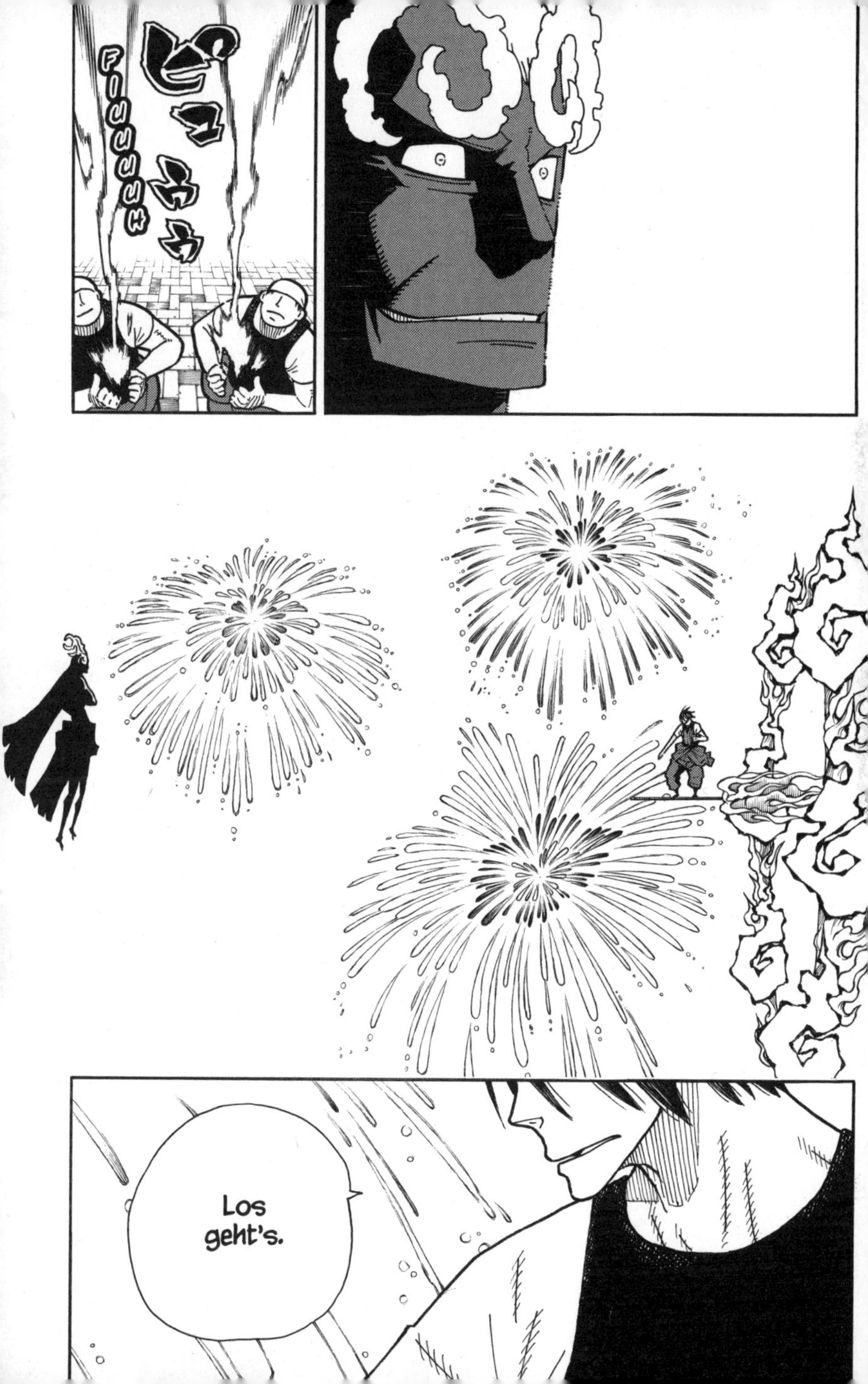
ピュウゥ
FIUUUUUH
Los geht's.

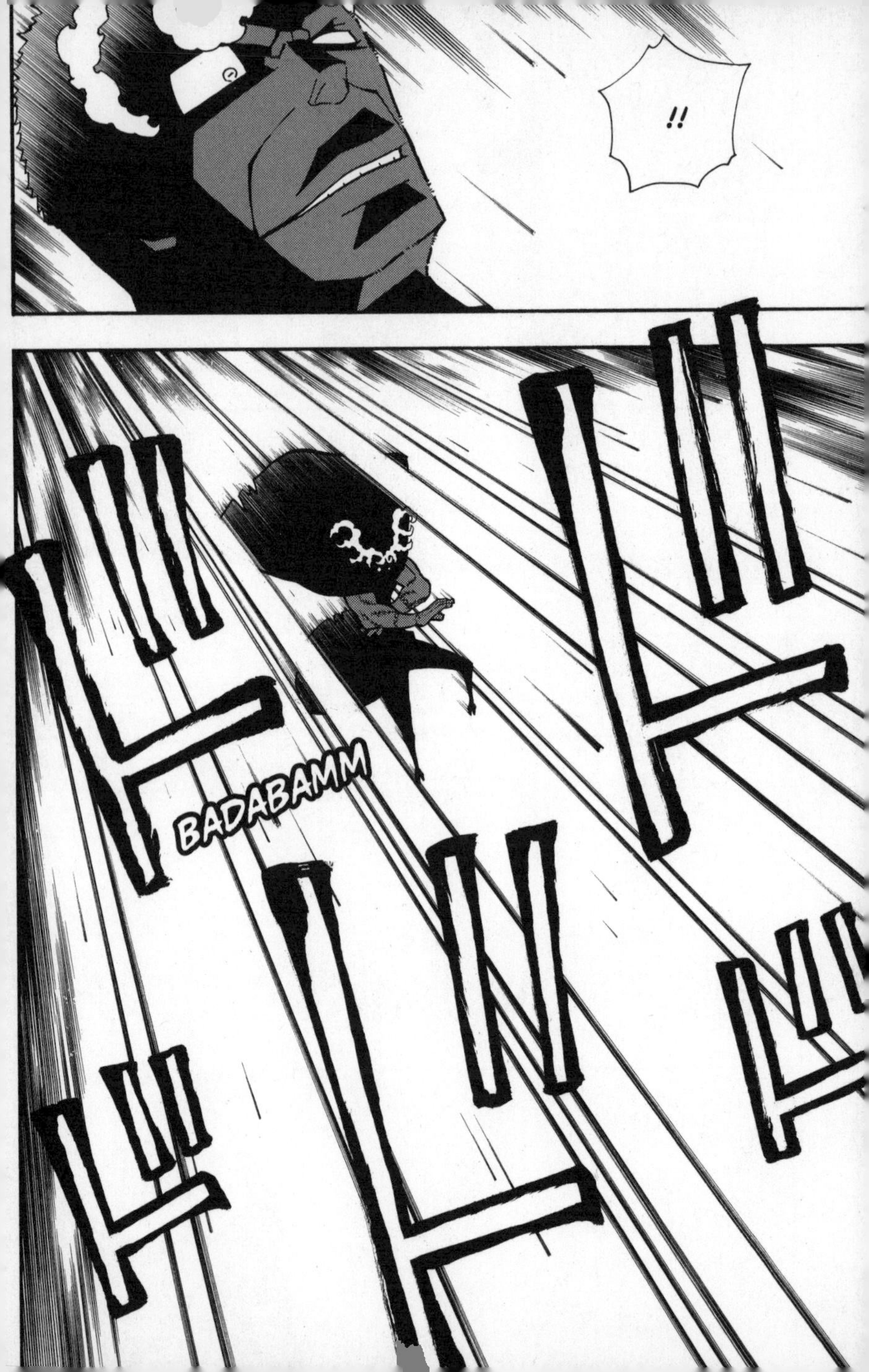
!!
BADABAMM

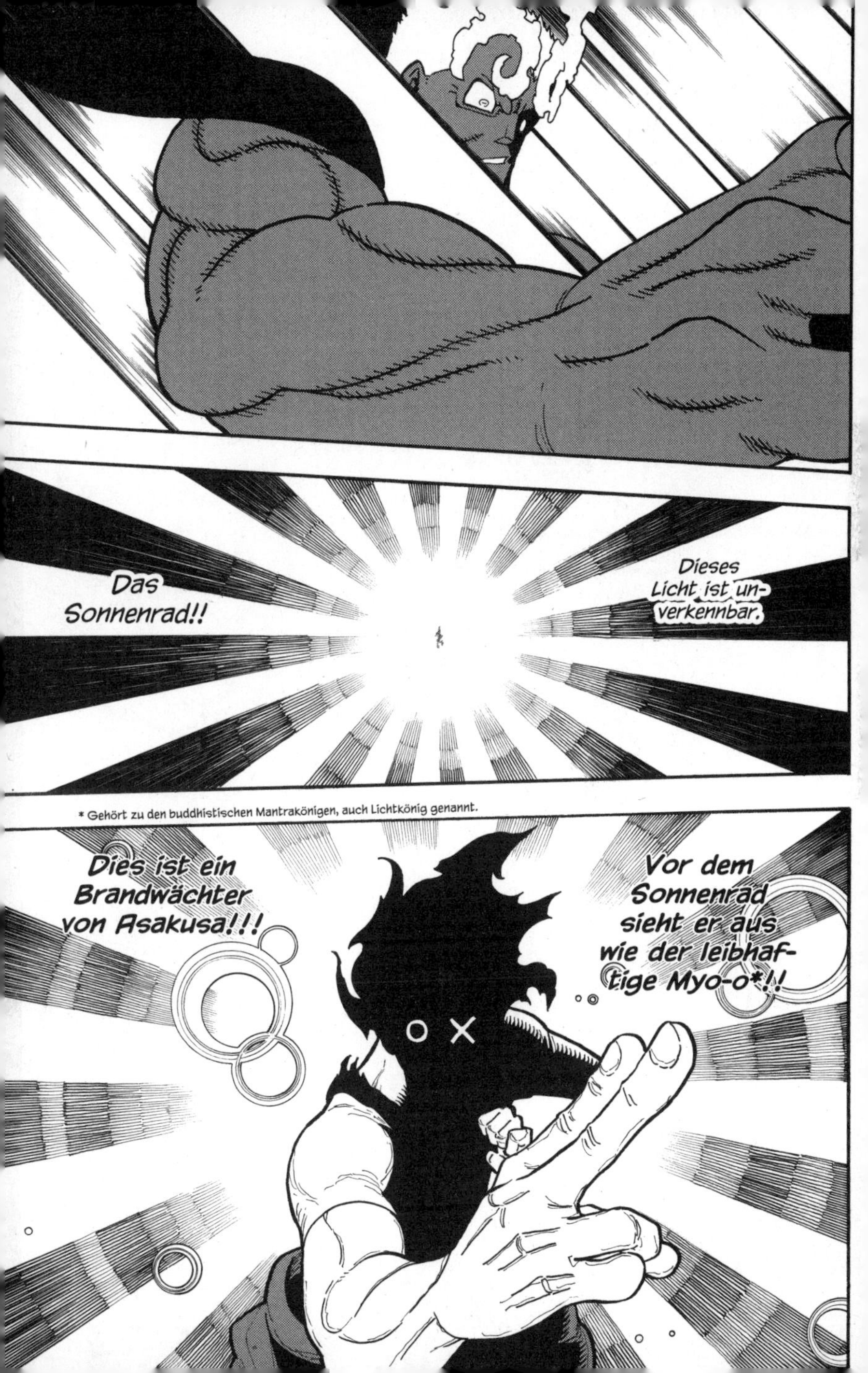
Dieses Licht ist un- verkennbar.
Das Sonnenrad!!
* Gehört zu den buddhistischen Mantrakönigen, auch Lichtkönig genannt.
Vor dem Sonnenrad sieht er aus wie der leibhaf- tige Myo-o*!!
Dies ist ein Brandwächter von Asakusa!!!

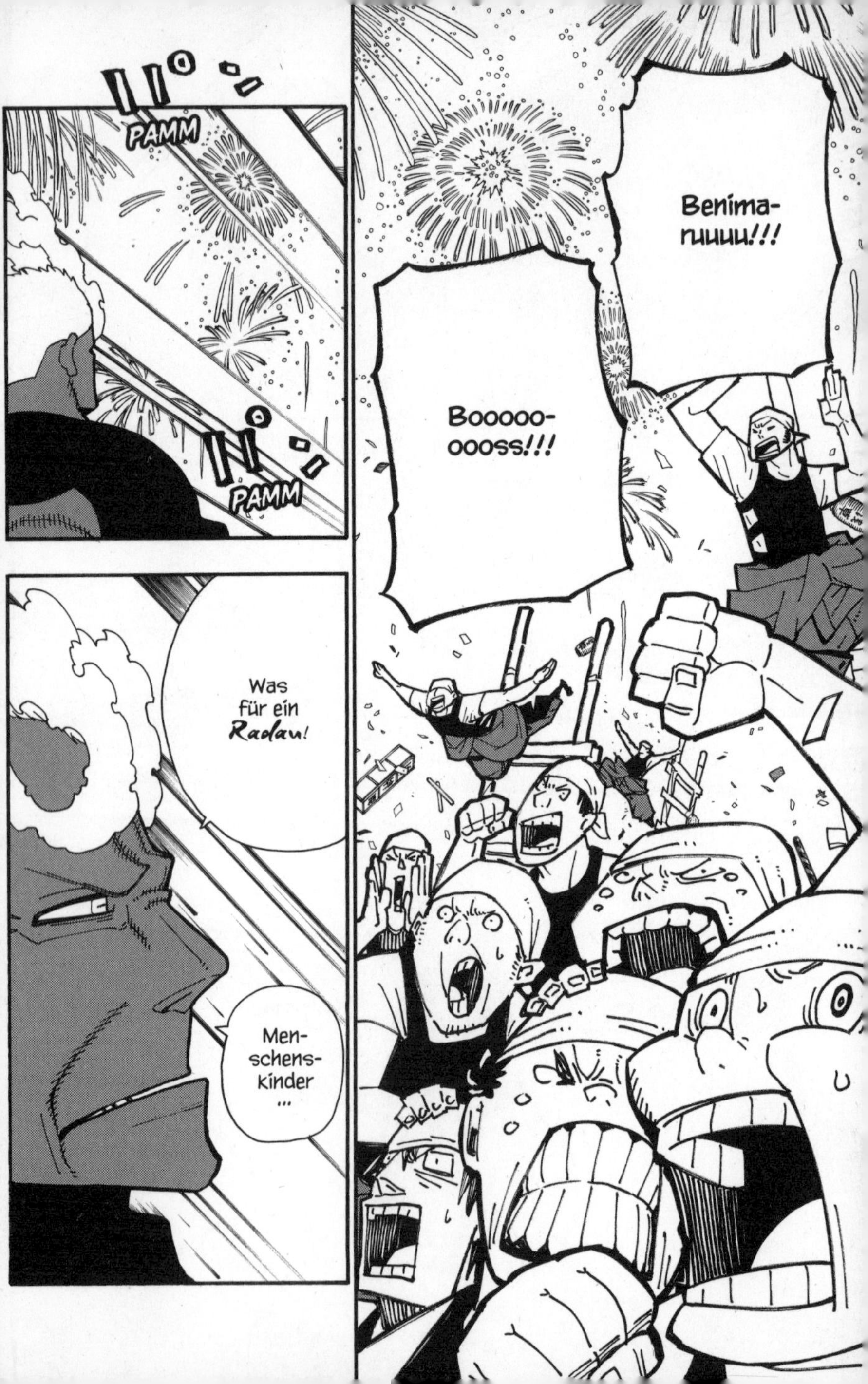

Benima-ruuuu!!!
Boooooo-oooss!!!
PAMM
PAMM
Was für ein Radau!
Men-schens-kinder ...

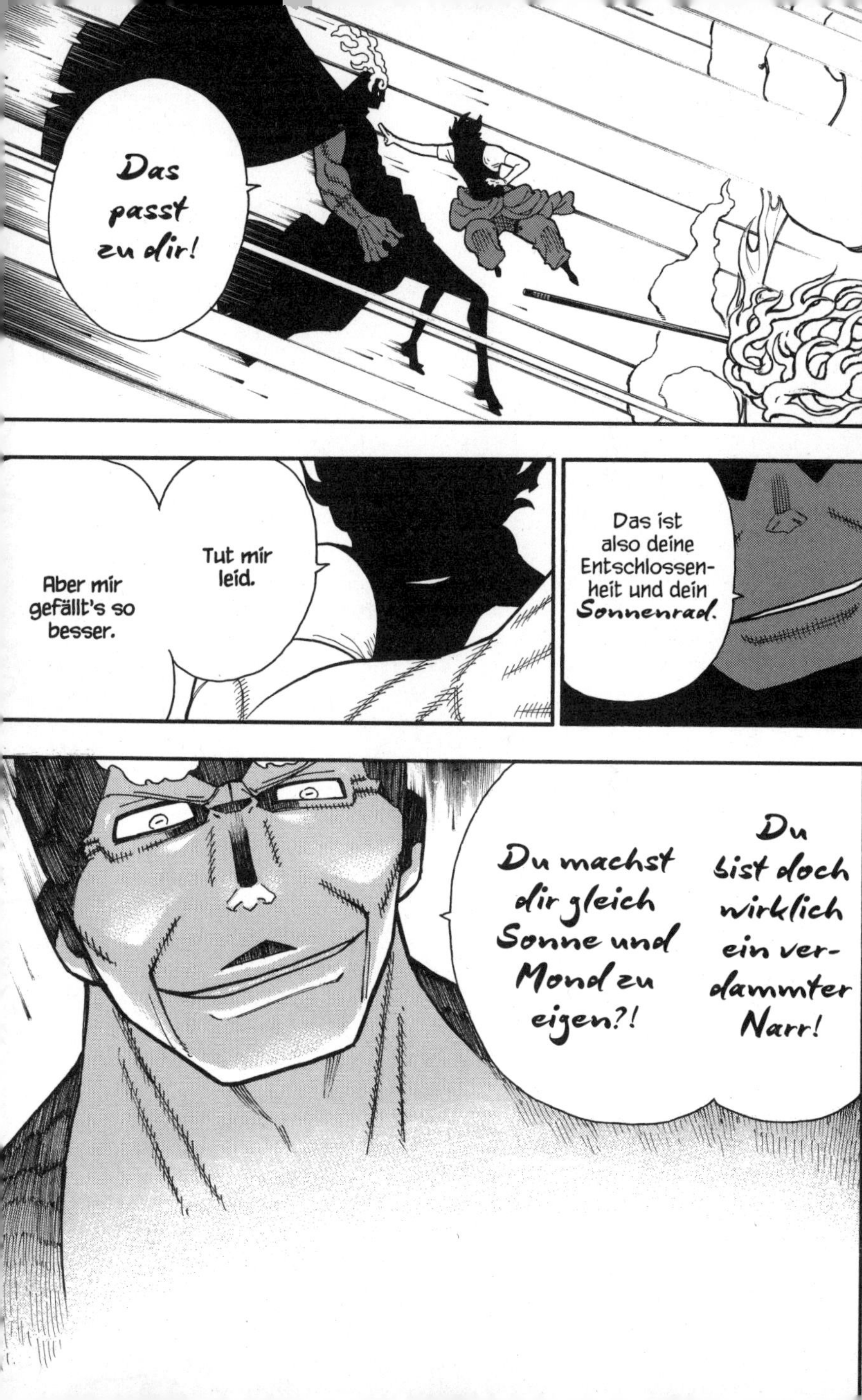
Das passt zu dir!
Das ist also deine Entschlossenheit und dein Sonnenrad.
Tut mir leid.
Aber mir gefällt's so besser.
Du bist doch wirklich ein verdammter Narr!
Du machst dir gleich Sonne und Mond zu eigen?!

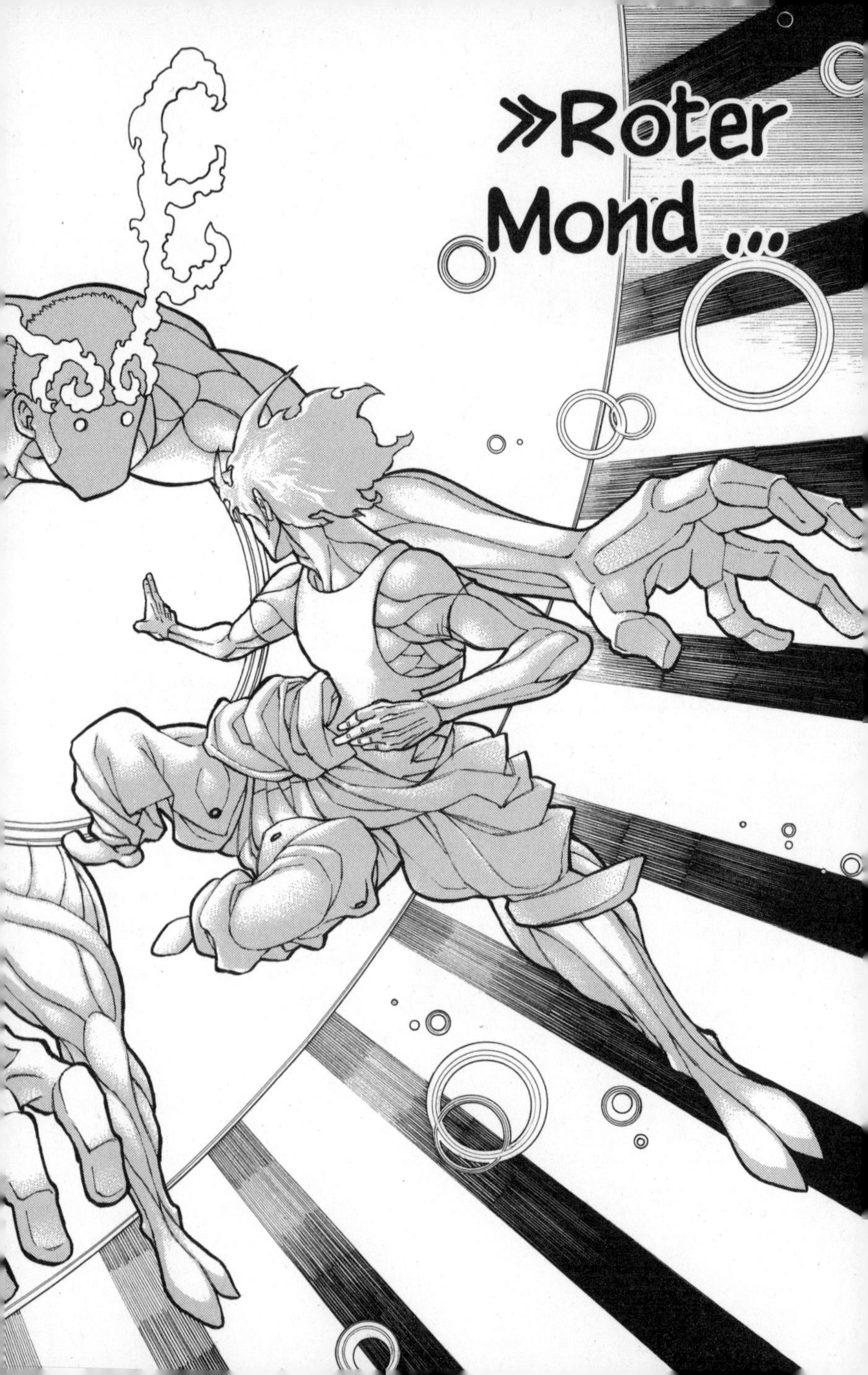
»Roter Mond ...

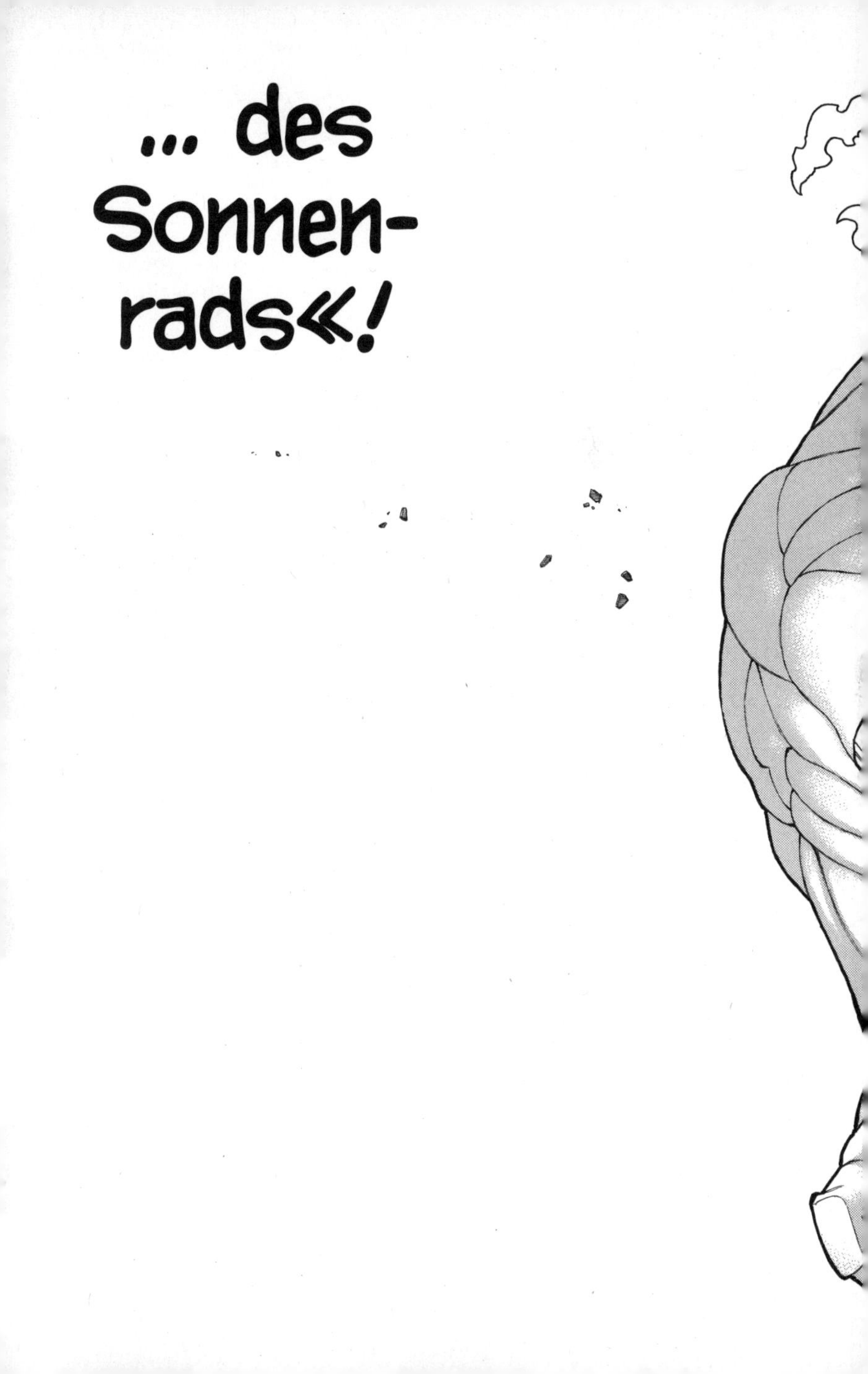
... des Sonnen-rads«!

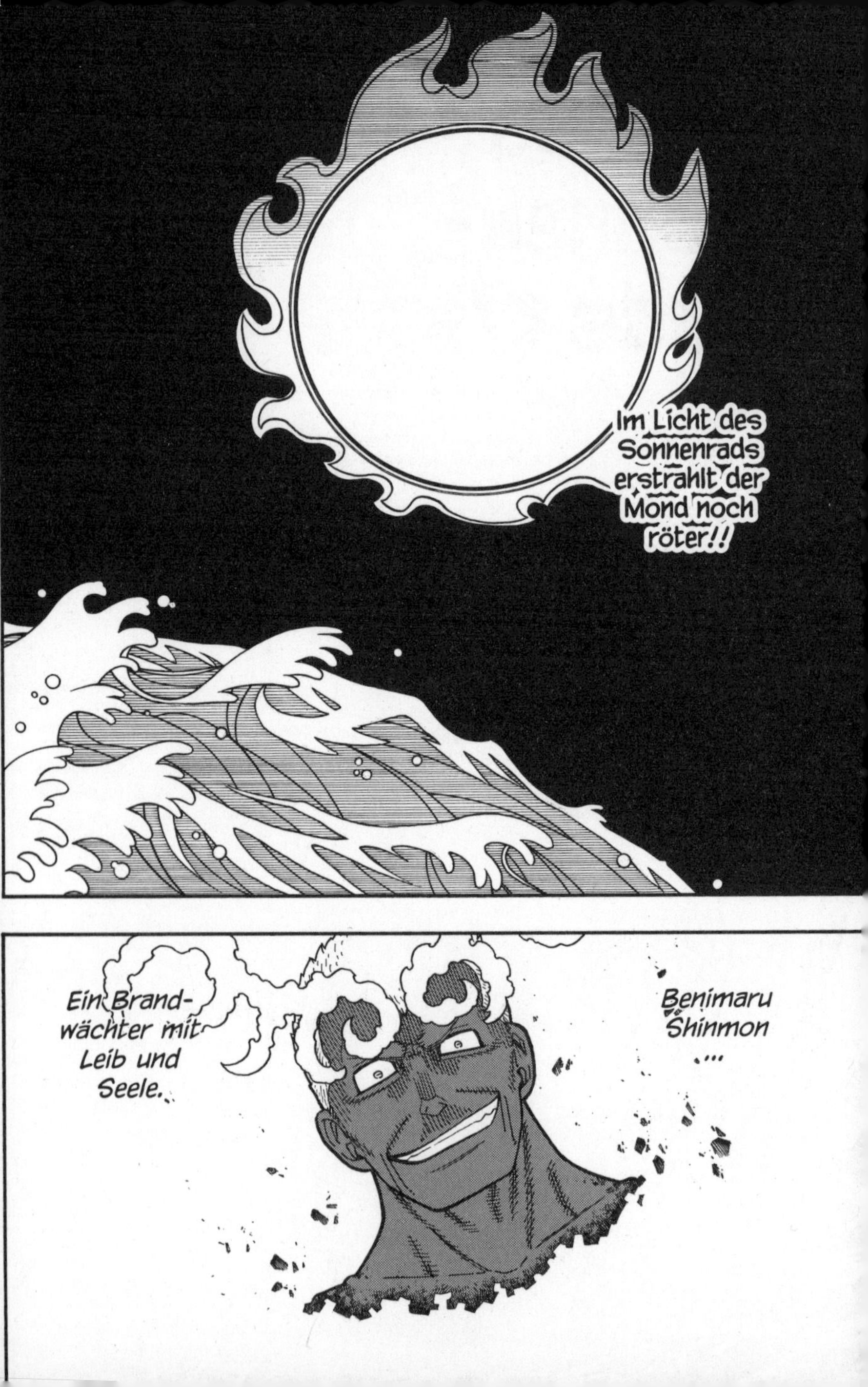
Im Licht des Sonnenrads erstrahlt der Mond noch röter!!
Benimaru Shinmon ...
Ein Brandwächter mit Leib und Seele.

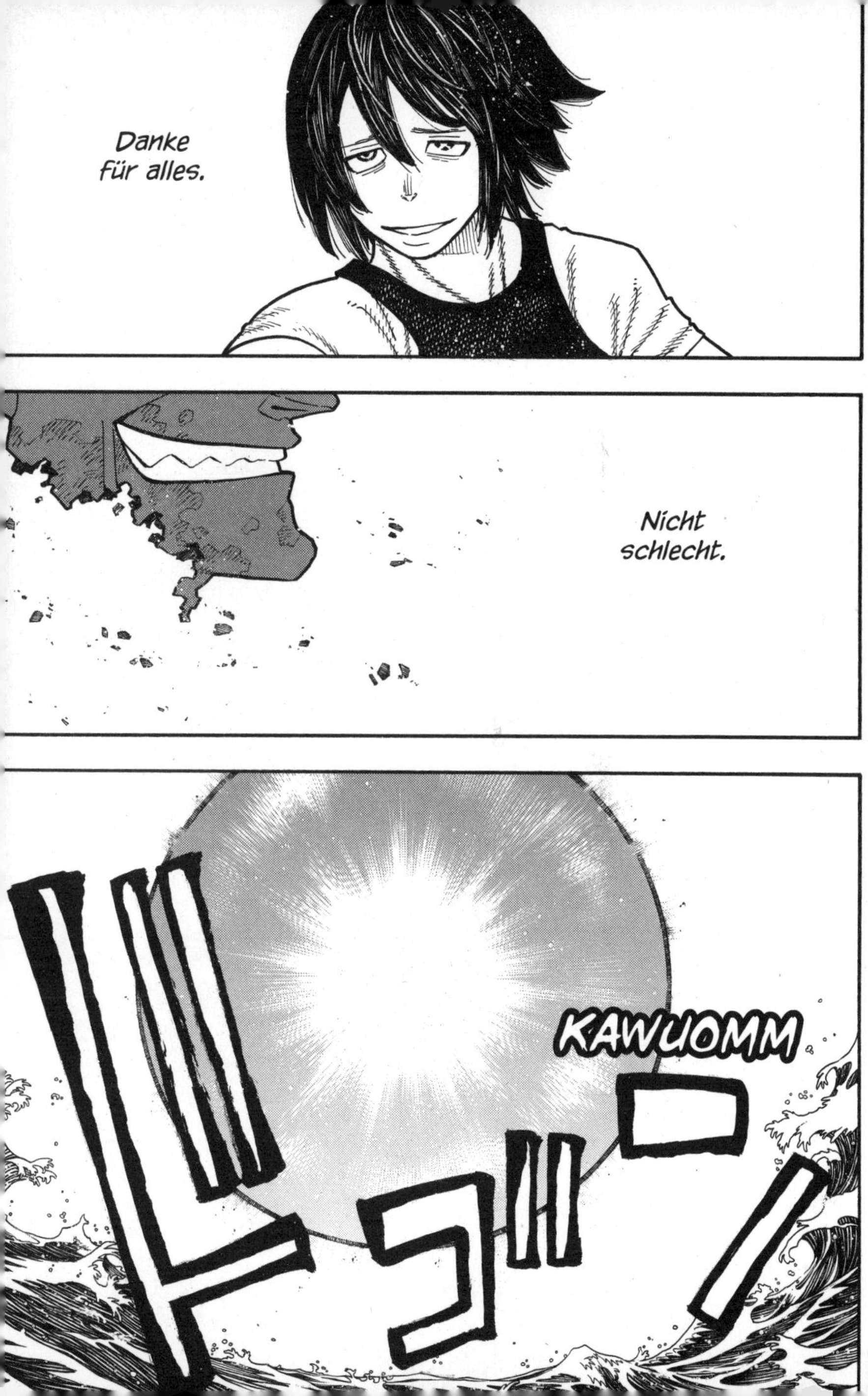
Danke für alles.
Nicht schlecht.
KAWUOMM

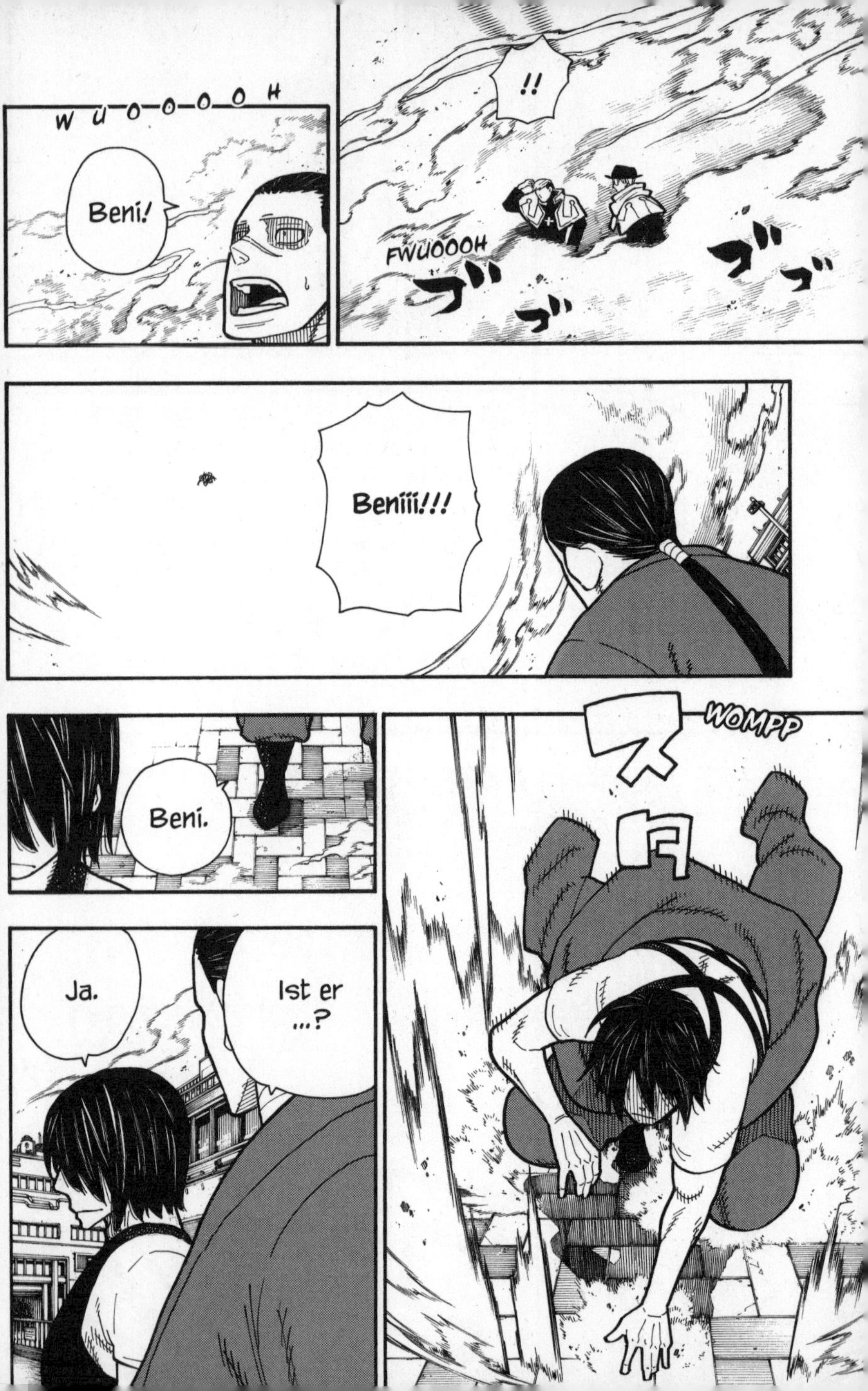
!!
FWUOOOH
ゴゴ
ゴゴ
WUOOOOH
Beni!
Beniii!!!
WOMPP
スタ
Beni.
Ist er ...?
Ja.

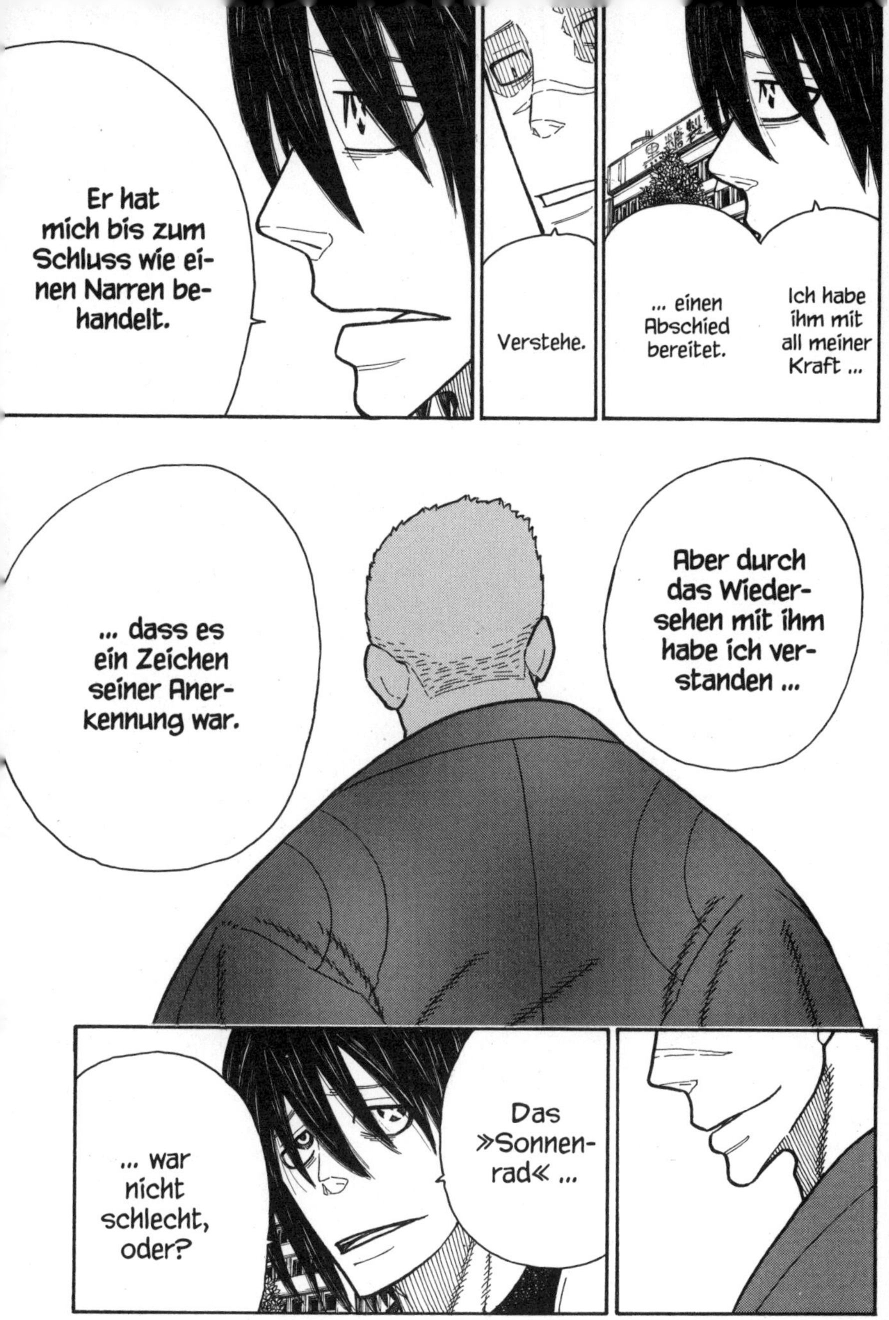
Ich habe ihm mit all meiner Kraft ...
... einen Abschied bereitet.
Verstehe.
Er hat mich bis zum Schluss wie einen Narren behandelt.
Aber durch das Wiedersehen mit ihm habe ich verstanden ...
... dass es ein Zeichen seiner Anerkennung war.
Das »Sonnenrad« ...
... war nicht schlecht, oder?

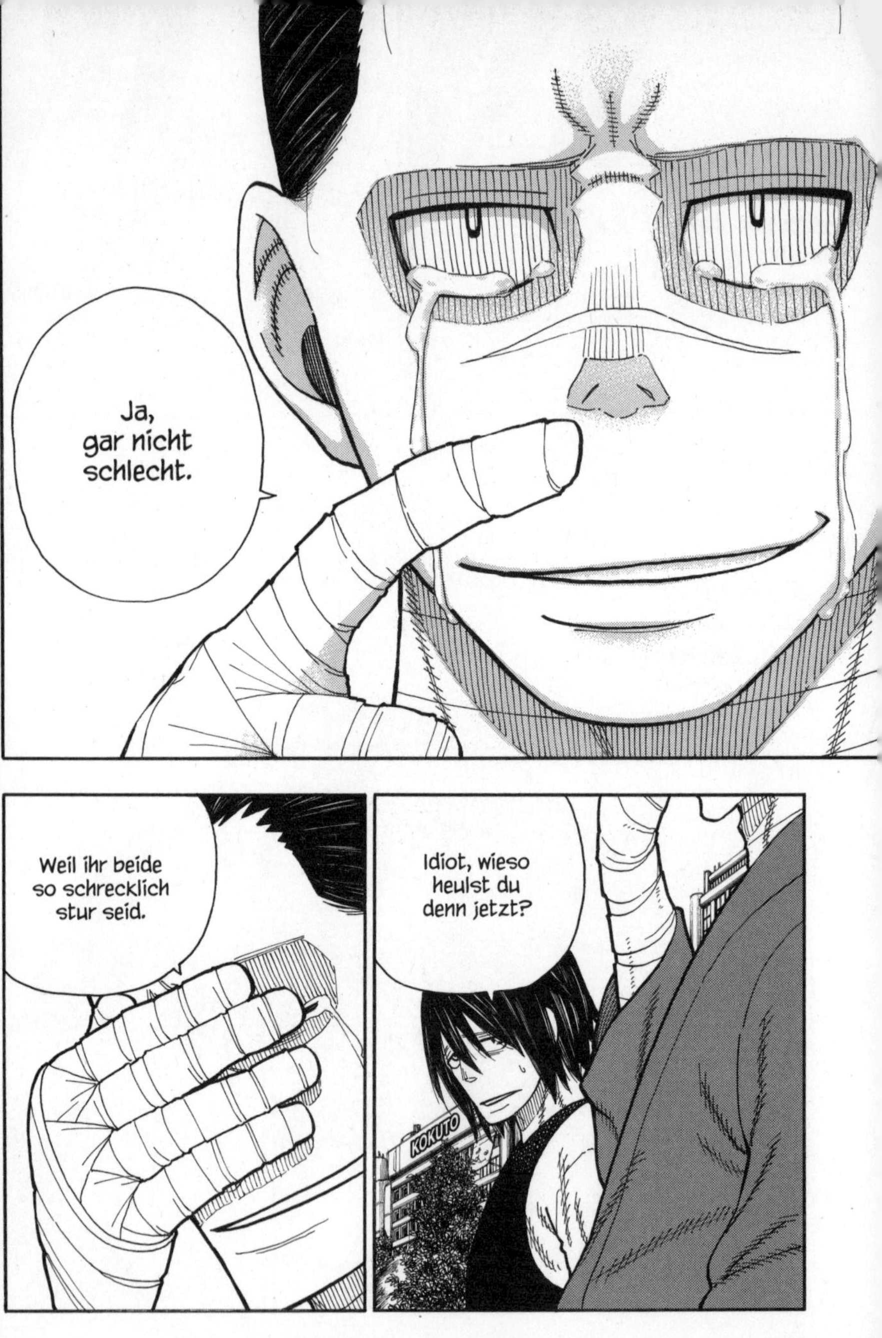
Ja, gar nicht schlecht.
Idiot, wieso heulst du denn jetzt?
Weil ihr beide so schrecklich stur seid.
KOKUTO

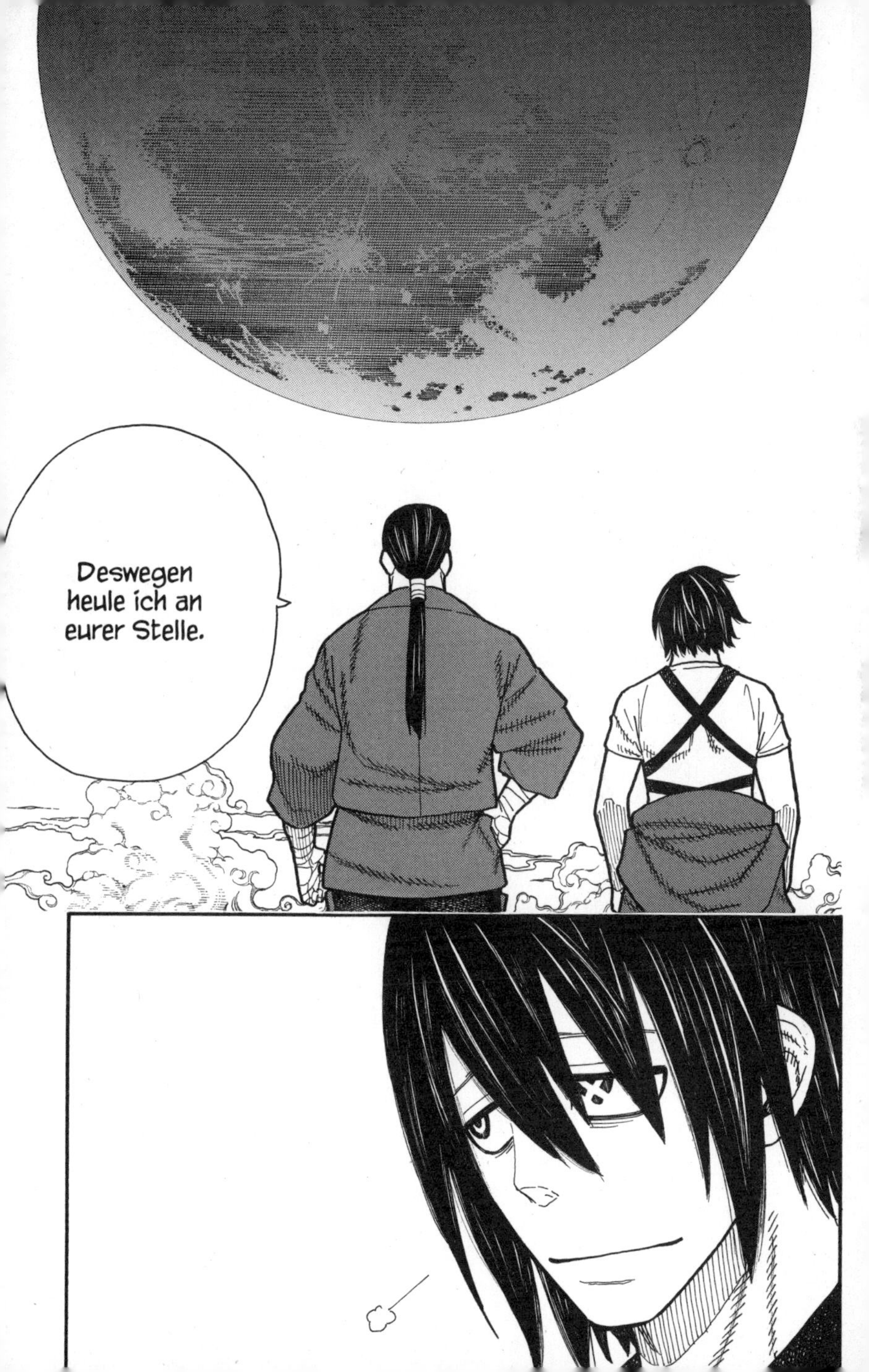
Deswegen heule ich an eurer Stelle.

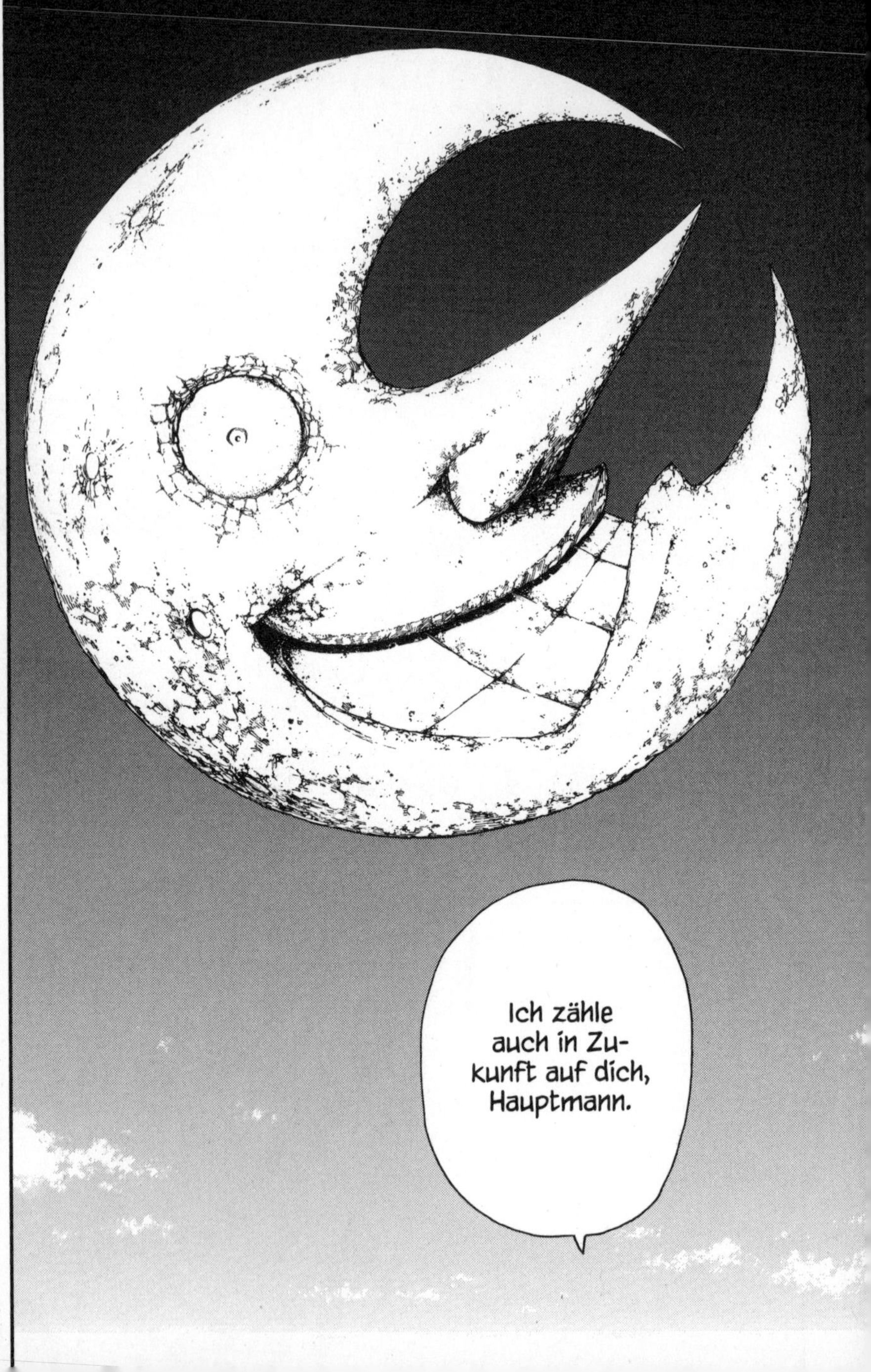
Ich zähle auch in Zukunft auf dich, Hauptmann.

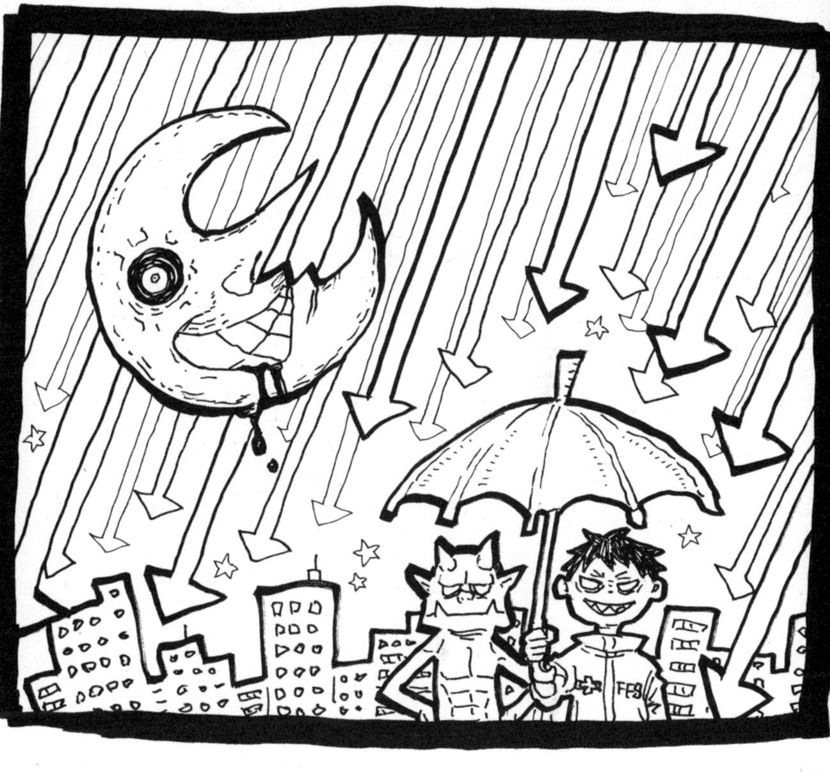

Kapitel 230:
Die Katastrophe schreitet voran

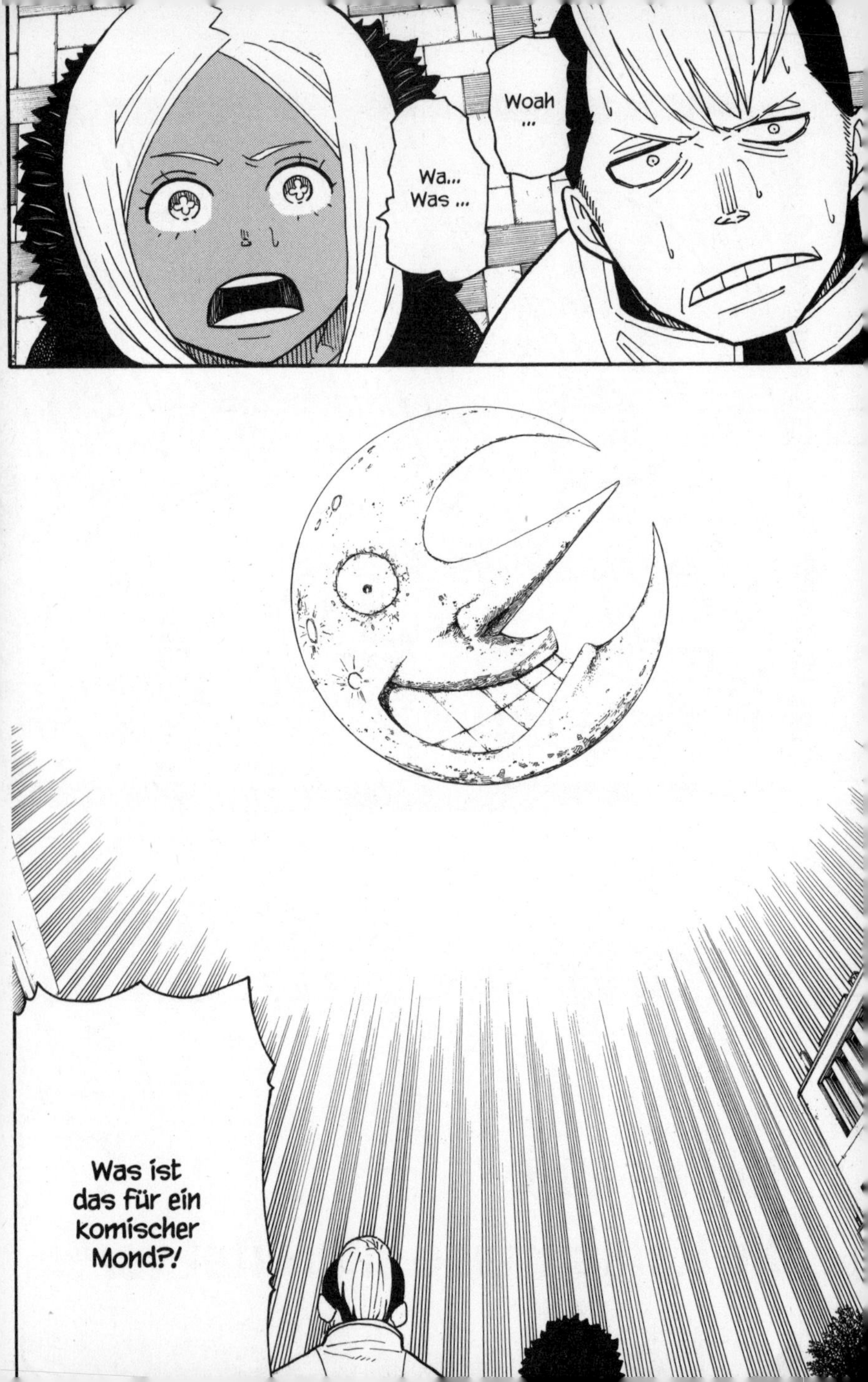
Woah ...
Wa... Was ...
Was ist das für ein komischer Mond?!

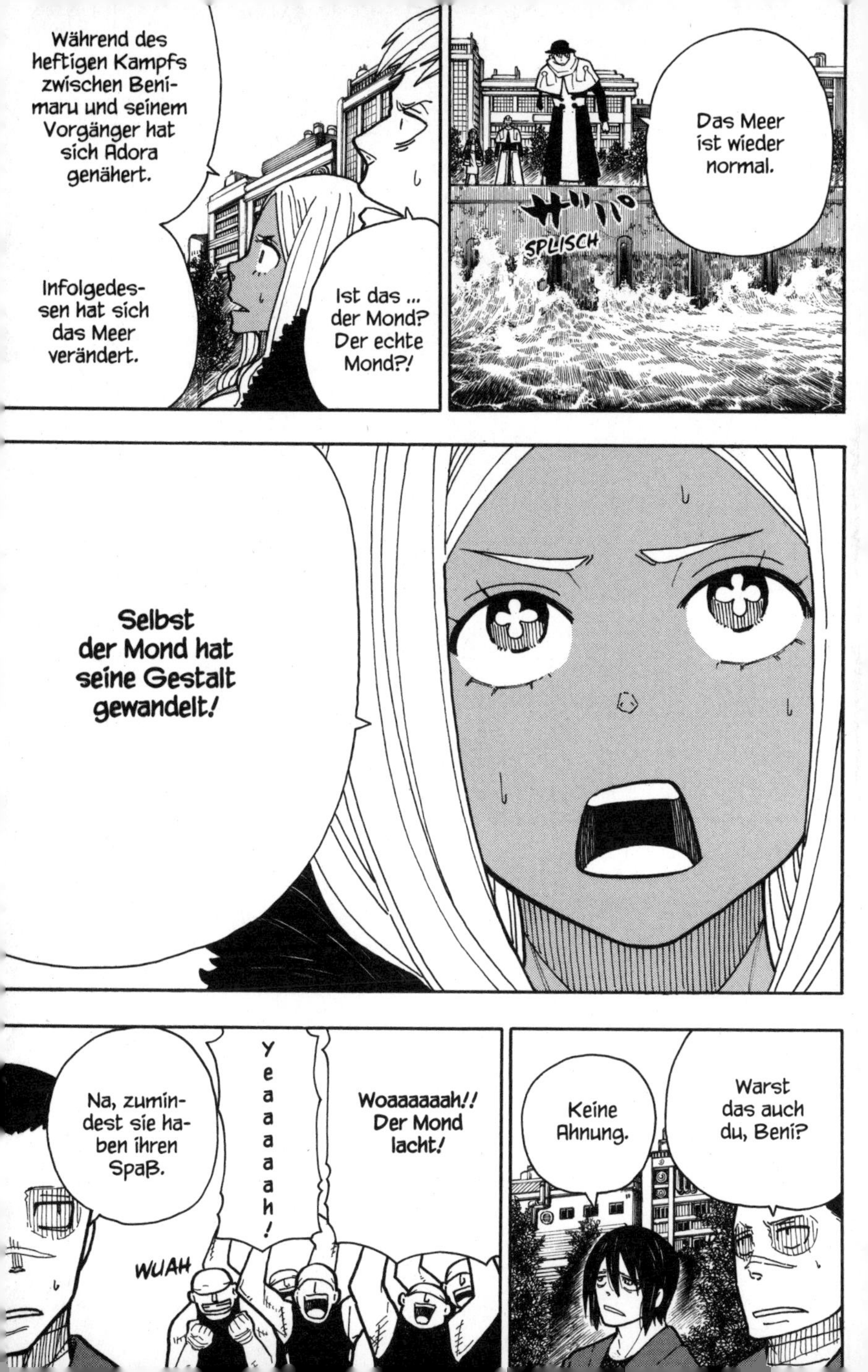
Das Meer ist wieder normal.
SPLISCH
Ist das ... der Mond? Der echte Mond?!
Während des heftigen Kampfs zwischen Benimaru und seinem Vorgänger hat sich Adora genähert.
Infolgedessen hat sich das Meer verändert.
Selbst der Mond hat seine Gestalt gewandelt!
Warst das auch du, Beni?
Keine Ahnung.
Woaaaaaah!! Der Mond lacht!
Yeaaaaaah!
Na, zumindest sie haben ihren Spaß.
WUAH

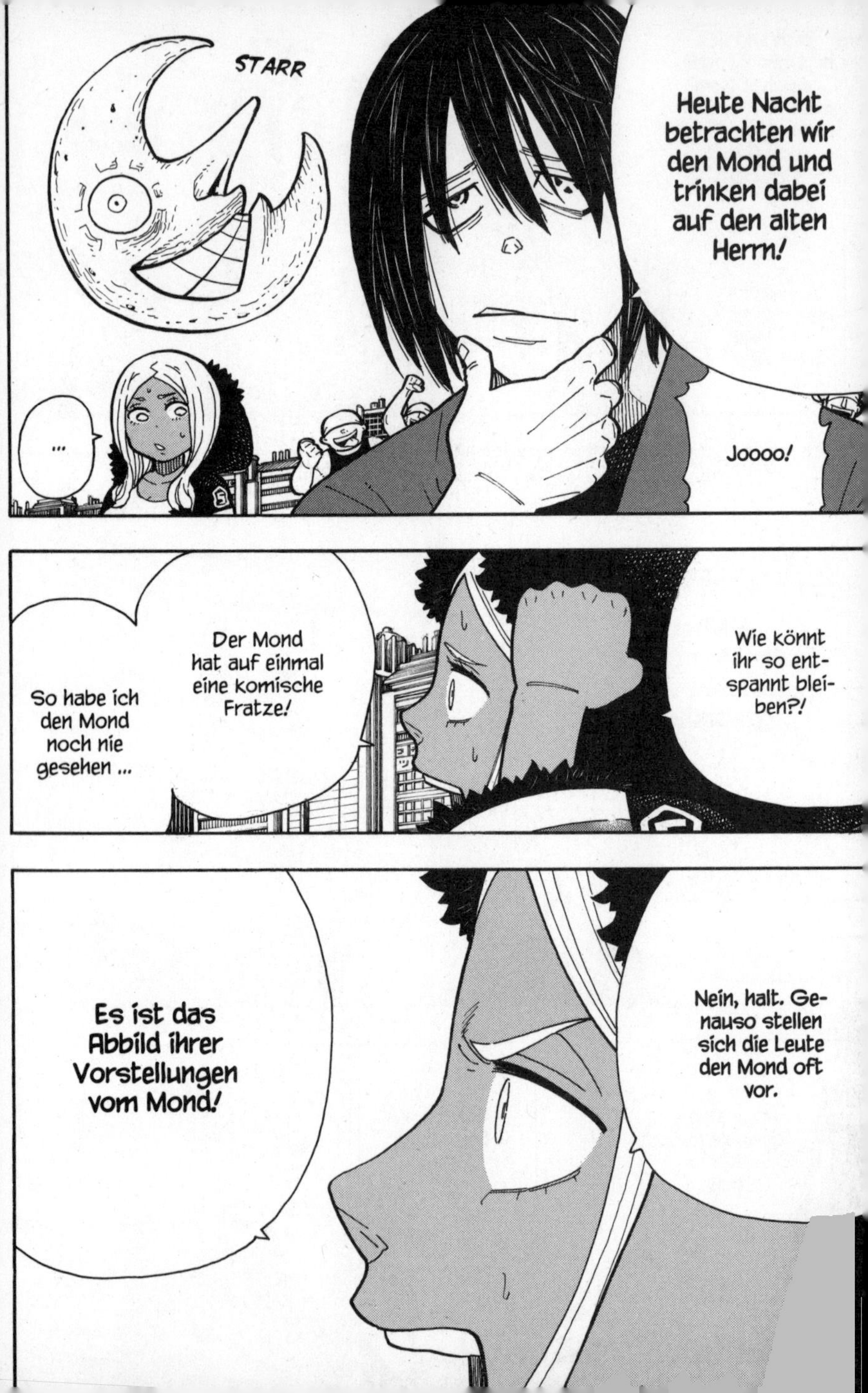
Heute Nacht betrachten wir den Mond und trinken dabei auf den alten Herrn!
Joooo!
STARR
...
Wie könnt ihr so entspannt bleiben?!
Der Mond hat auf einmal eine komische Fratze!
So habe ich den Mond noch nie gesehen ...
Nein, halt. Genauso stellen sich die Leute den Mond oft vor.
Es ist das Abbild ihrer Vorstellungen vom Mond!

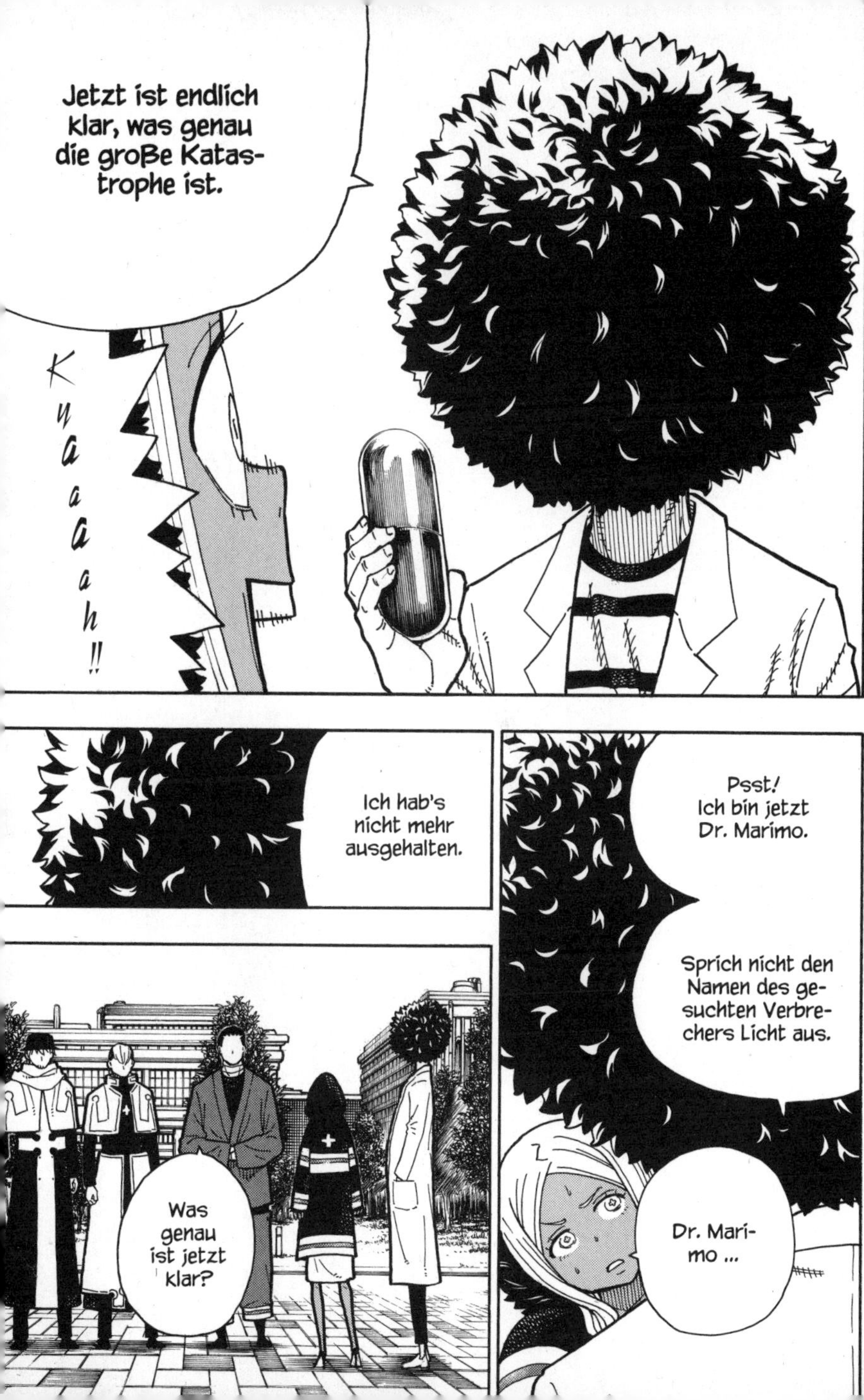
Jetzt ist endlich klar, was genau die große Katastrophe ist.
Kyaaaaah!!
Psst! Ich bin jetzt Dr. Marimo.
Ich hab's nicht mehr ausgehalten.
Sprich nicht den Namen des gesuchten Verbrechers Licht aus.
Dr. Marimo ...
Was genau ist jetzt klar?

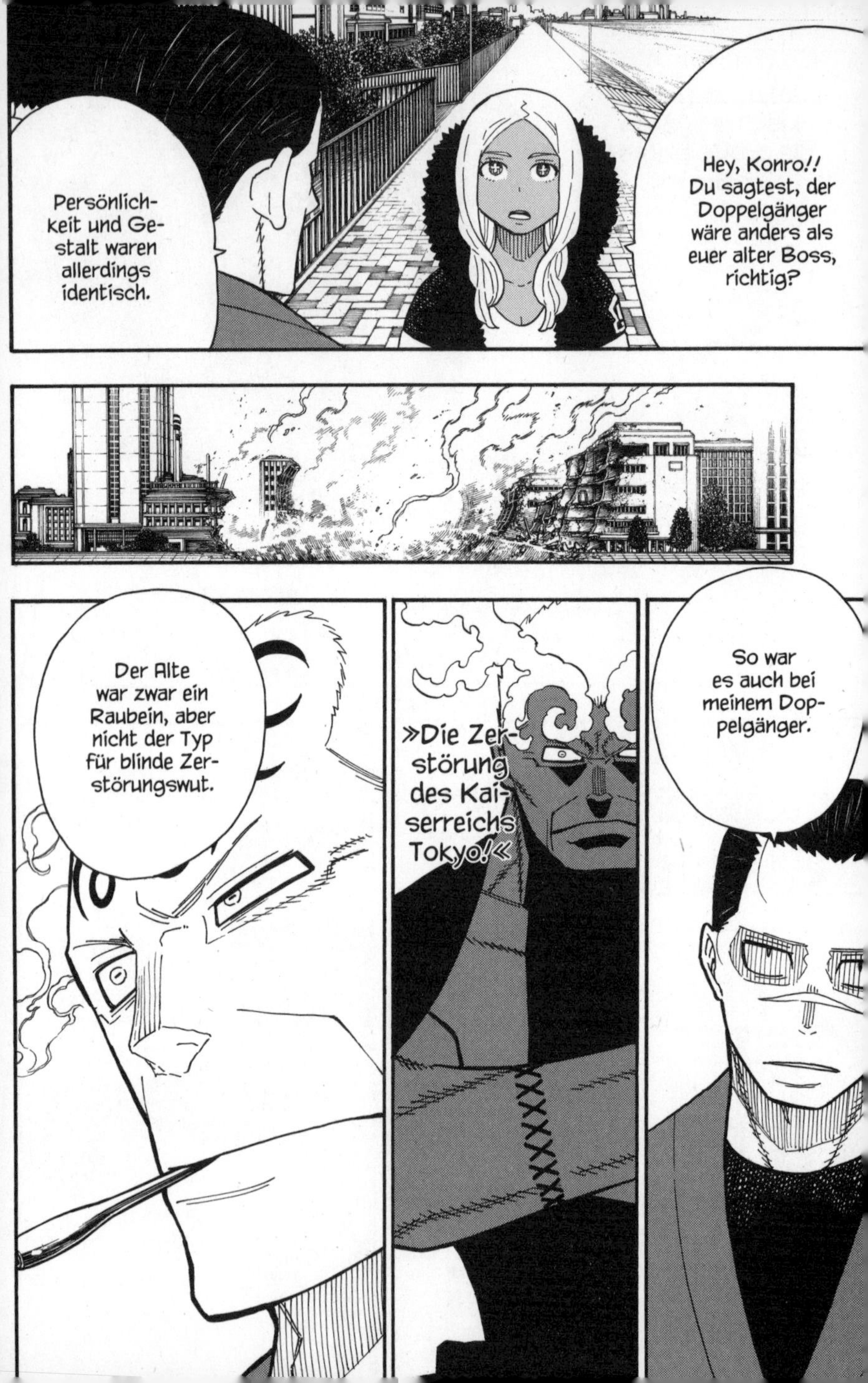
Hey, Konro!! Du sagtest, der Doppelgänger wäre anders als euer alter Boss, richtig?
Persönlichkeit und Gestalt waren allerdings identisch.
So war es auch bei meinem Doppelgänger.
»Die Zerstörung des Kaiserreichs Tokyo!«
Der Alte war zwar ein Raubein, aber nicht der Typ für blinde Zerstörungswut.

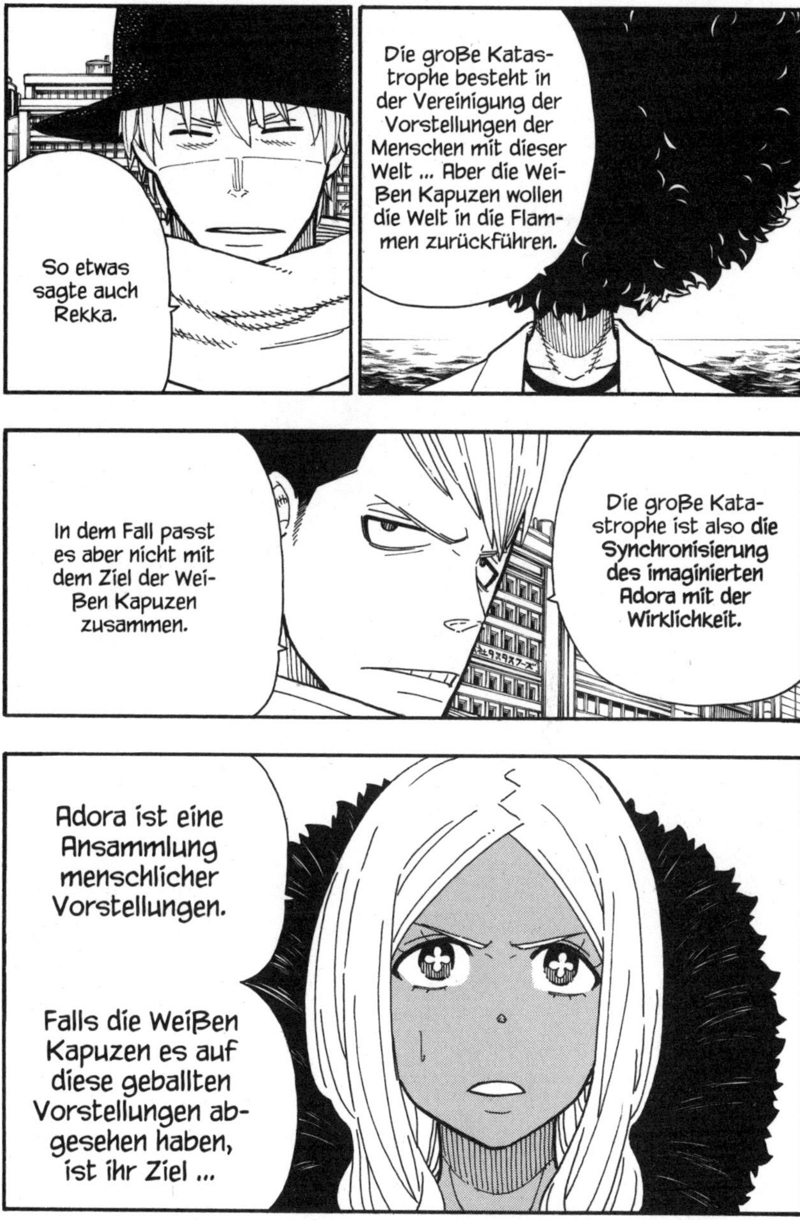
Die große Katastrophe besteht in der Vereinigung der Vorstellungen der Menschen mit dieser Welt ... Aber die Weißen Kapuzen wollen die Welt in die Flammen zurückführen.
So etwas sagte auch Rekka.
Die große Katastrophe ist also die Synchronisierung des imaginierten Adora mit der Wirklichkeit.
In dem Fall passt es aber nicht mit dem Ziel der Weißen Kapuzen zusammen.
Adora ist eine Ansammlung menschlicher Vorstellungen.
Falls die Weißen Kapuzen es auf diese geballten Vorstellungen abgesehen haben, ist ihr Ziel ...

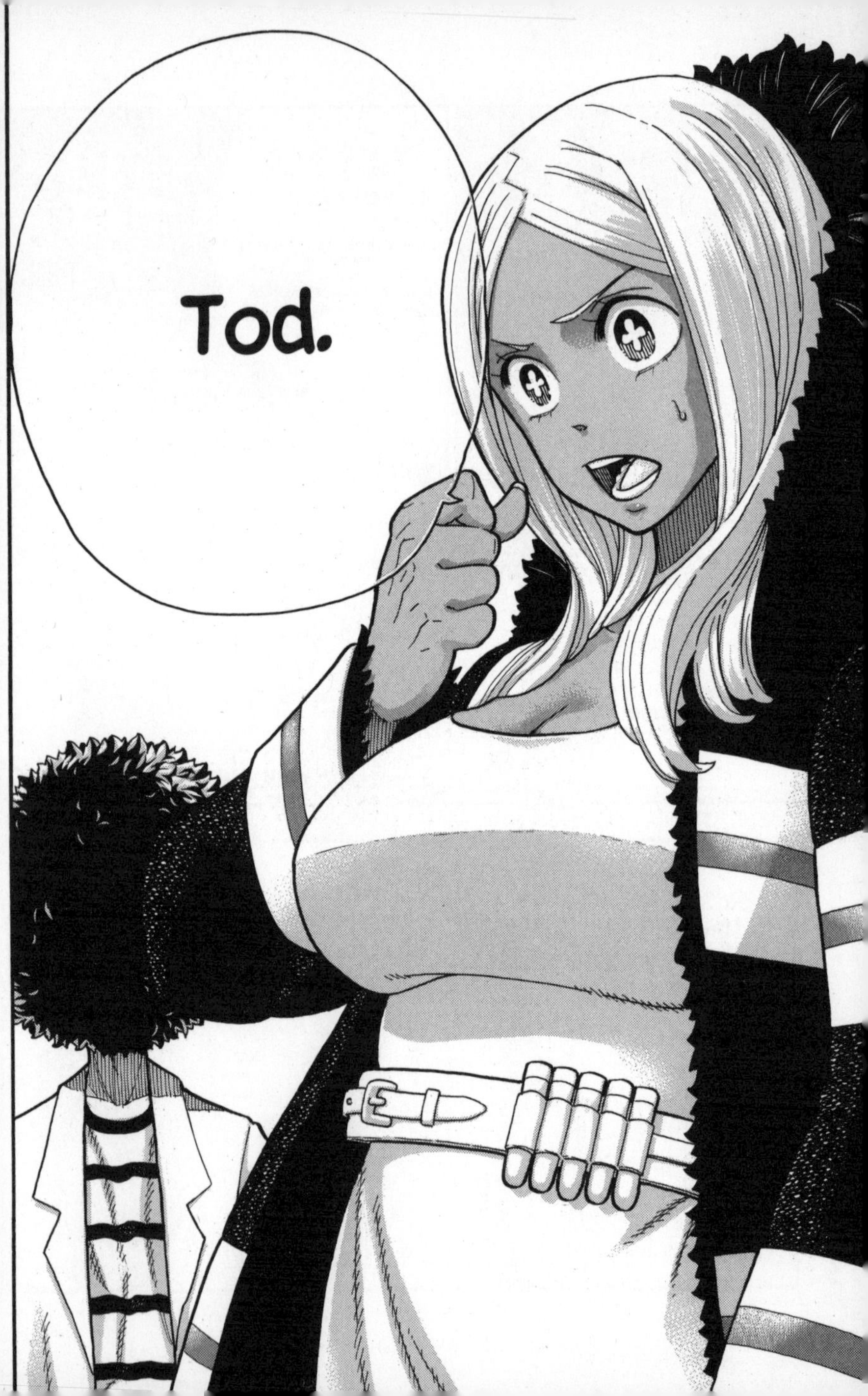
Tod.

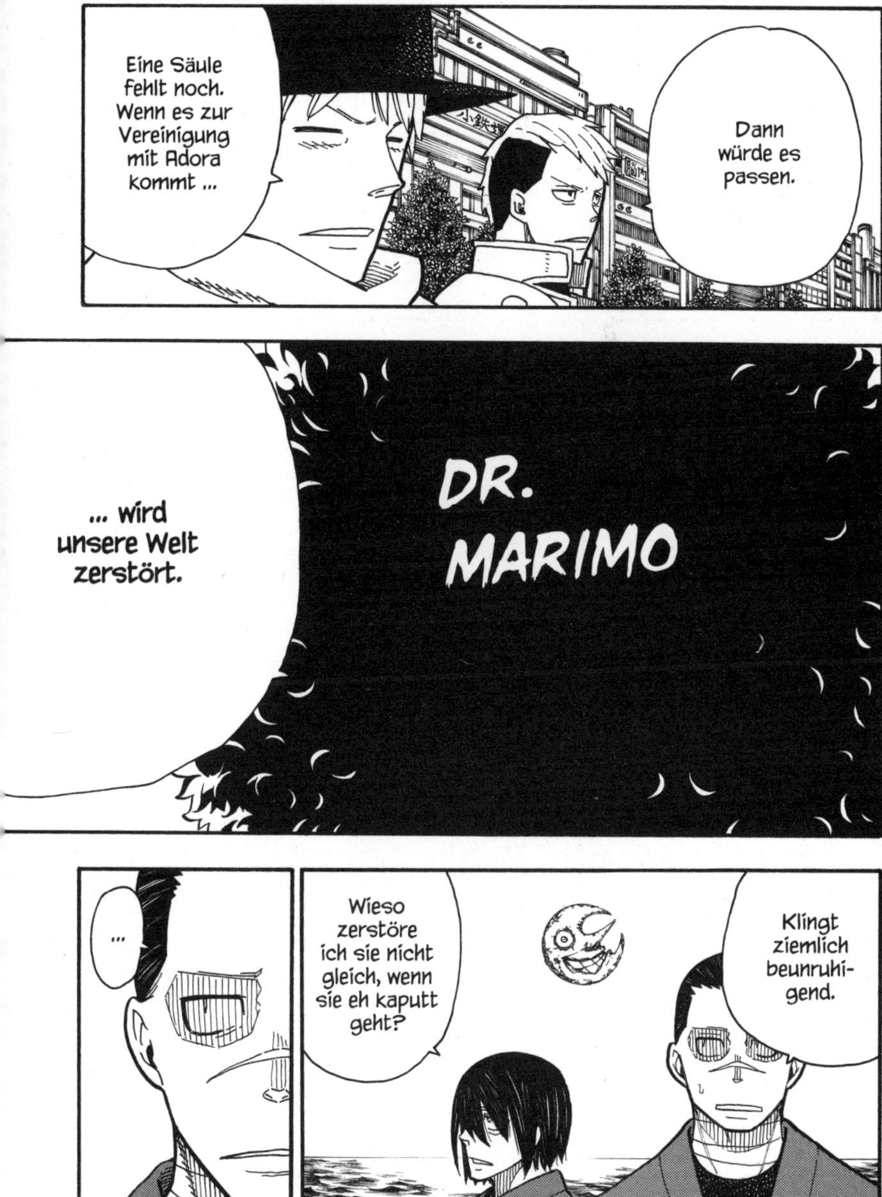
Dann würde es passen.
Eine Säule fehlt noch. Wenn es zur Vereinigung mit Adora kommt ...
DR. MARIMO
... wird unsere Welt zerstört.
Klingt ziemlich beunruhigend.
Wieso zerstöre ich sie nicht gleich, wenn sie eh kaputt geht?
...

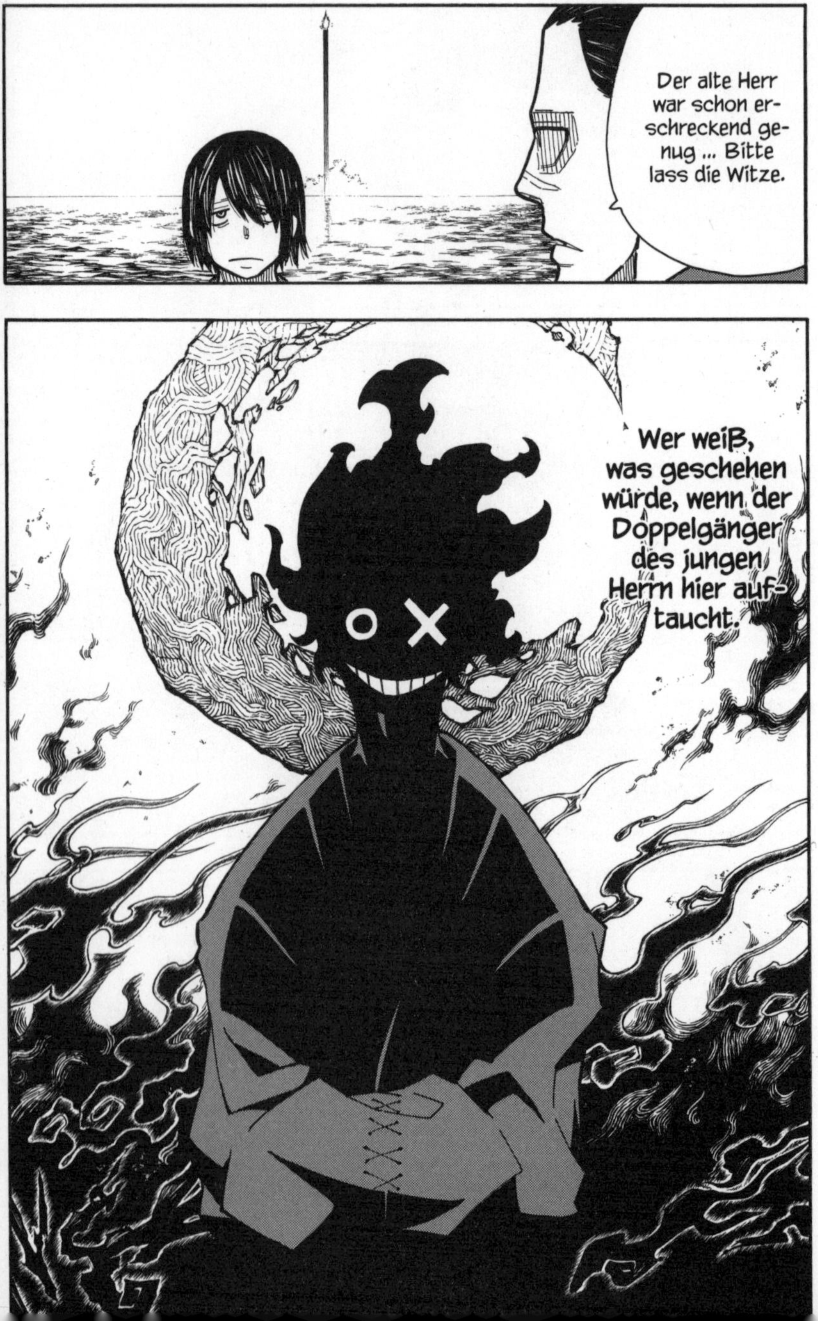
Der alte Herr war schon erschreckend genug ... Bitte lass die Witze.
Wer weiß, was geschehen würde, wenn der Doppelgänger des jungen Herrn hier auftaucht.

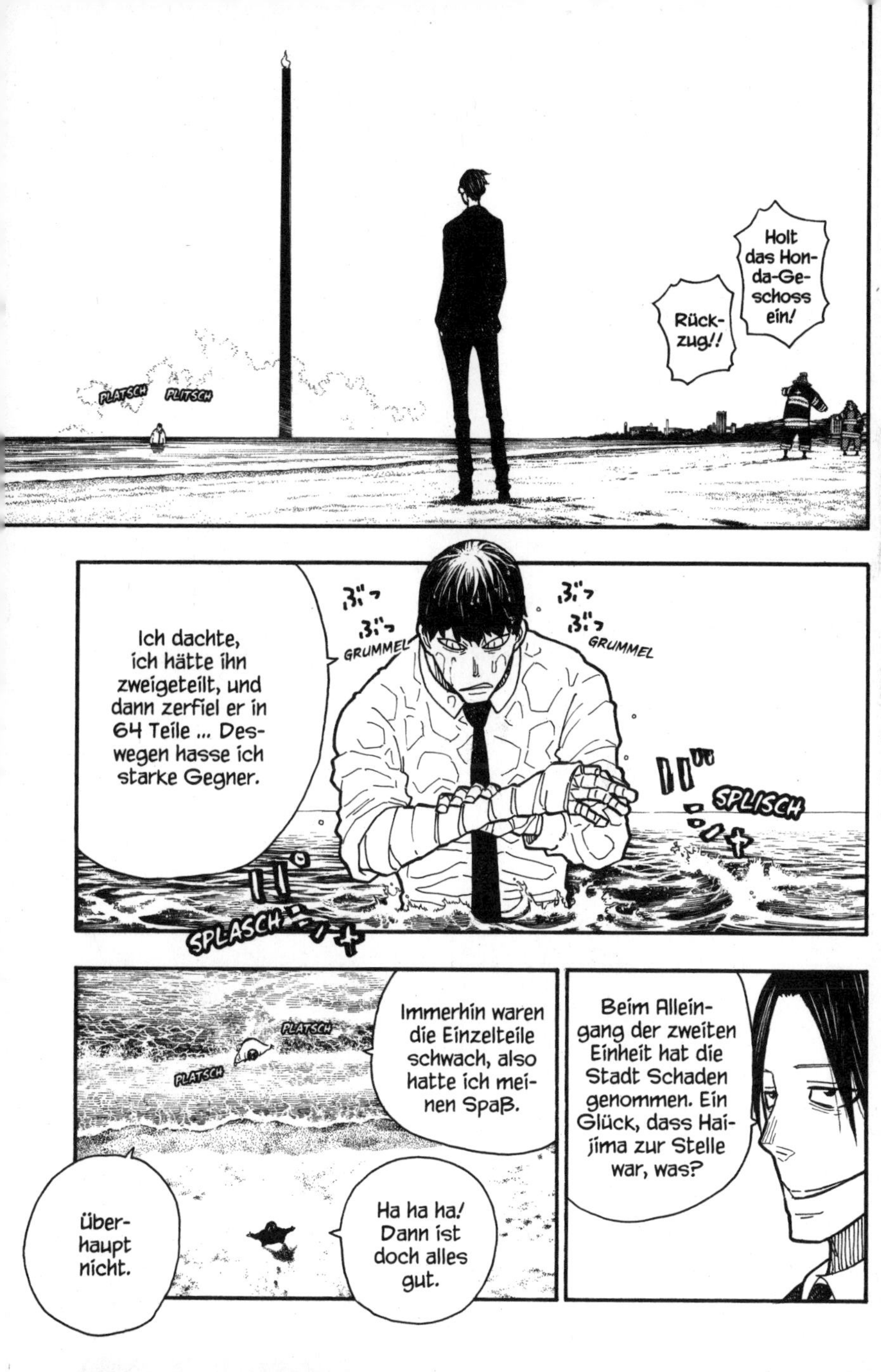

Holt das Hon-da-Geschoss ein!
Rück-zug!!
PLATSCH
PLITSCH
ぶっ
ぶっ
GRUMMEL
ぶっ
ぶっ
GRUMMEL
Ich dachte, ich hätte ihn zweigeteilt, und dann zerfiel er in 64 Teile ... Deswegen hasse ich starke Gegner.
SPLISCH
SPLASCH
Beim Alleingang der zweiten Einheit hat die Stadt Schaden genommen. Ein Glück, dass Haijima zur Stelle war, was?
Immerhin waren die Einzelteile schwach, also hatte ich meinen Spaß.
PLATSCH
PLATSCH
Ha ha ha! Dann ist doch alles gut.
Überhaupt nicht.

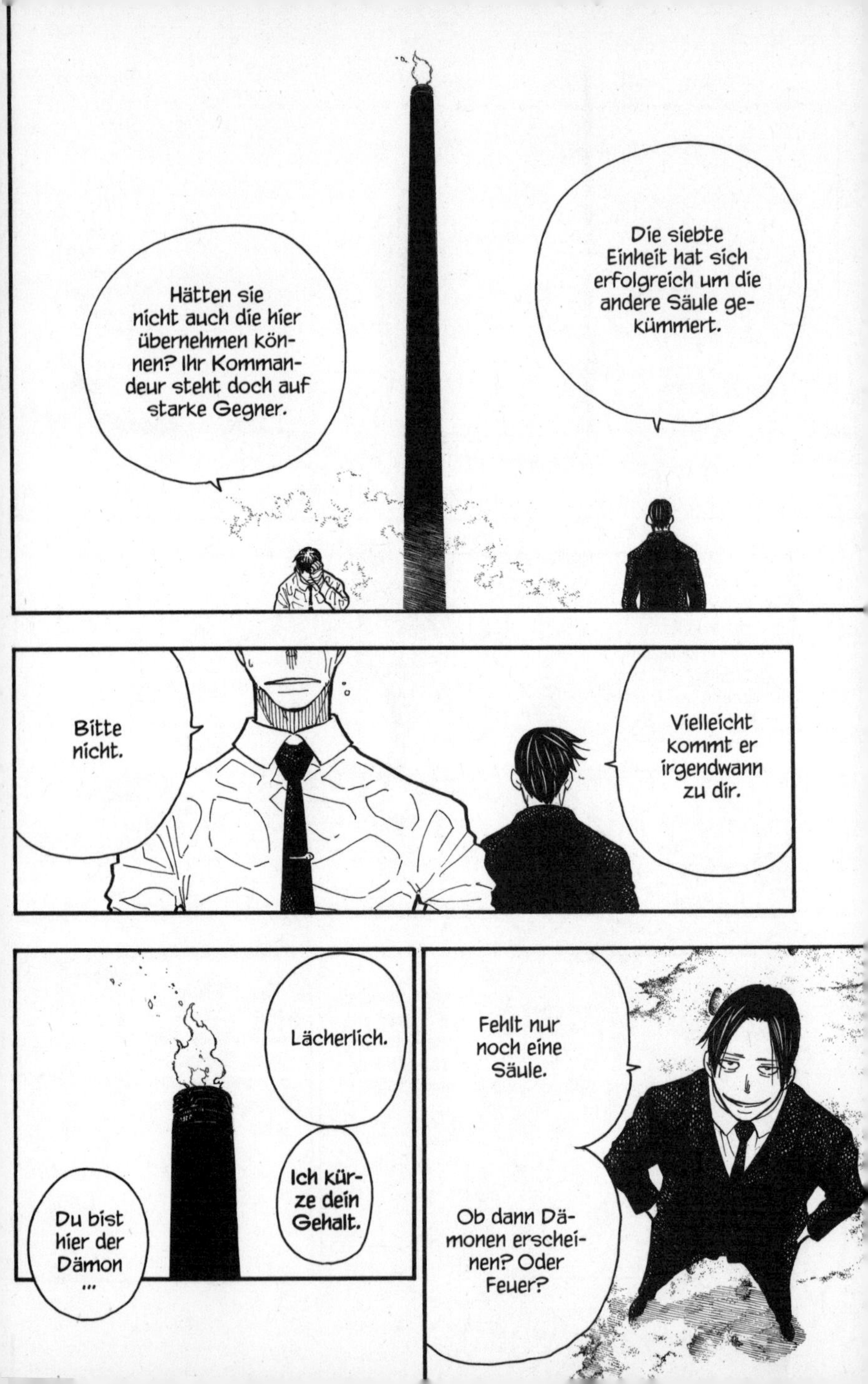
Die siebte Einheit hat sich erfolgreich um die andere Säule gekümmert.
Hätten sie nicht auch die hier übernehmen können? Ihr Kommandeur steht doch auf starke Gegner.
Vielleicht kommt er irgendwann zu dir.
Bitte nicht.
Fehlt nur noch eine Säule.
Ob dann Dämonen erscheinen? Oder Feuer?
Lächerlich.
Ich kürze dein Gehalt.
Du bist hier der Dämon …

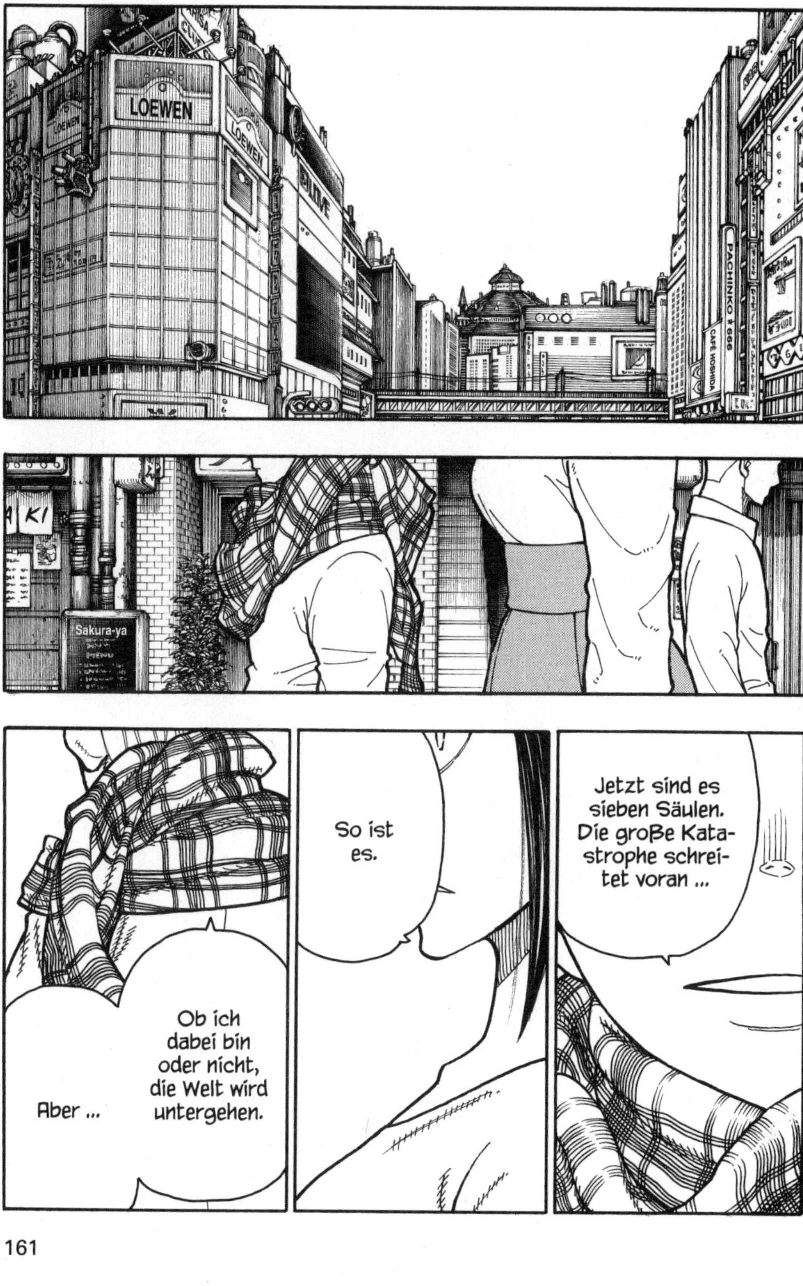
LOEWEN
LOEWEN
LOEWEN
PACHINKO #666
CAFE HOSHIDA
Sakura-ya
Jetzt sind es sieben Säulen. Die große Katastrophe schreitet voran ...
So ist es.
Ob ich dabei bin oder nicht, die Welt wird untergehen.
Aber ...

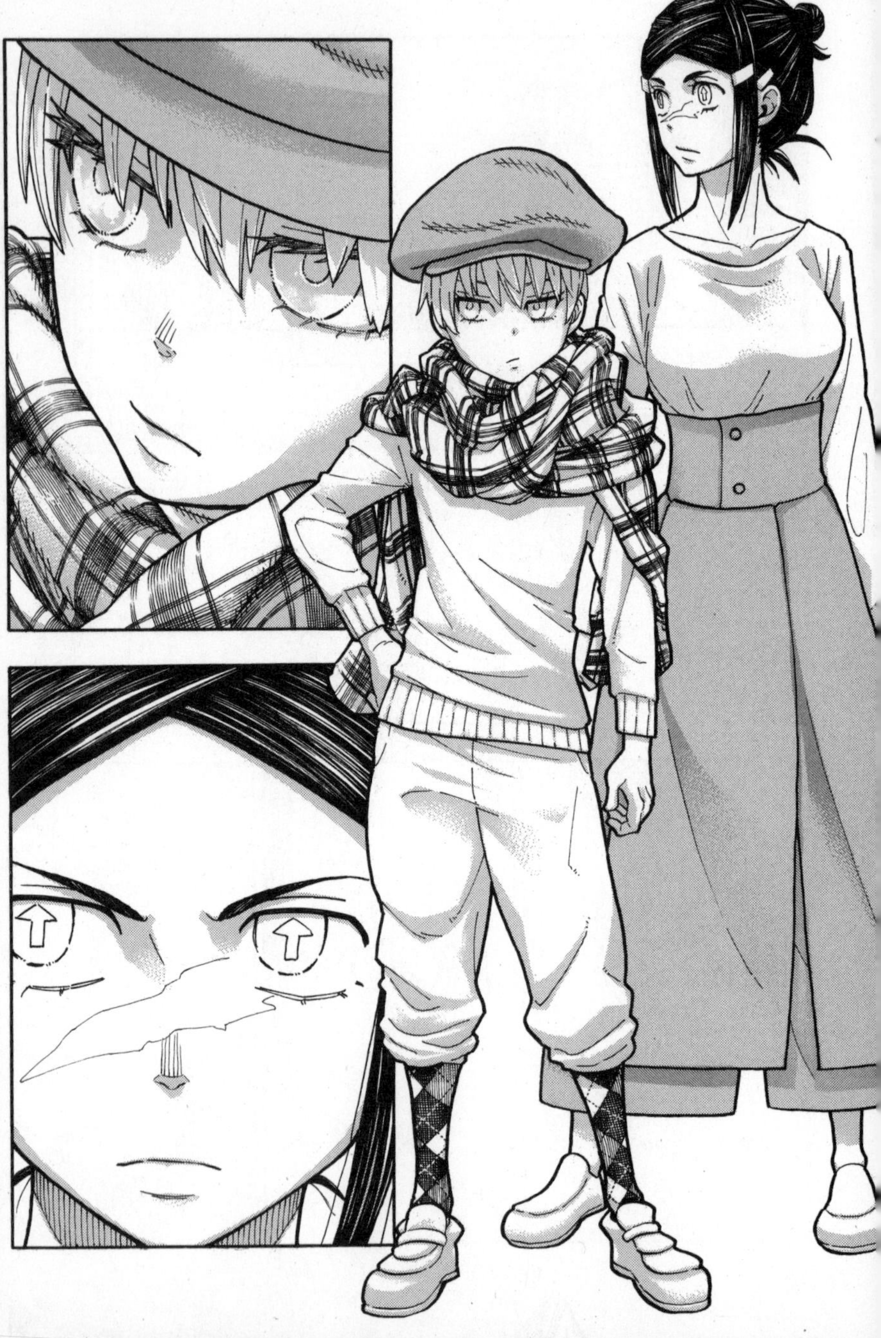

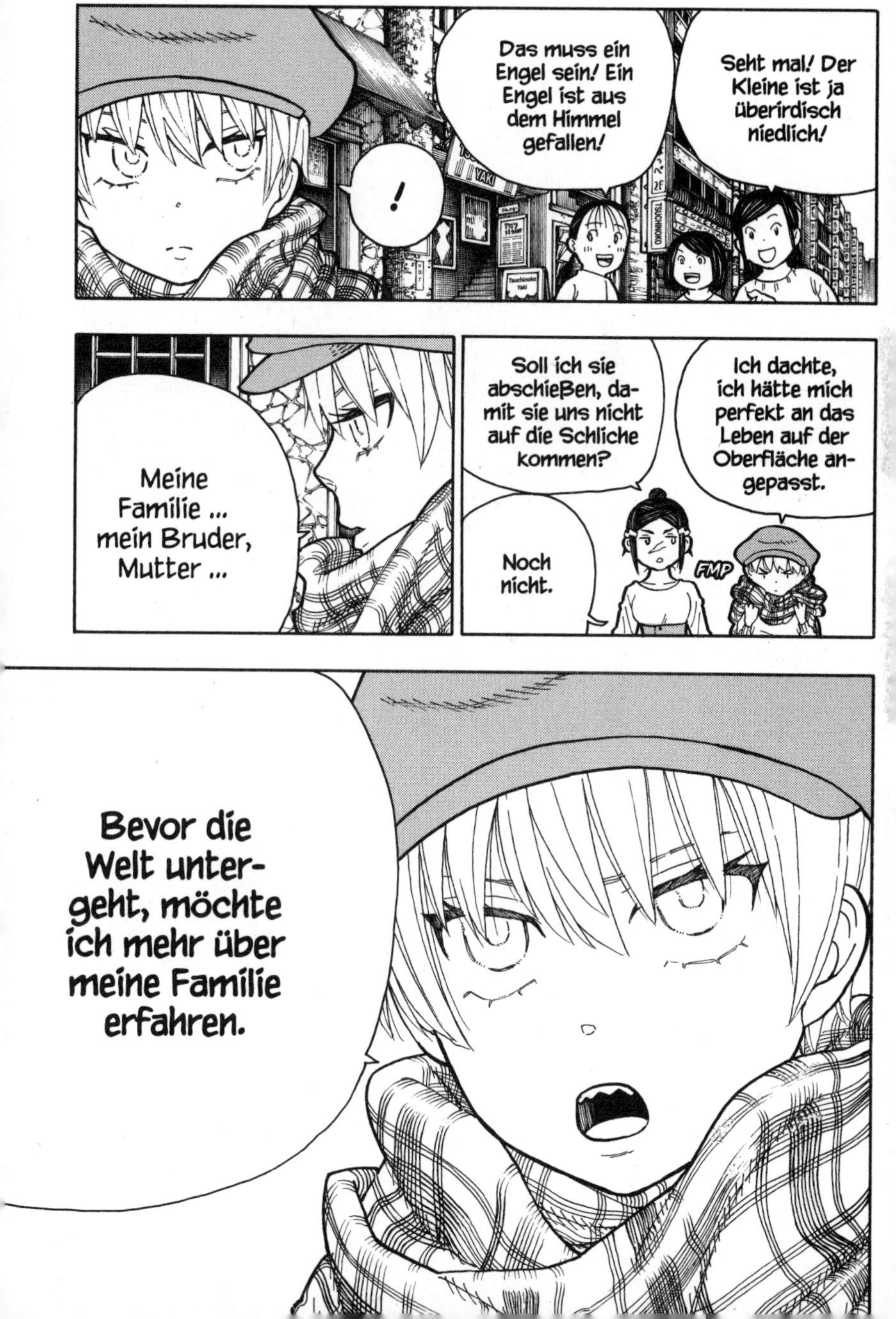

Seht mal! Der Kleine ist ja überirdisch niedlich!
Das muss ein Engel sein! Ein Engel ist aus dem Himmel gefallen!
!
Ich dachte, ich hätte mich perfekt an das Leben auf der Oberfläche angepasst.
Soll ich sie abschießen, damit sie uns nicht auf die Schliche kommen?
FMP
Noch nicht.
Meine Familie ... mein Bruder, Mutter ...
Bevor die Welt untergeht, möchte ich mehr über meine Familie erfahren.

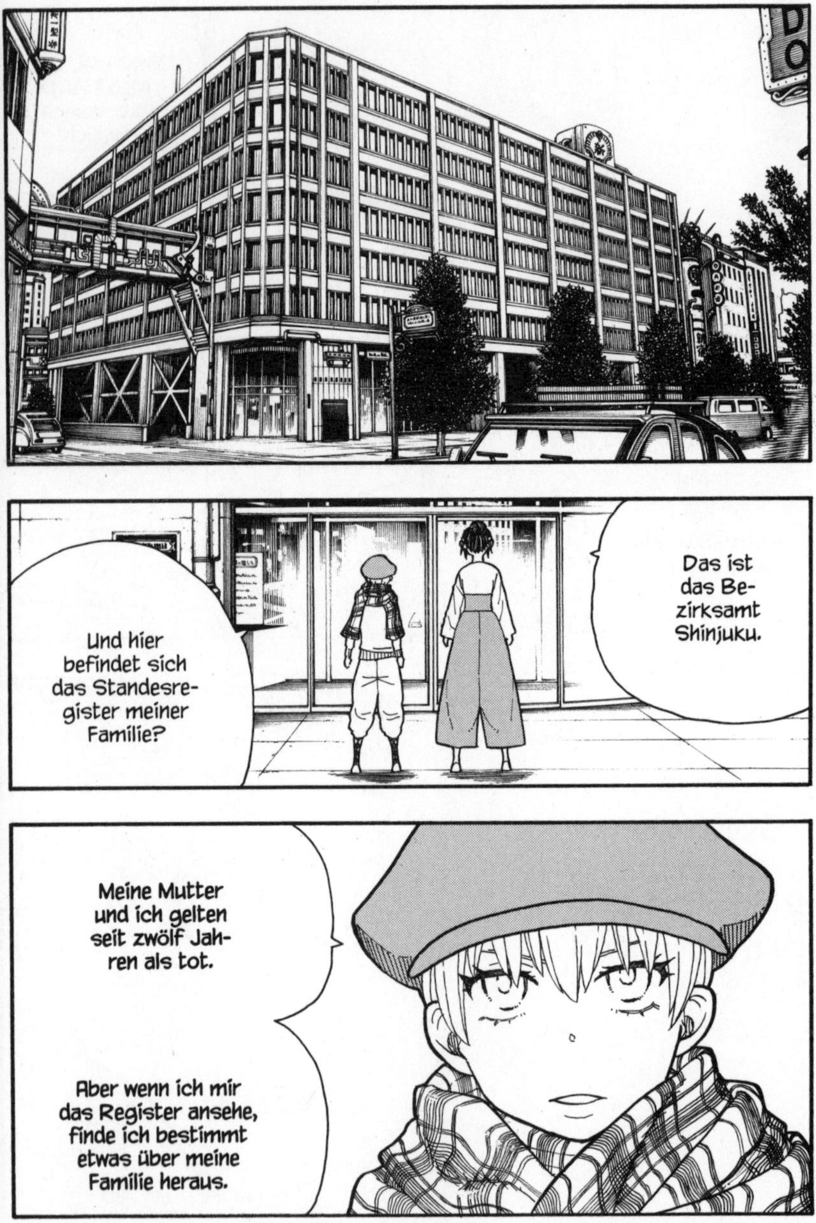
Das ist das Bezirksamt Shinjuku.
Und hier befindet sich das Standesregister meiner Familie?
Meine Mutter und ich gelten seit zwölf Jahren als tot.
Aber wenn ich mir das Register ansehe, finde ich bestimmt etwas über meine Familie heraus.

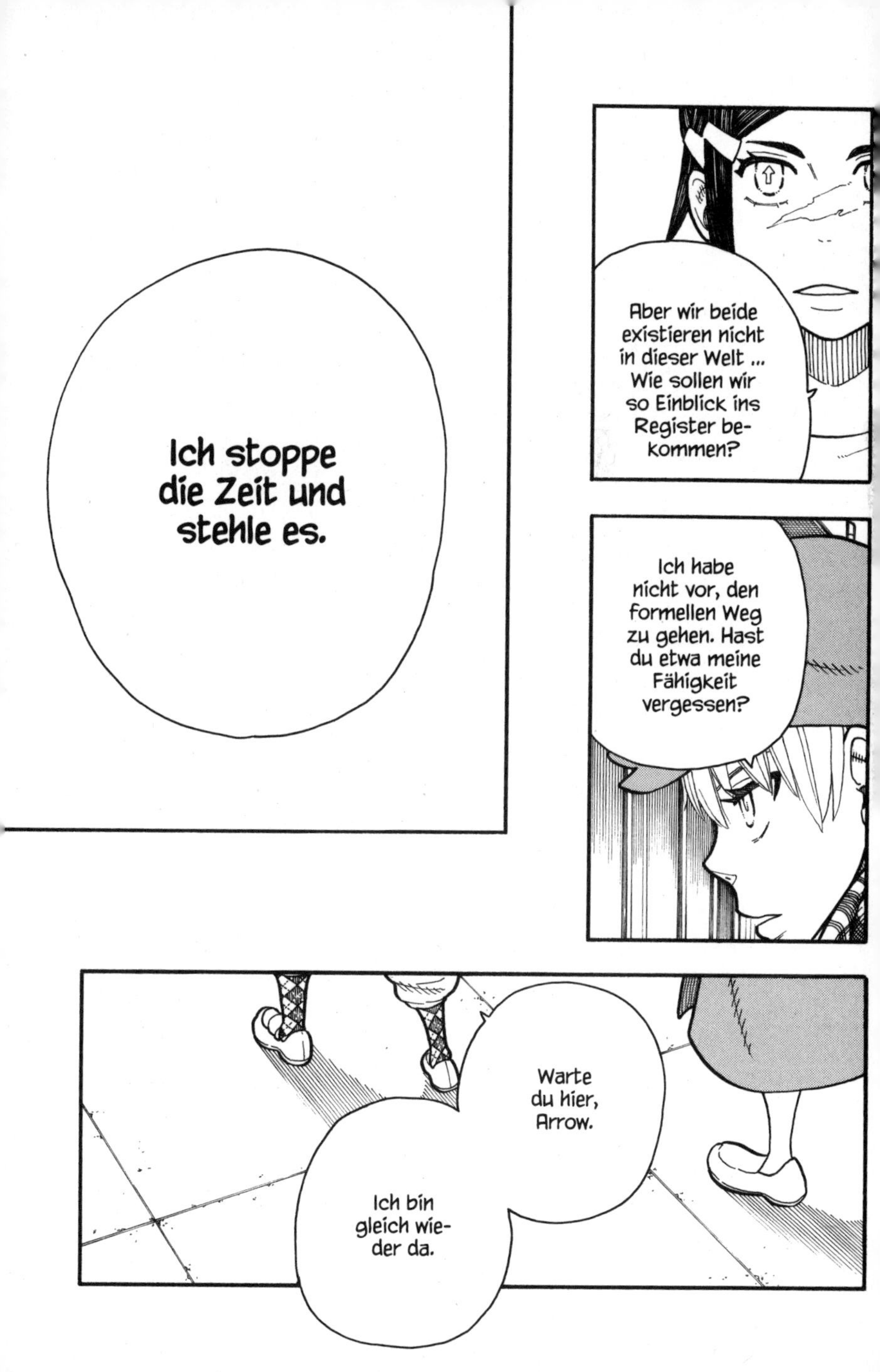
Aber wir beide existieren nicht in dieser Welt ... Wie sollen wir so Einblick ins Register bekommen?
Ich habe nicht vor, den formellen Weg zu gehen. Hast du etwa meine Fähigkeit vergessen?
Ich stoppe die Zeit und stehle es.
Warte du hier, Arrow.
Ich bin gleich wieder da.

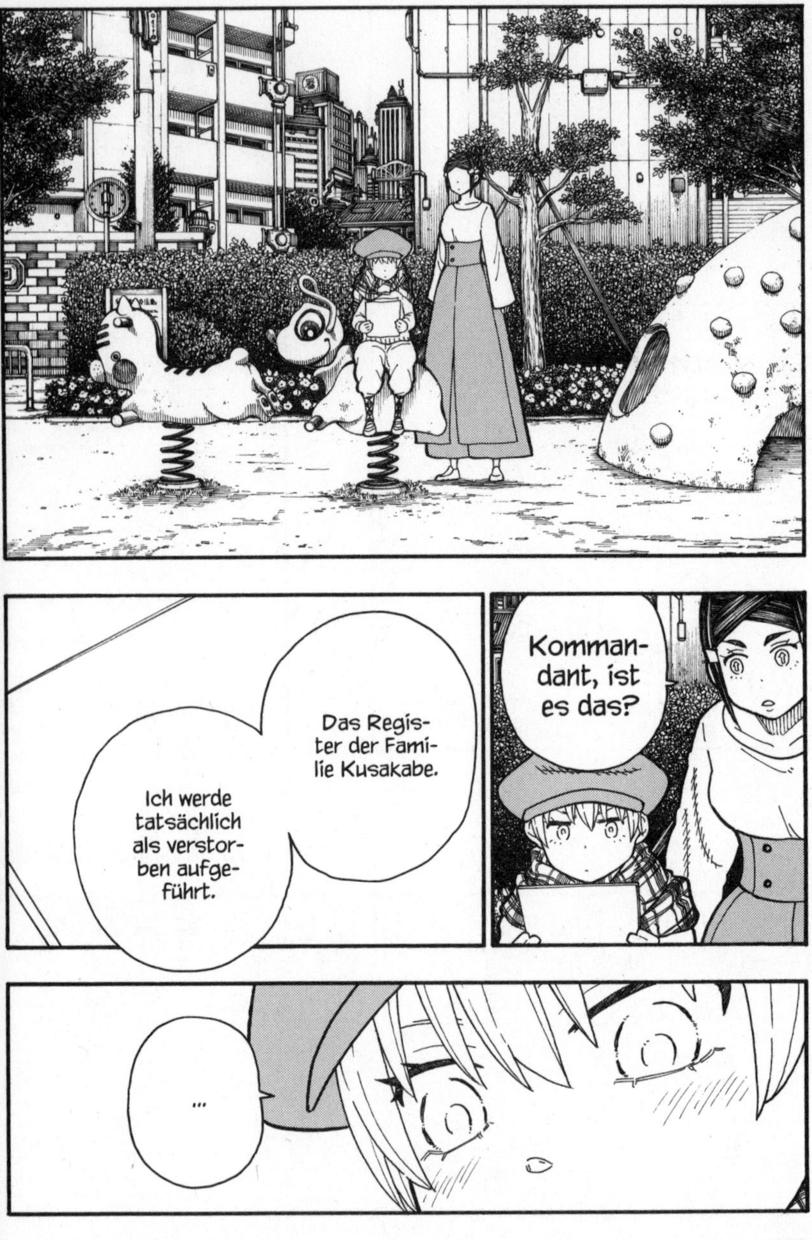
Komman-
dant, ist
es das?
Das Regis-
ter der Fami-
lie Kusakabe.
Ich werde
tatsächlich
als verstor-
ben aufge-
führt.
...

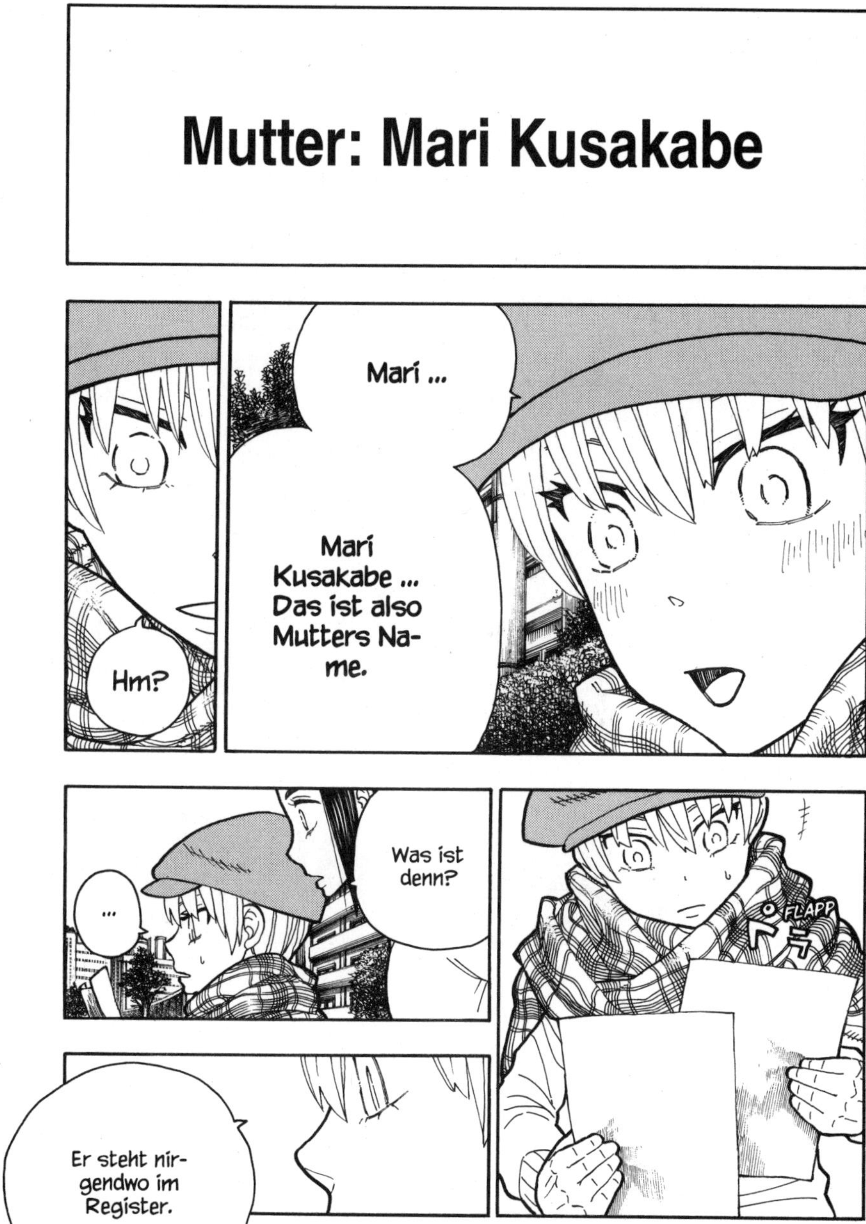
Mutter: Mari Kusakabe
Mari …
Mari Kusakabe … Das ist also Mutters Name.
Hm?
FLAPP
Was ist denn?
…
Er steht nirgendwo im Register.

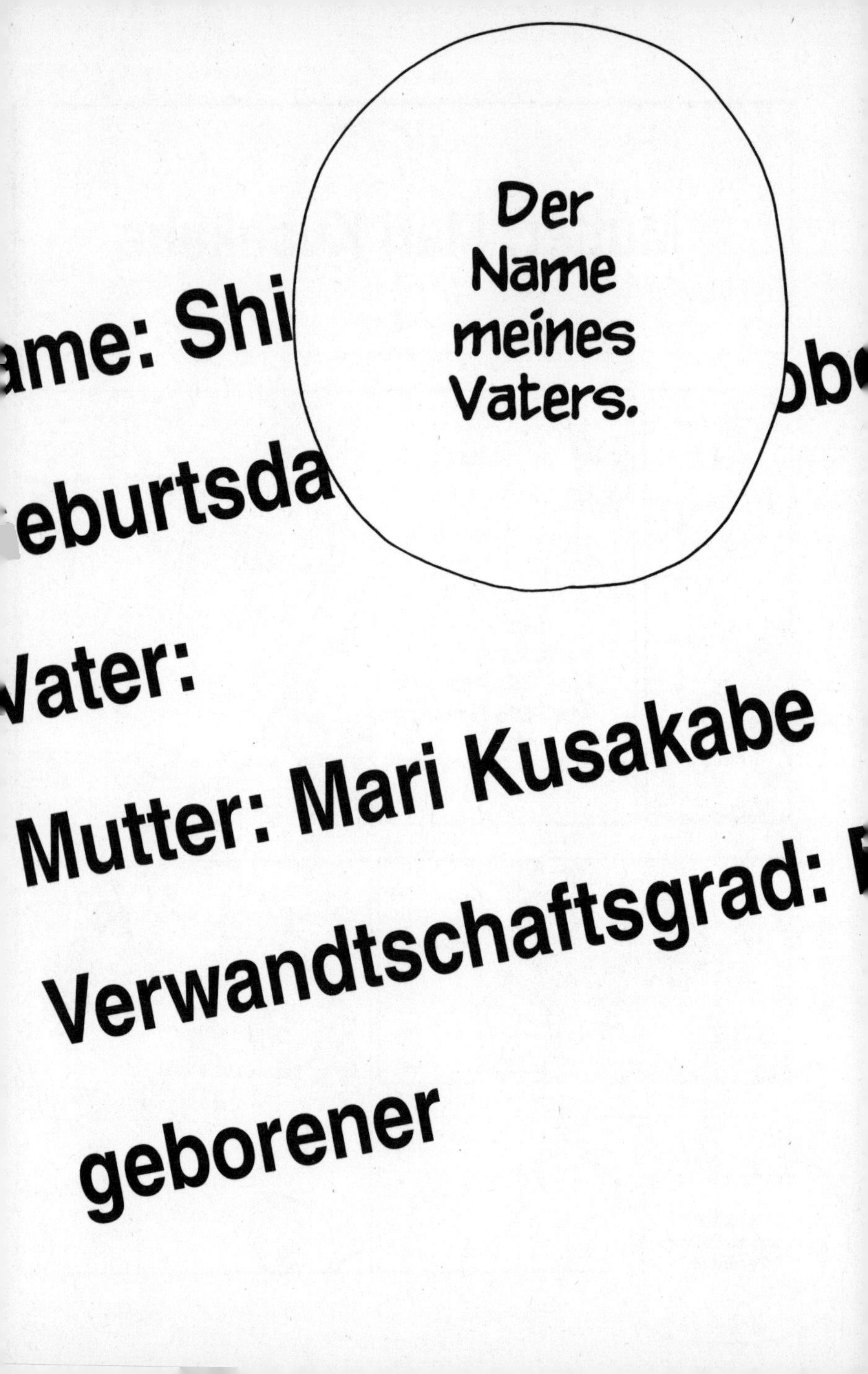

ame: Shi
eburtsda
Vater:
Mutter: Mari Kusakabe
Verwandtschaftsgrad:
geborener
Der Name meines Vaters.

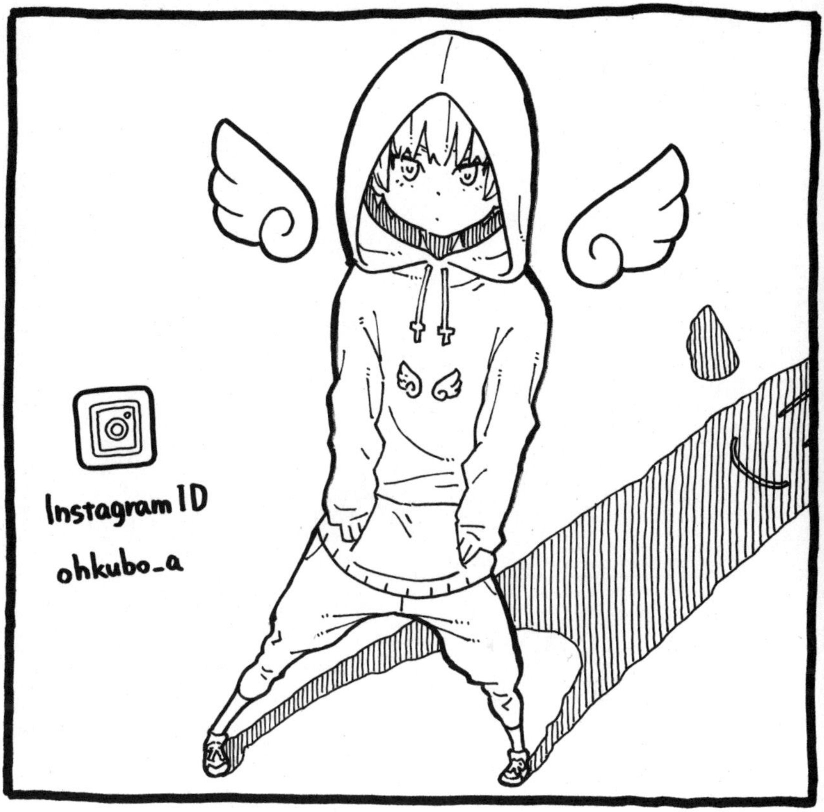

Kapitel 231:
Geburt

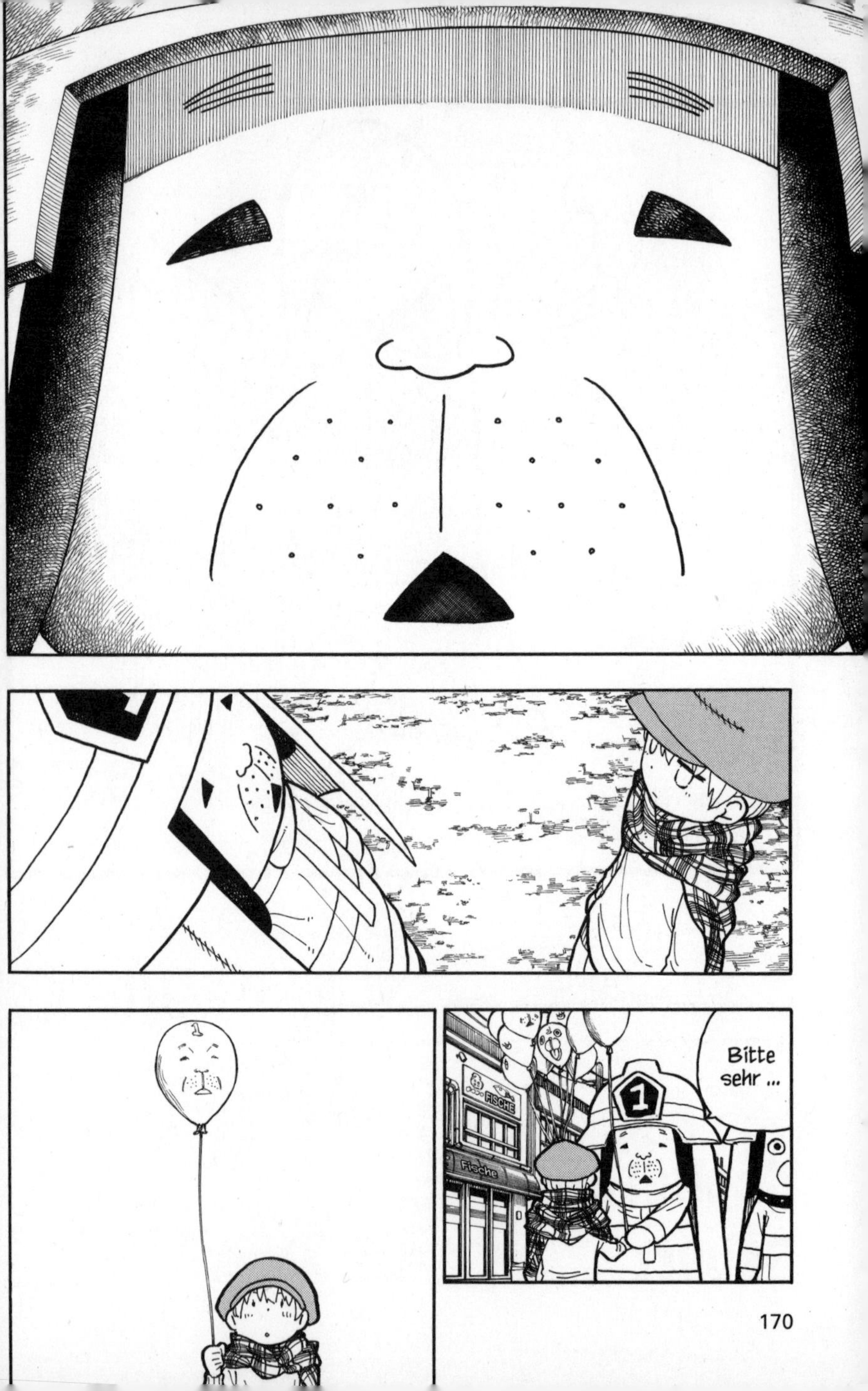
FISCHE
Fische
Bitte sehr ...

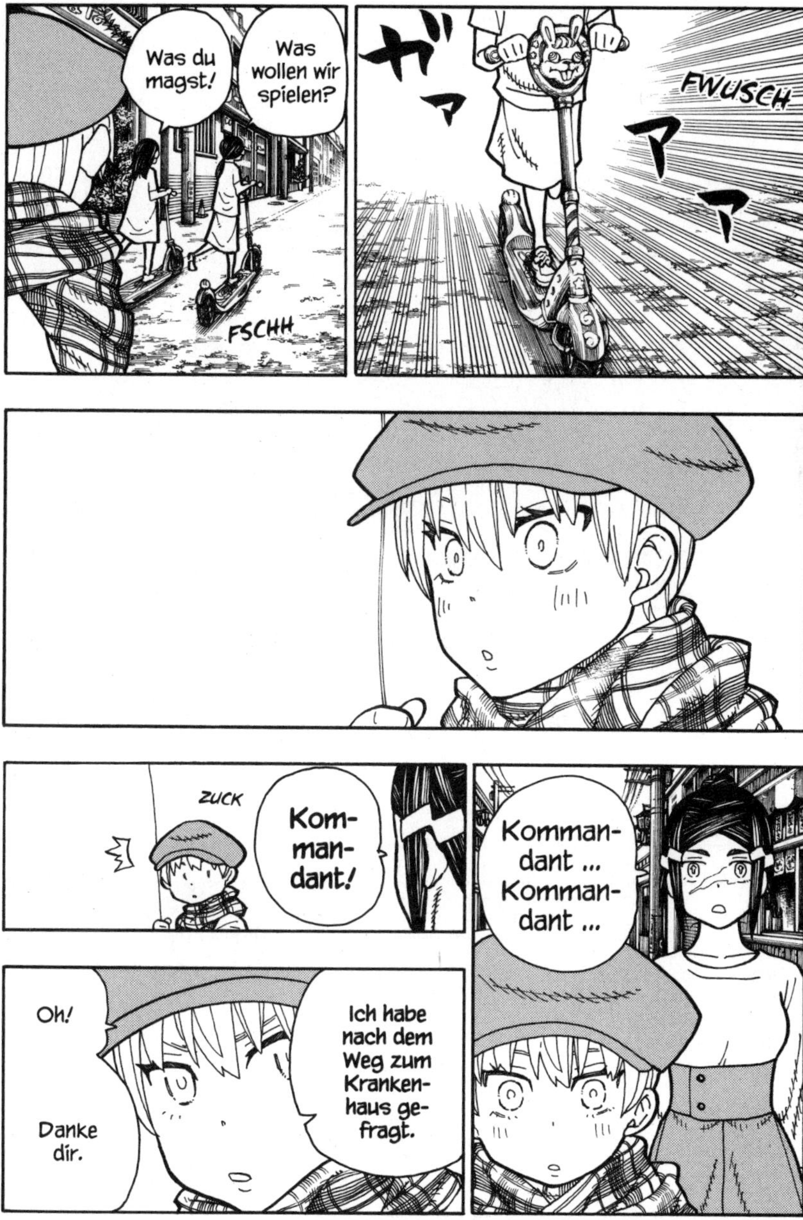
FWUSCH
Was wollen wir spielen?
Was du magst!
FSCHH
Komman- dant ... Komman- dant ...
ZUCK
Kom- man- dant!
Ich habe nach dem Weg zum Kranken- haus ge- fragt.
Oh!
Danke dir.

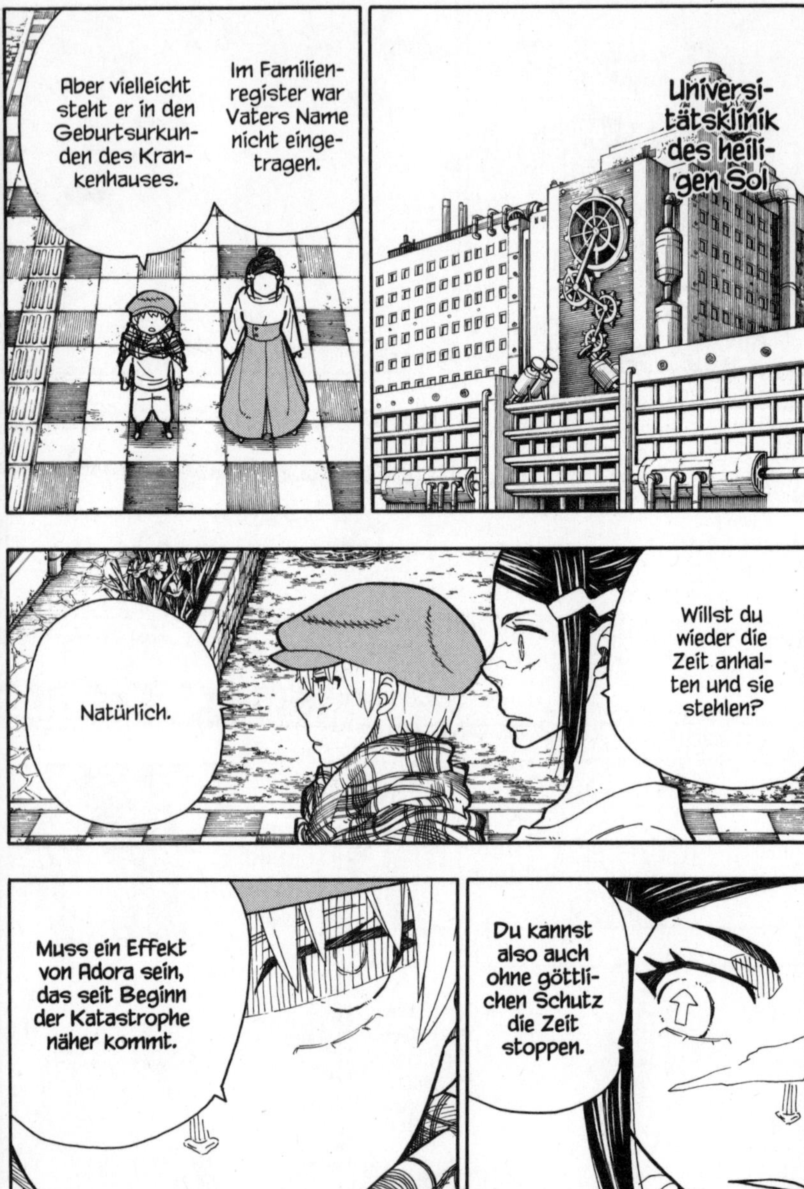
Universitätsklinik des heiligen Sol
Im Familienregister war Vaters Name nicht eingetragen.
Aber vielleicht steht er in den Geburtsurkunden des Krankenhauses.
Willst du wieder die Zeit anhalten und sie stehlen?
Natürlich.
Du kannst also auch ohne göttlichen Schutz die Zeit stoppen.
Muss ein Effekt von Adora sein, das seit Beginn der Katastrophe näher kommt.

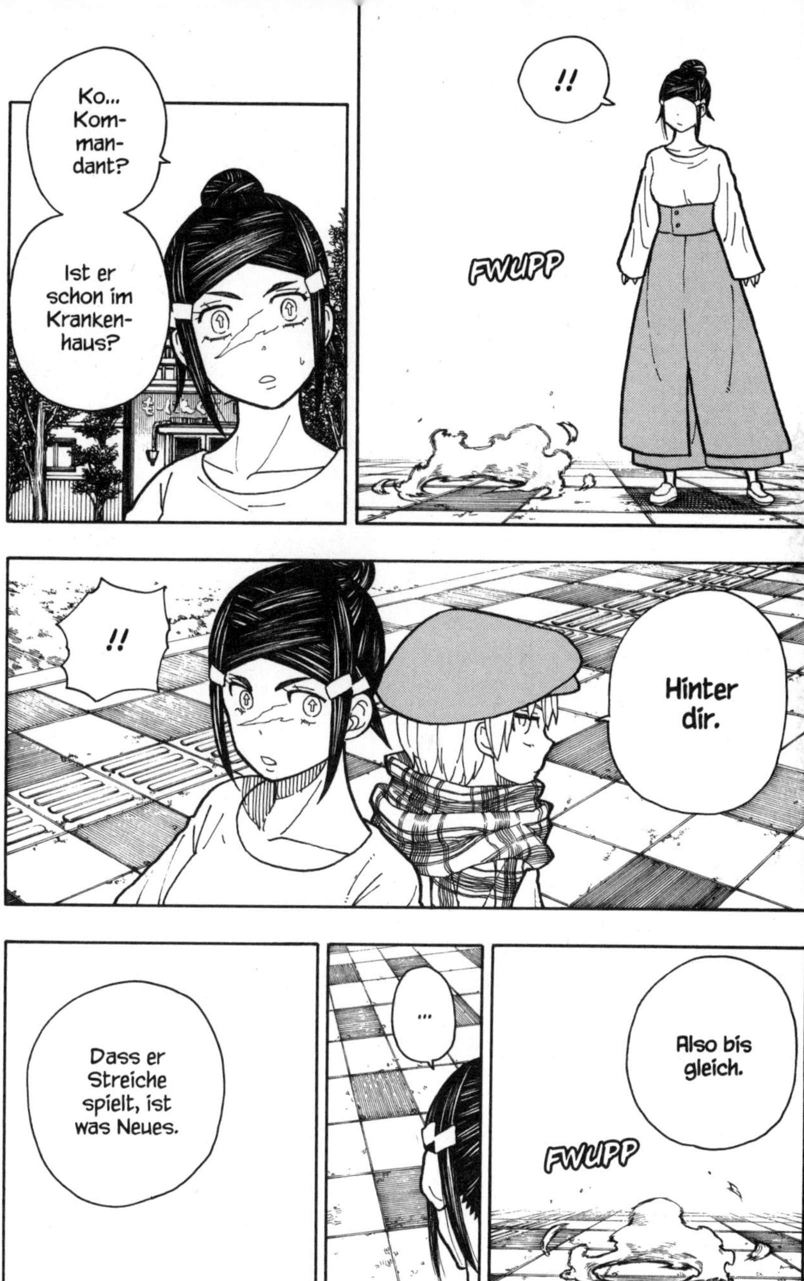
!!
FWUPP
Ko... Kommandant?
Ist er schon im Krankenhaus?
Hinter dir.
!!
Also bis gleich.
FWUPP
...
Dass er Streiche spielt, ist was Neues.

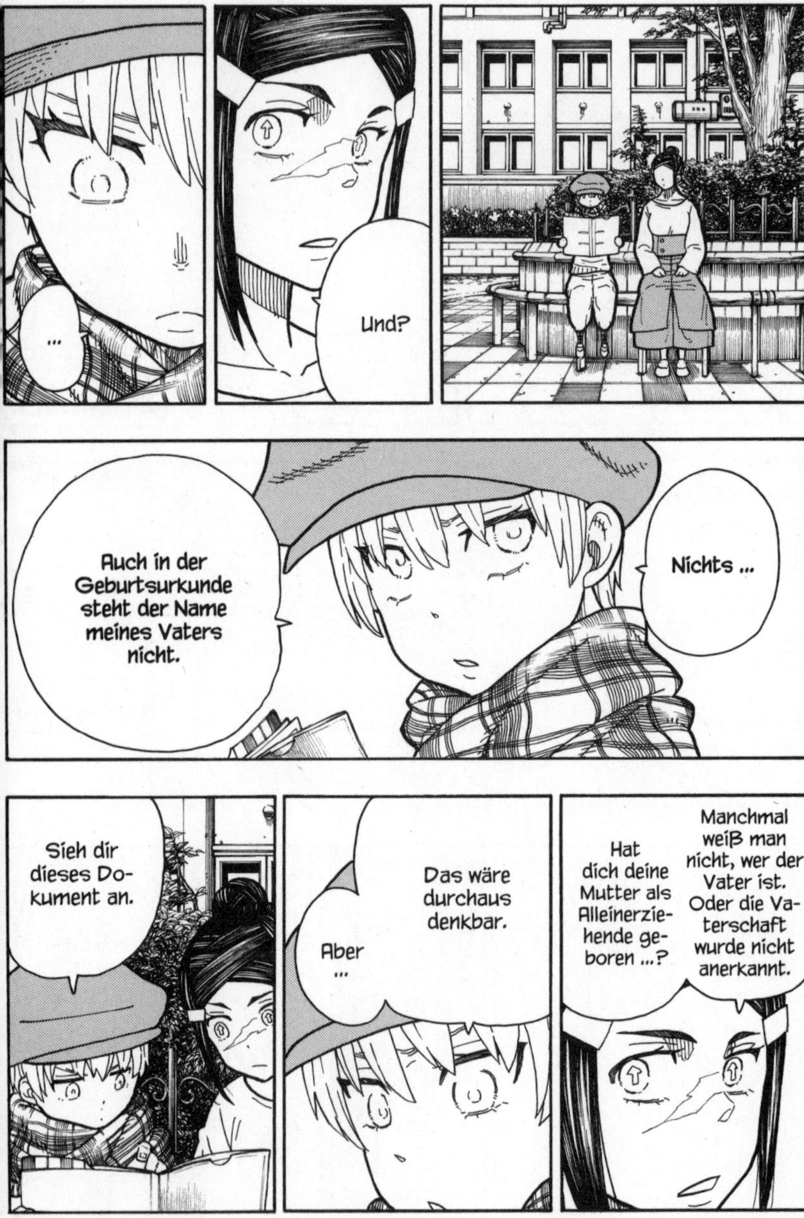
Und?
...
Nichts ...
Auch in der Geburtsurkunde steht der Name meines Vaters nicht.
Manchmal weiß man nicht, wer der Vater ist. Oder die Vaterschaft wurde nicht anerkannt.
Hat dich deine Mutter als Alleinerziehende geboren ...?
Das wäre durchaus denkbar.
Aber ...
Sieh dir dieses Dokument an.

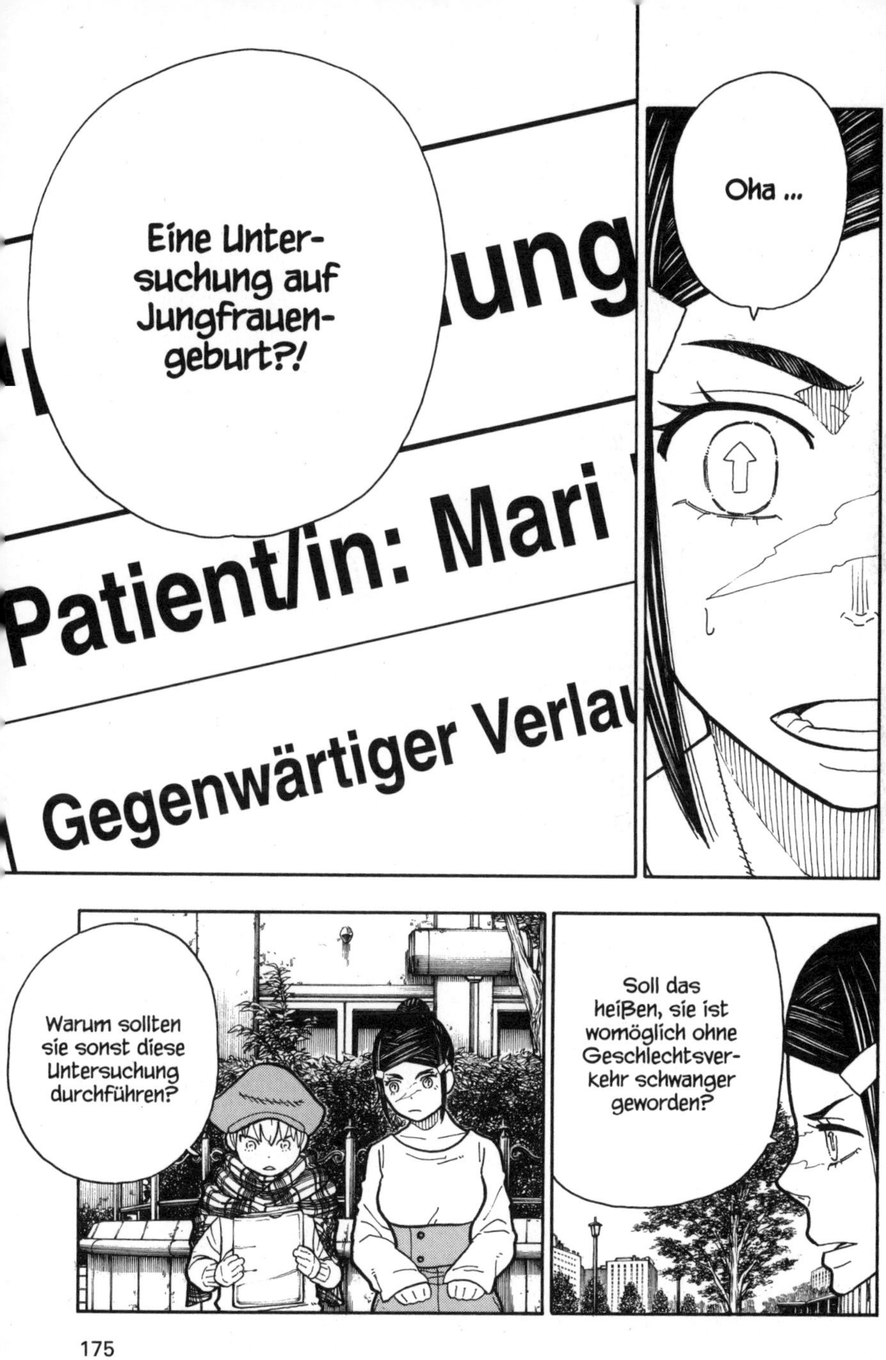
Oha ...
Eine Untersuchung auf Jungfrauengeburt?!
...ung
Patient/in: Mari
Gegenwärtiger Verla
Soll das heißen, sie ist womöglich ohne Geschlechtsverkehr schwanger geworden?
Warum sollten sie sonst diese Untersuchung durchführen?

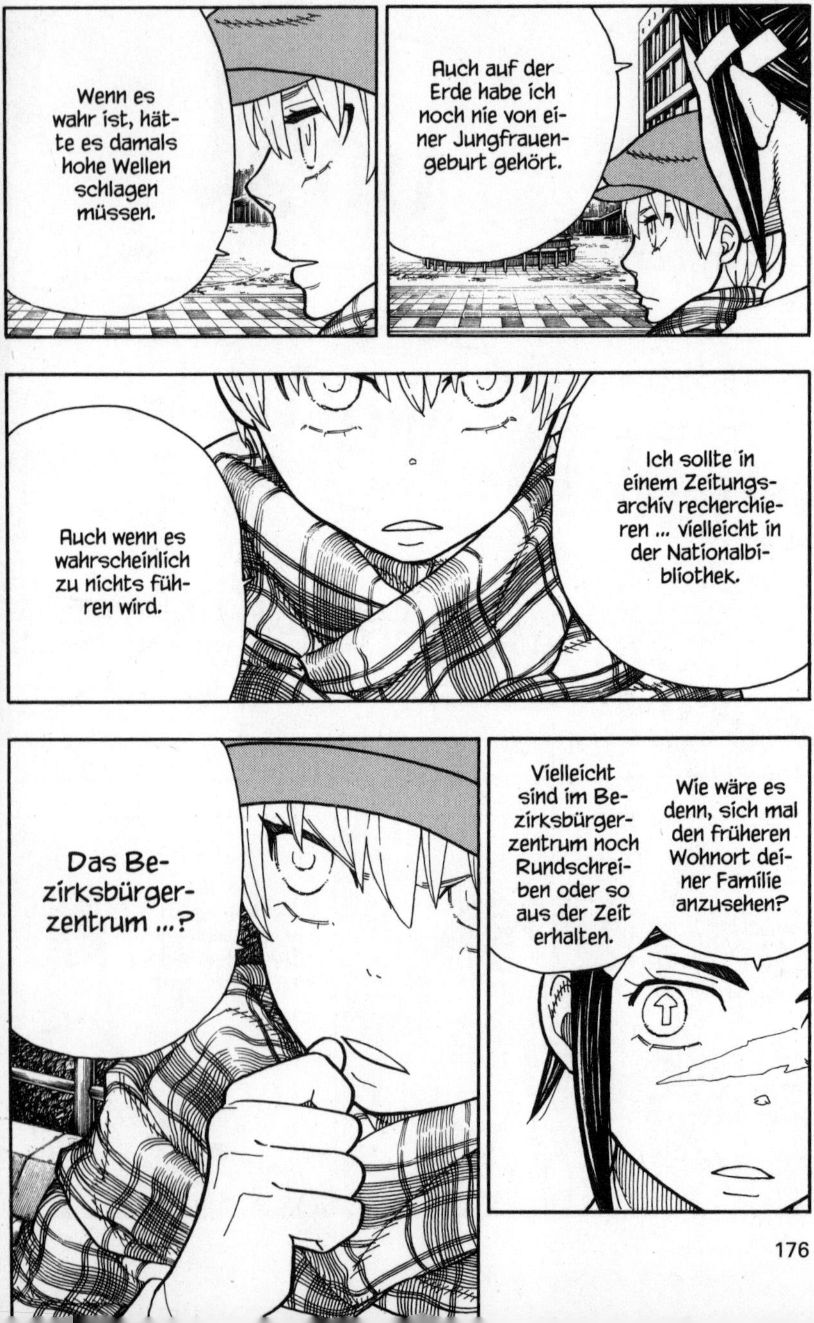
Auch auf der Erde habe ich noch nie von einer Jungfrauengeburt gehört.
Wenn es wahr ist, hätte es damals hohe Wellen schlagen müssen.
Ich sollte in einem Zeitungsarchiv recherchieren ... vielleicht in der Nationalbibliothek.
Auch wenn es wahrscheinlich zu nichts führen wird.
Wie wäre es denn, sich mal den früheren Wohnort deiner Familie anzusehen?
Vielleicht sind im Bezirksbürgerzentrum noch Rundschreiben oder so aus der Zeit erhalten.
Das Bezirksbürgerzentrum ...?

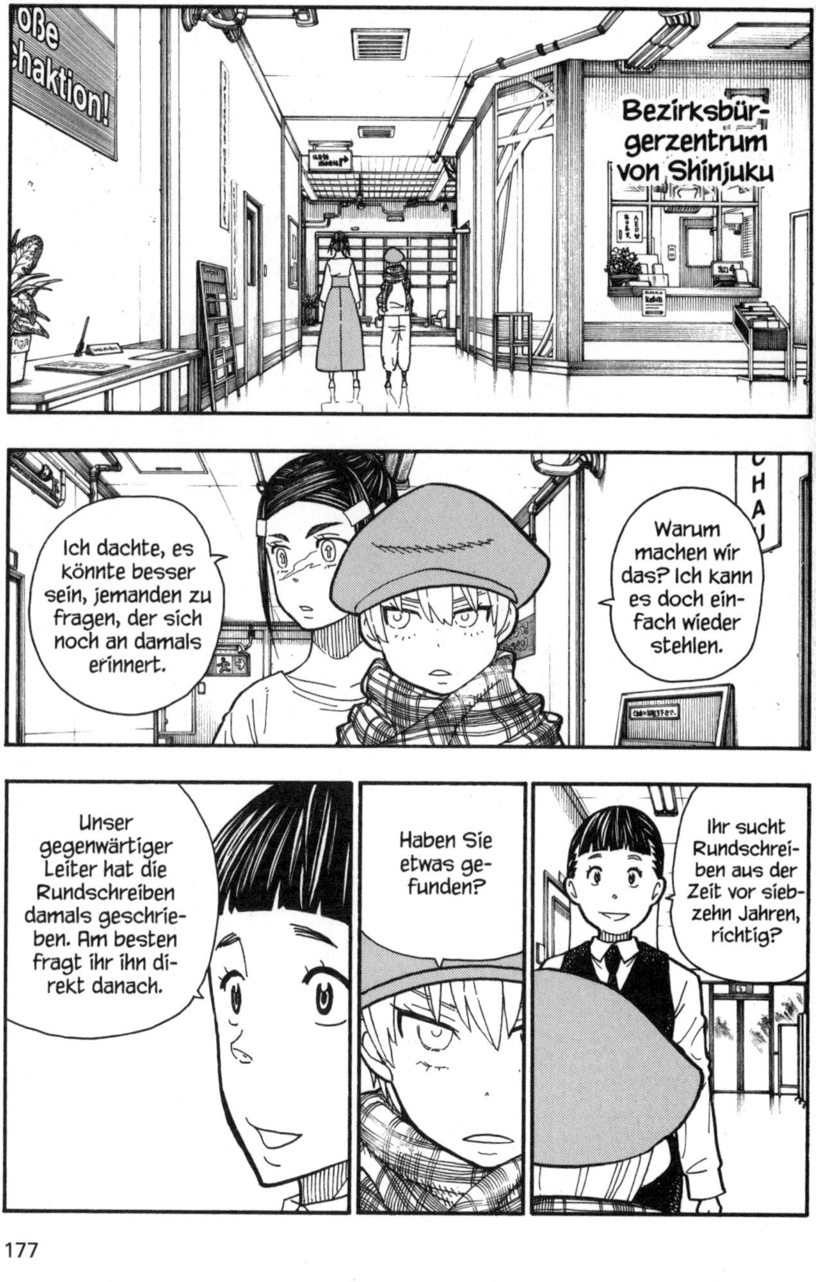
Bezirksbürgerzentrum von Shinjuku
Warum machen wir das? Ich kann es doch einfach wieder stehlen.
Ich dachte, es könnte besser sein, jemanden zu fragen, der sich noch an damals erinnert.
Ihr sucht Rundschreiben aus der Zeit vor siebzehn Jahren, richtig?
Haben Sie etwas gefunden?
Unser gegenwärtiger Leiter hat die Rundschreiben damals geschrieben. Am besten fragt ihr ihn direkt danach.

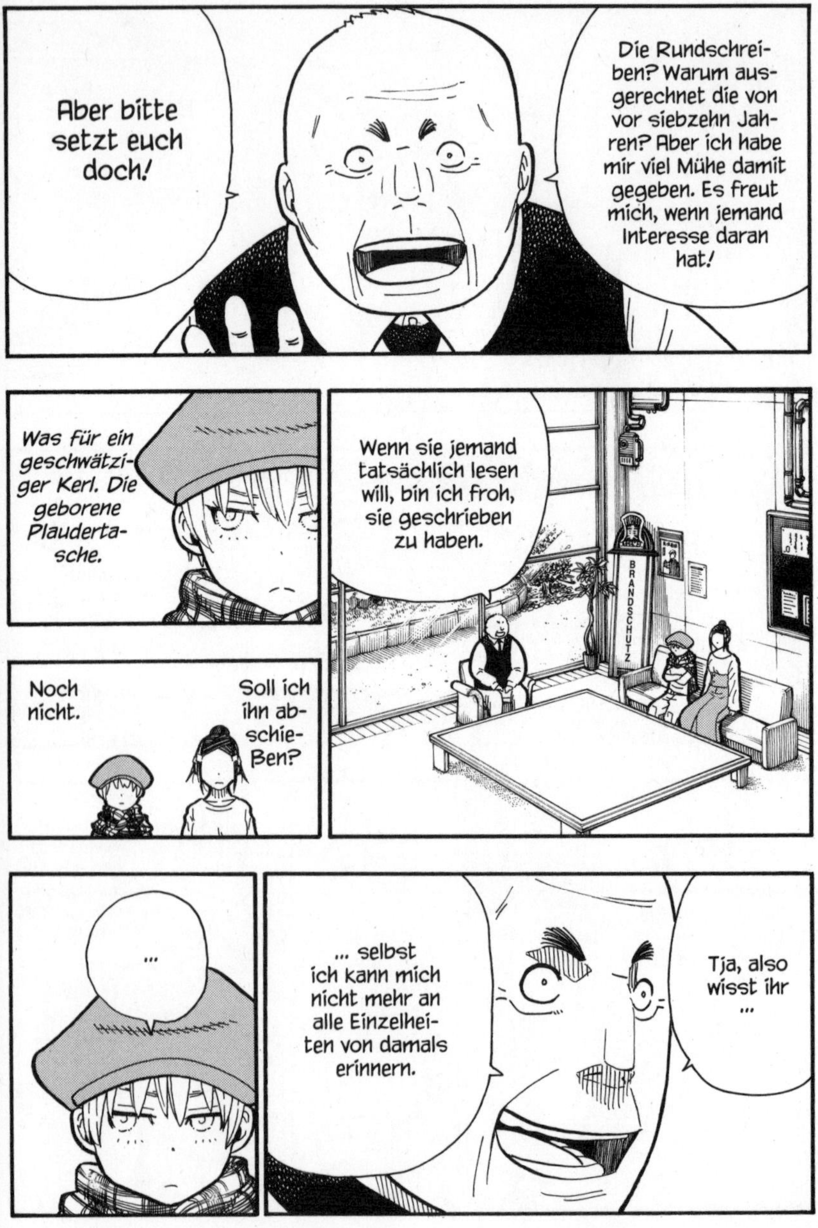
Die Rundschreiben? Warum ausgerechnet die von vor siebzehn Jahren? Aber ich habe mir viel Mühe damit gegeben. Es freut mich, wenn jemand Interesse daran hat!
Aber bitte setzt euch doch!
Wenn sie jemand tatsächlich lesen will, bin ich froh, sie geschrieben zu haben.
BRANDSCHUTZ
Was für ein geschwätziger Kerl. Die geborene Plaudertasche.
Soll ich ihn abschießen?
Noch nicht.
Tja, also wisst ihr ...
... selbst ich kann mich nicht mehr an alle Einzelheiten von damals erinnern.
...

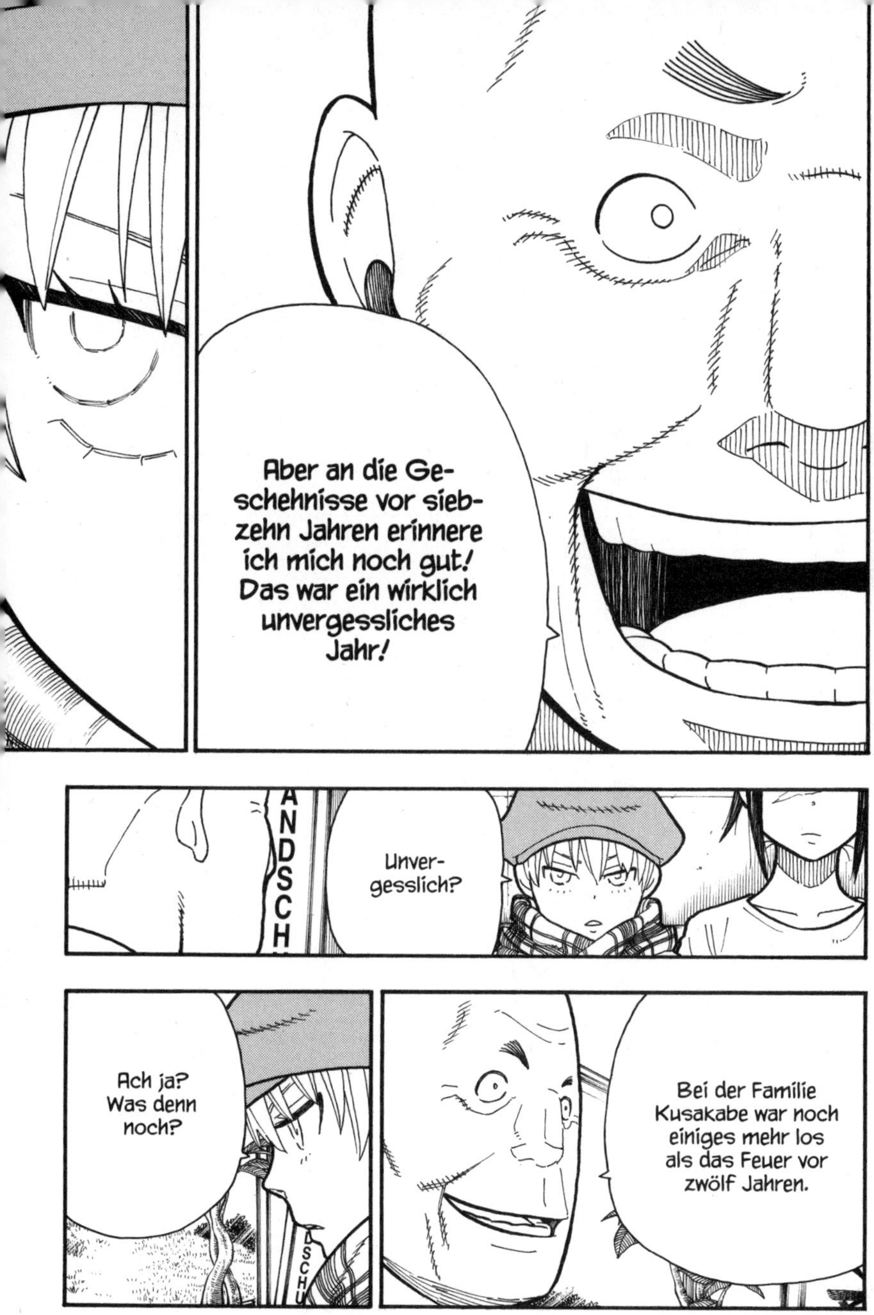
Aber an die Geschehnisse vor siebzehn Jahren erinnere ich mich noch gut! Das war ein wirklich unvergessliches Jahr!
Unvergesslich?
Bei der Familie Kusakabe war noch einiges mehr los als das Feuer vor zwölf Jahren.
Ach ja? Was denn noch?

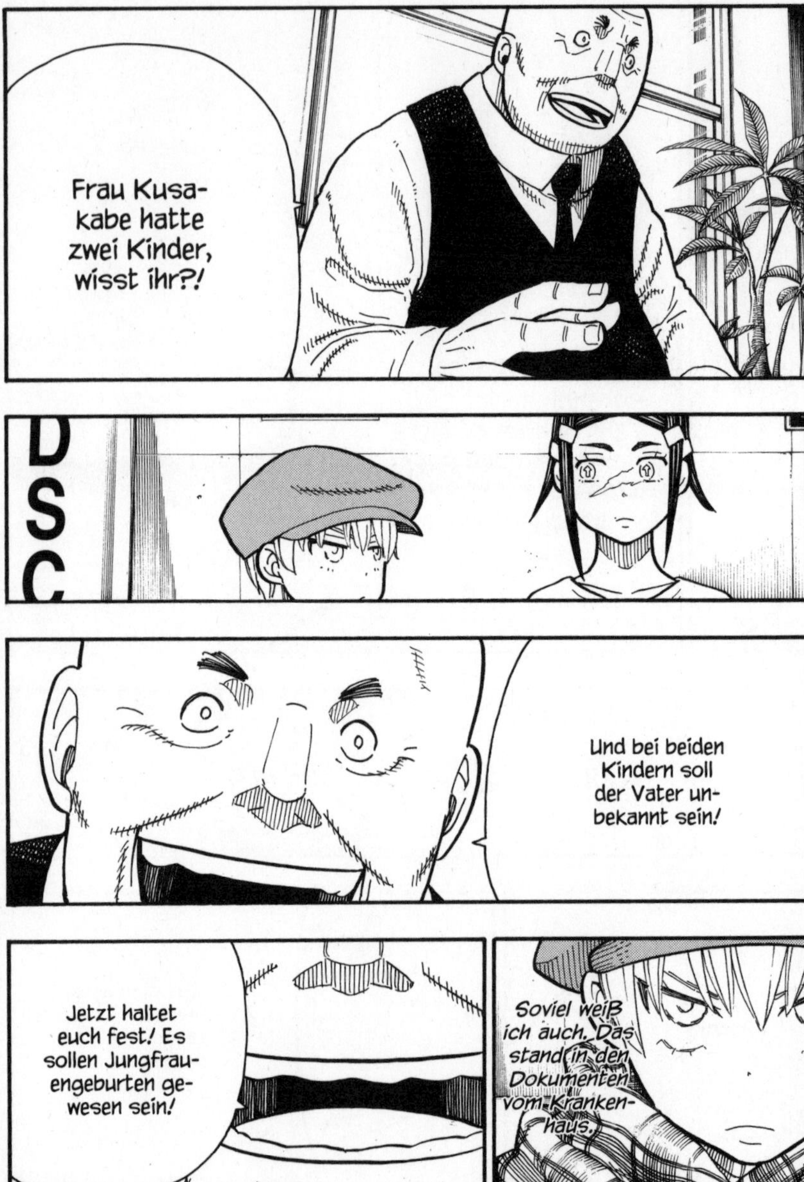
Frau Kusakabe hatte zwei Kinder, wisst ihr?!
DSC
Und bei beiden Kindern soll der Vater unbekannt sein!
Soviel weiß ich auch. Das stand in den Dokumenten vom Krankenhaus.
Jetzt haltet euch fest! Es sollen Jungfrauengeburten gewesen sein!

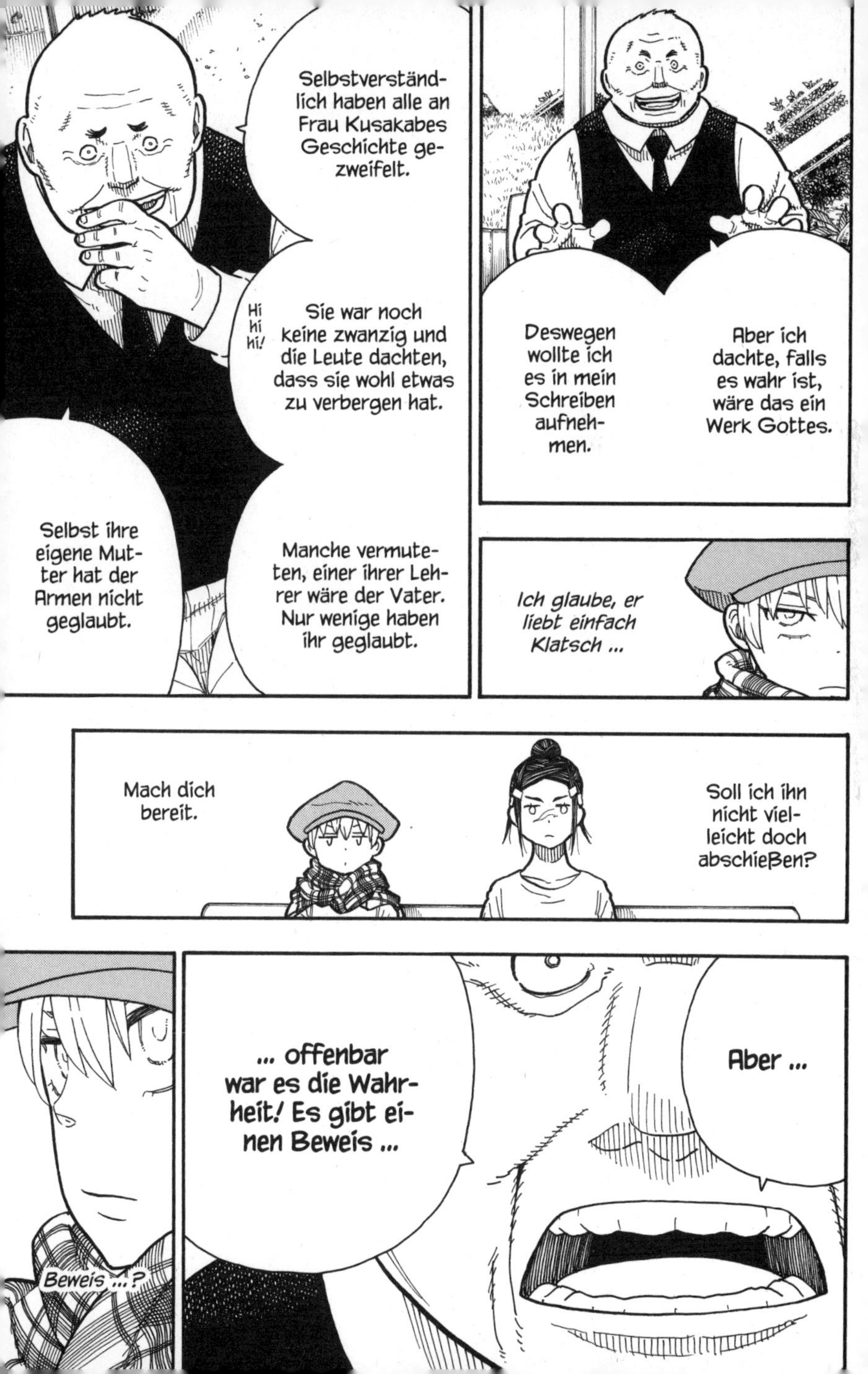
Aber ich dachte, falls es wahr ist, wäre das ein Werk Gottes.
Deswegen wollte ich es in mein Schreiben aufnehmen.
Selbstverständlich haben alle an Frau Kusakabes Geschichte gezweifelt.
Hi hi hi!
Sie war noch keine zwanzig und die Leute dachten, dass sie wohl etwas zu verbergen hat.
Manche vermuteten, einer ihrer Lehrer wäre der Vater. Nur wenige haben ihr geglaubt.
Selbst ihre eigene Mutter hat der Armen nicht geglaubt.
Ich glaube, er liebt einfach Klatsch ...
Soll ich ihn nicht vielleicht doch abschießen?
Mach dich bereit.
Aber ...
... offenbar war es die Wahrheit! Es gibt einen Beweis ...
Beweis ...?

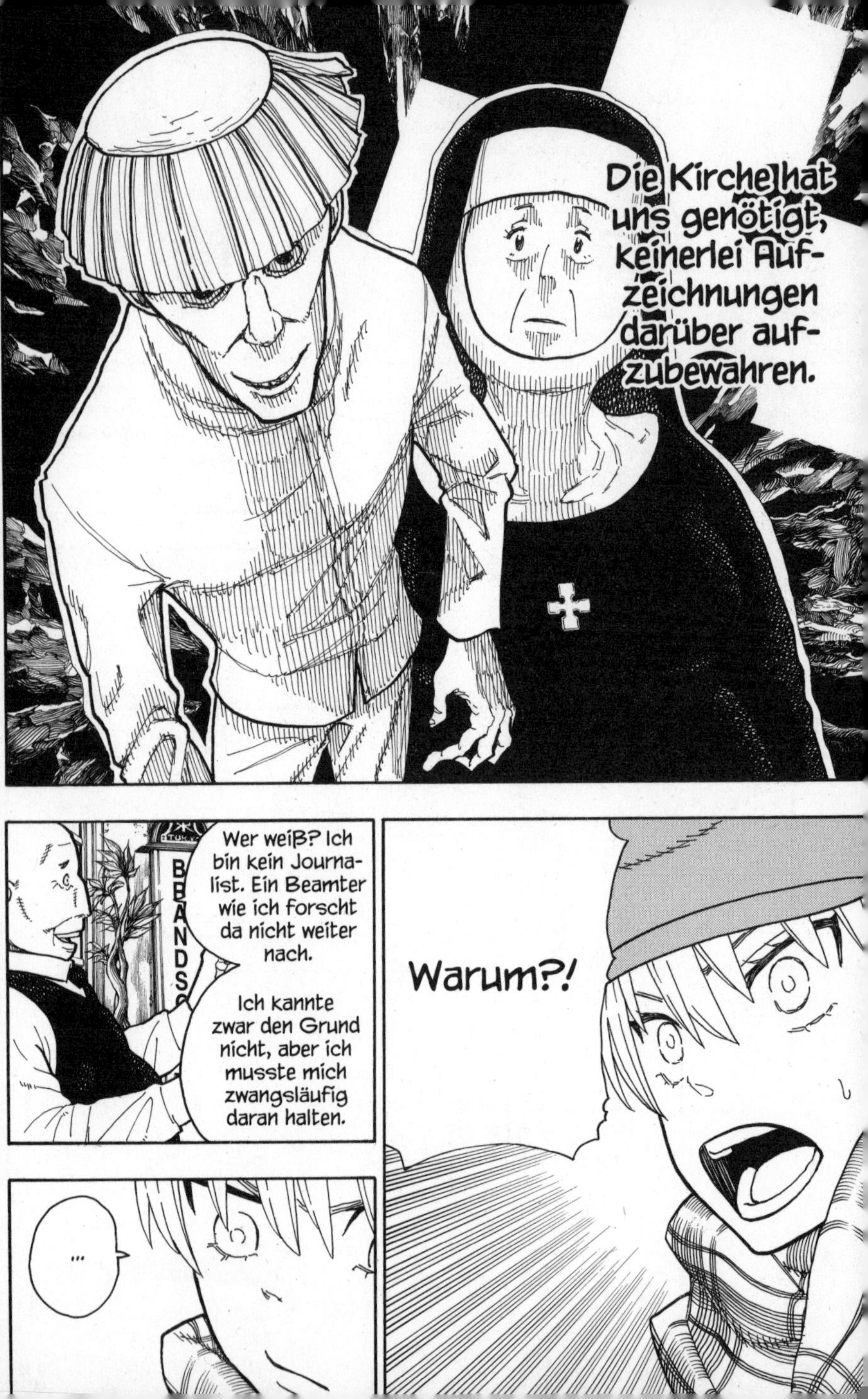
Die Kirche hat uns genötigt, keinerlei Auf-zeichnungen darüber auf-zubewahren.
Wer weiß? Ich bin kein Journa-list. Ein Beamter wie ich forscht da nicht weiter nach.
Ich kannte zwar den Grund nicht, aber ich musste mich zwangsläufig daran halten.
Warum?!
...

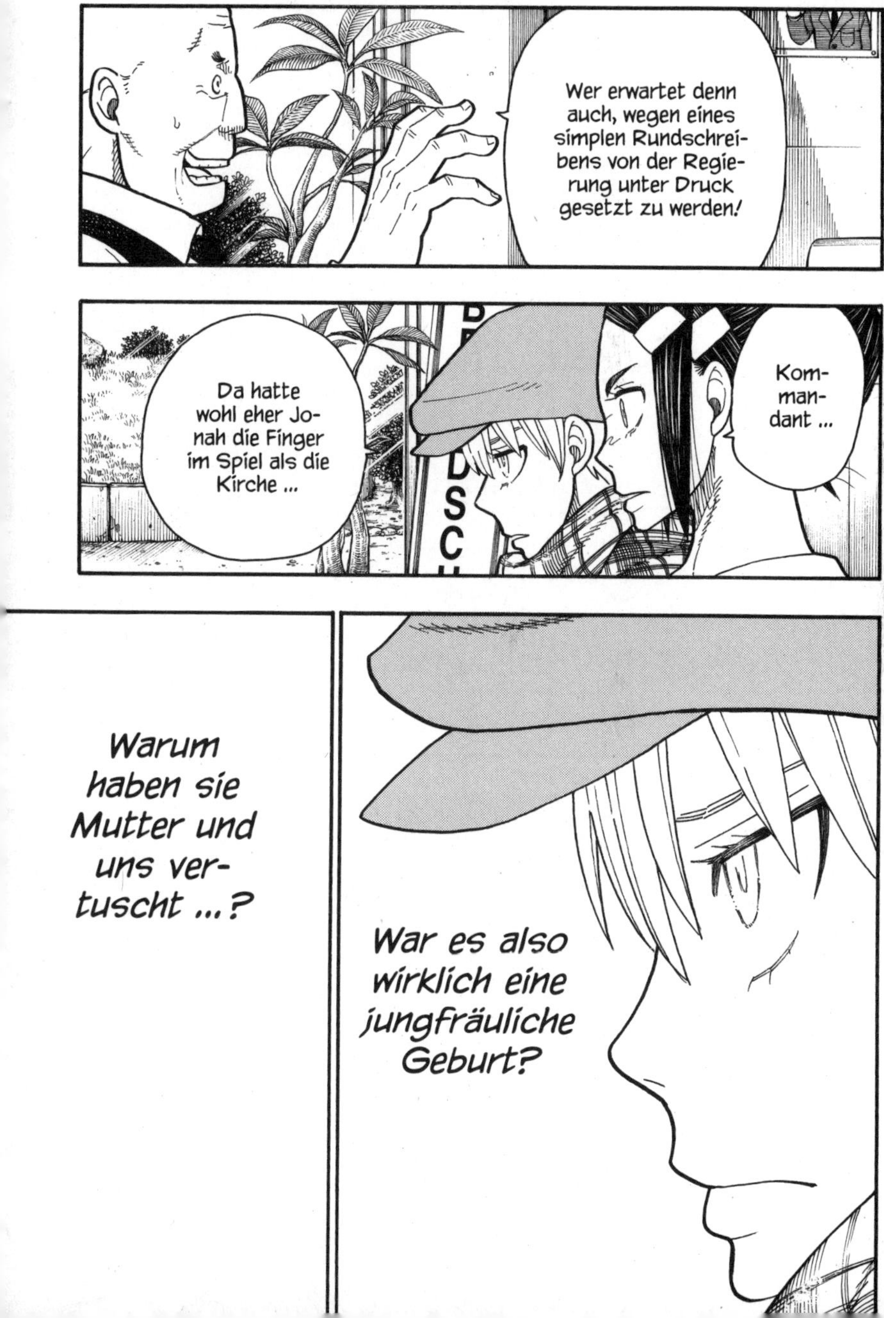
Wer erwartet denn auch, wegen eines simplen Rundschreibens von der Regierung unter Druck gesetzt zu werden!
Kommandant ...
Da hatte wohl eher Jonah die Finger im Spiel als die Kirche ...
War es also wirklich eine jungfräuliche Geburt?
Warum haben sie Mutter und uns vertuscht ...?

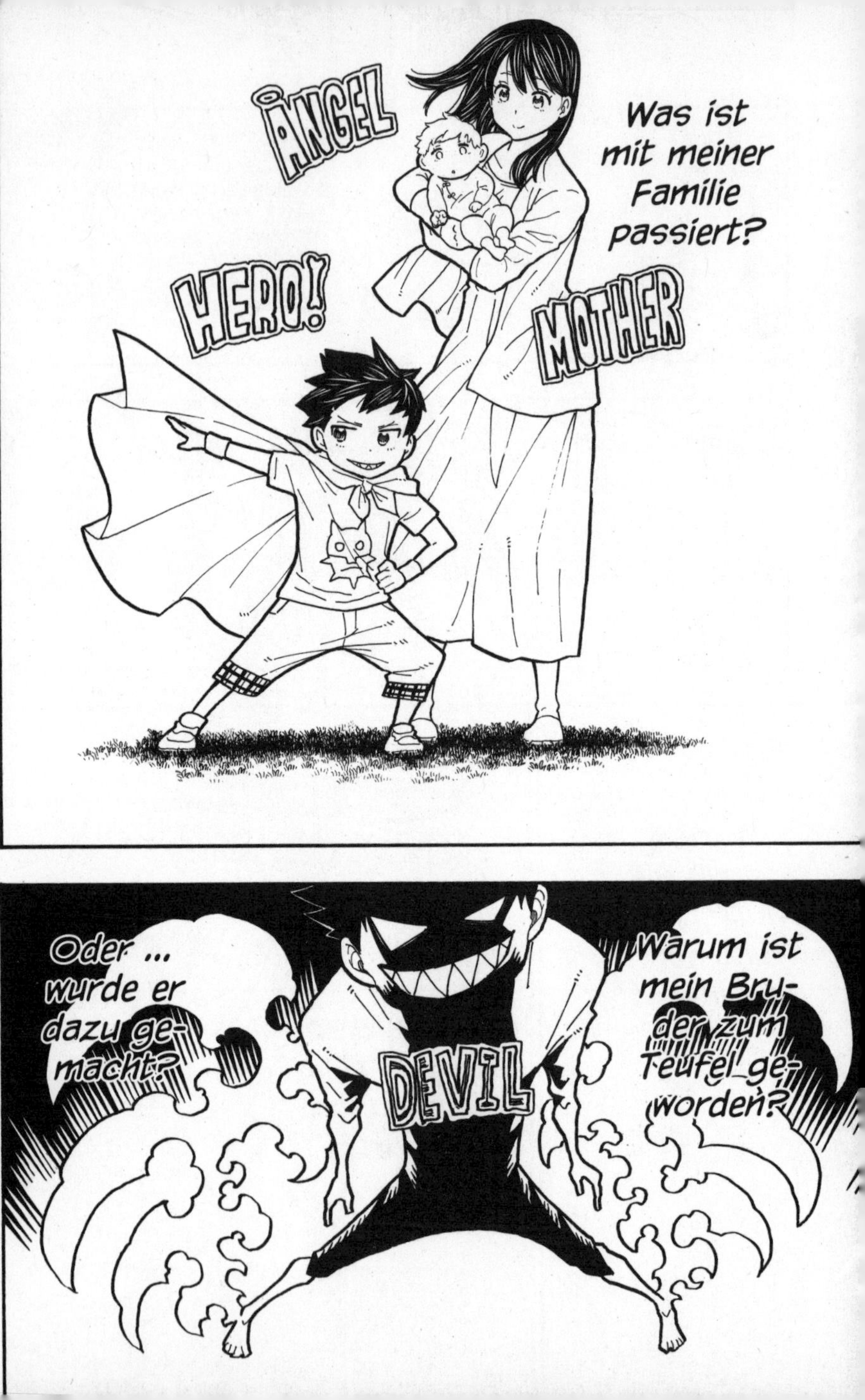
Was ist mit meiner Familie passiert?
MOTHER
ANGEL
HERO!
Warum ist mein Bru-der zum Teufel ge-worden?
DEVIL
Oder ... wurde er dazu ge-macht?

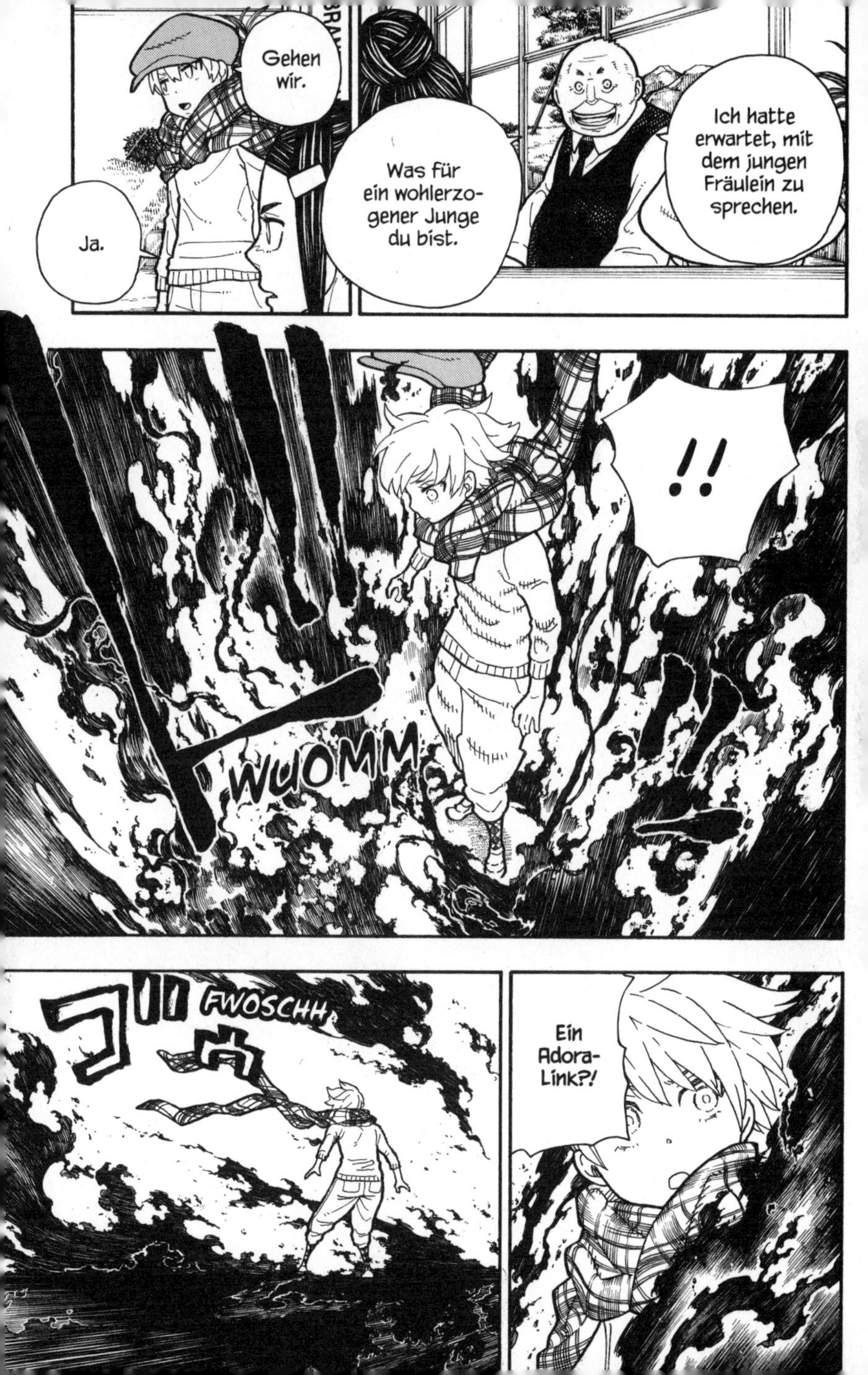

Ich hatte erwartet, mit dem jungen Fräulein zu sprechen.
Was für ein wohlerzogener Junge du bist.
Gehen wir.
Ja.
!!
WUOMM
Ein Adora-Link?!
FWOSCHH

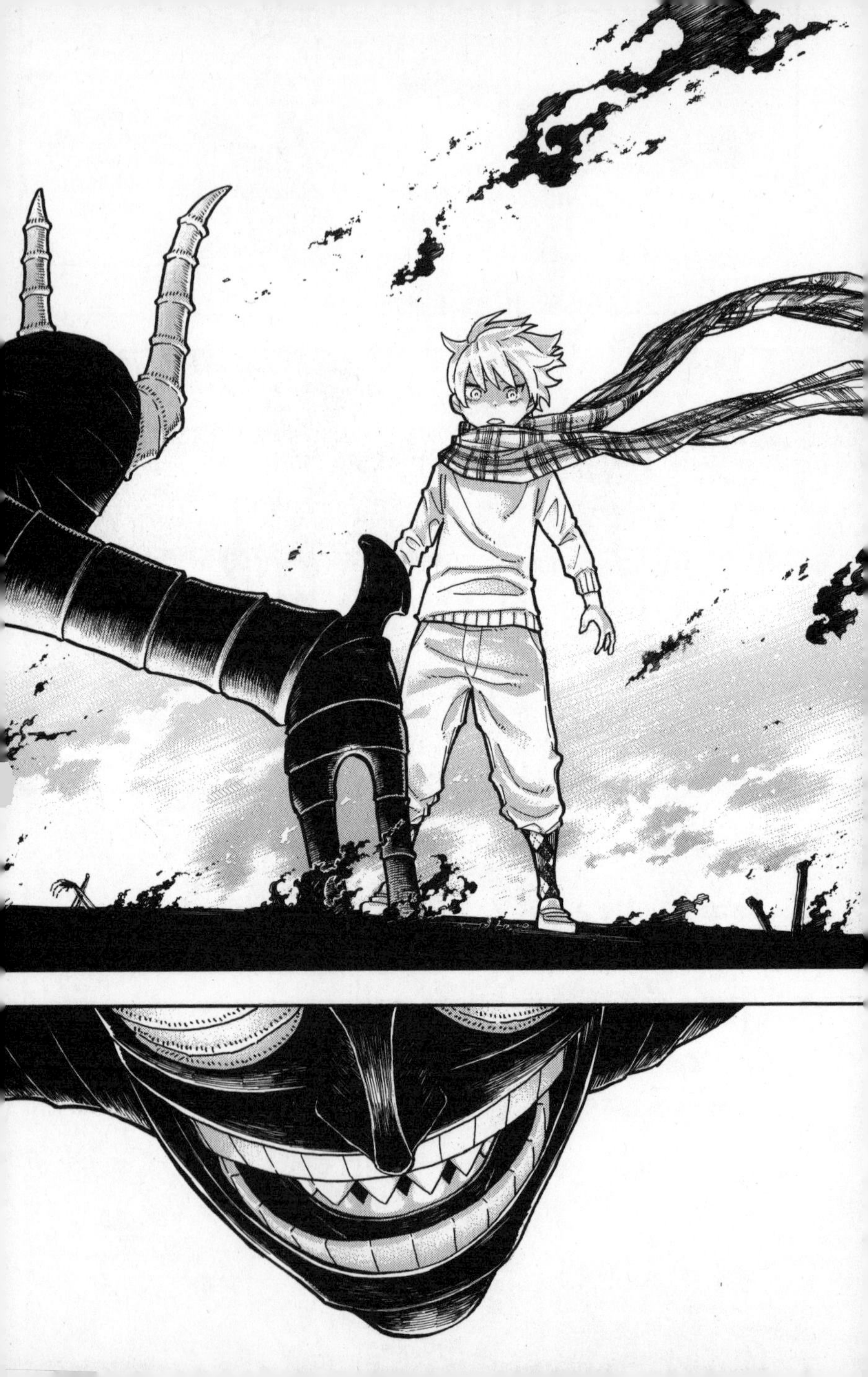

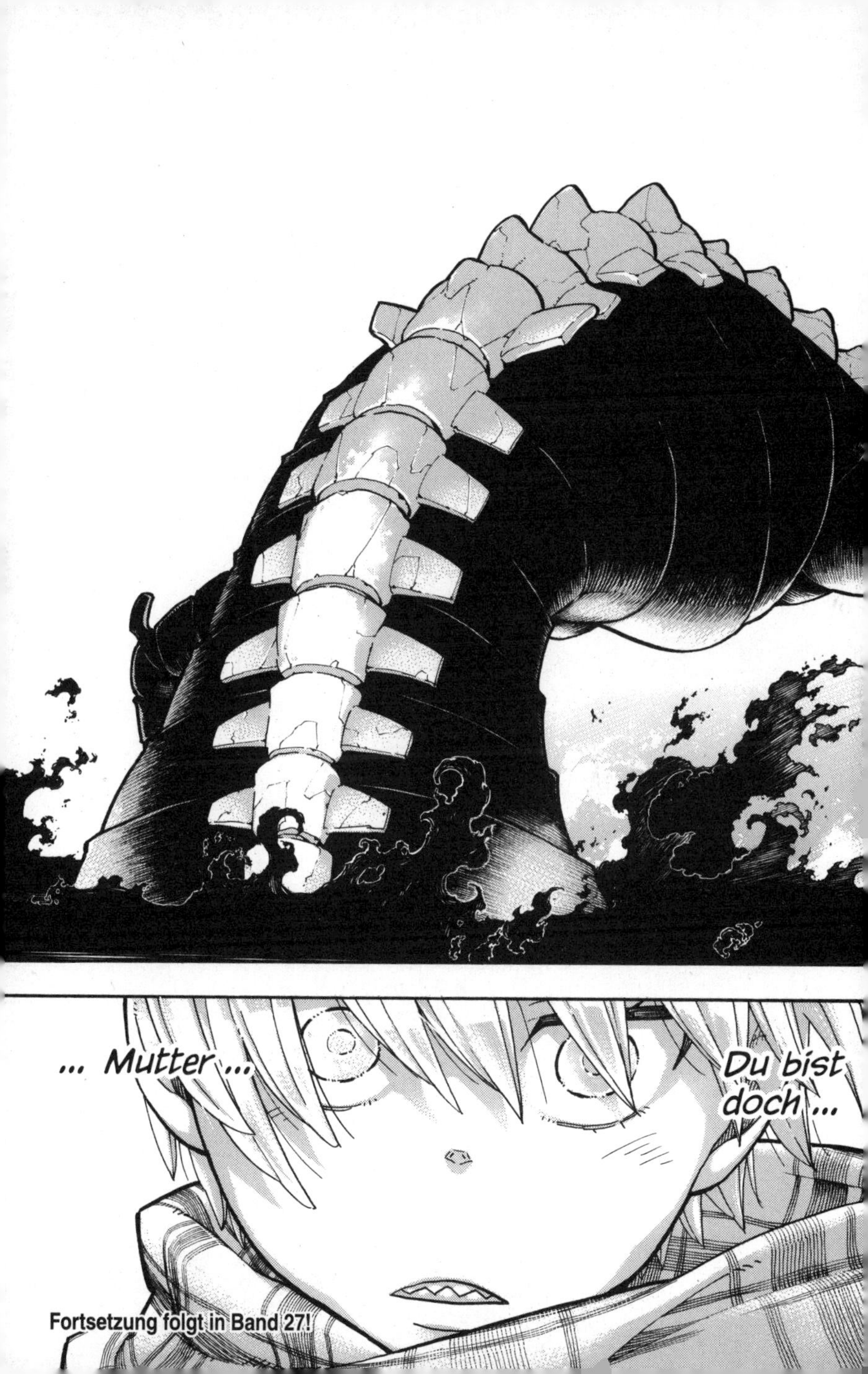
Du bist doch ...
... Mutter ...
Fortsetzung folgt in Band 27!

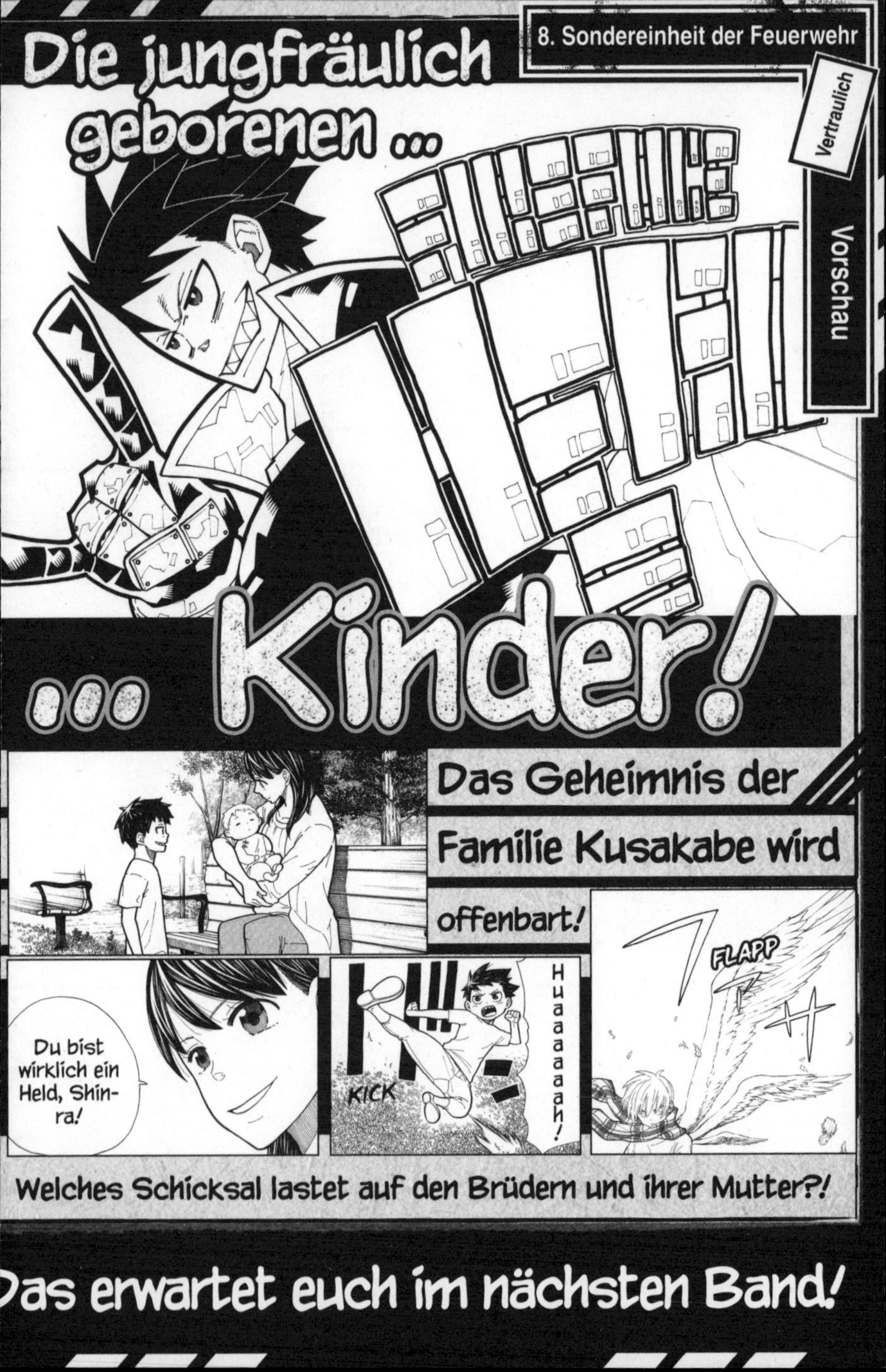

8. Sondereinheit der Feuerwehr
Vertraulich
Vorschau
Die jungfräulich geborenen …
… Kinder!
Das Geheimnis der Familie Kusakabe wird offenbart!
Du bist wirklich ein Held, Shin-ra!
Huaaaaaah!
KICK
FLAPP
Welches Schicksal lastet auf den Brüdern und ihrer Mutter?!
Das erwartet euch im nächsten Band!

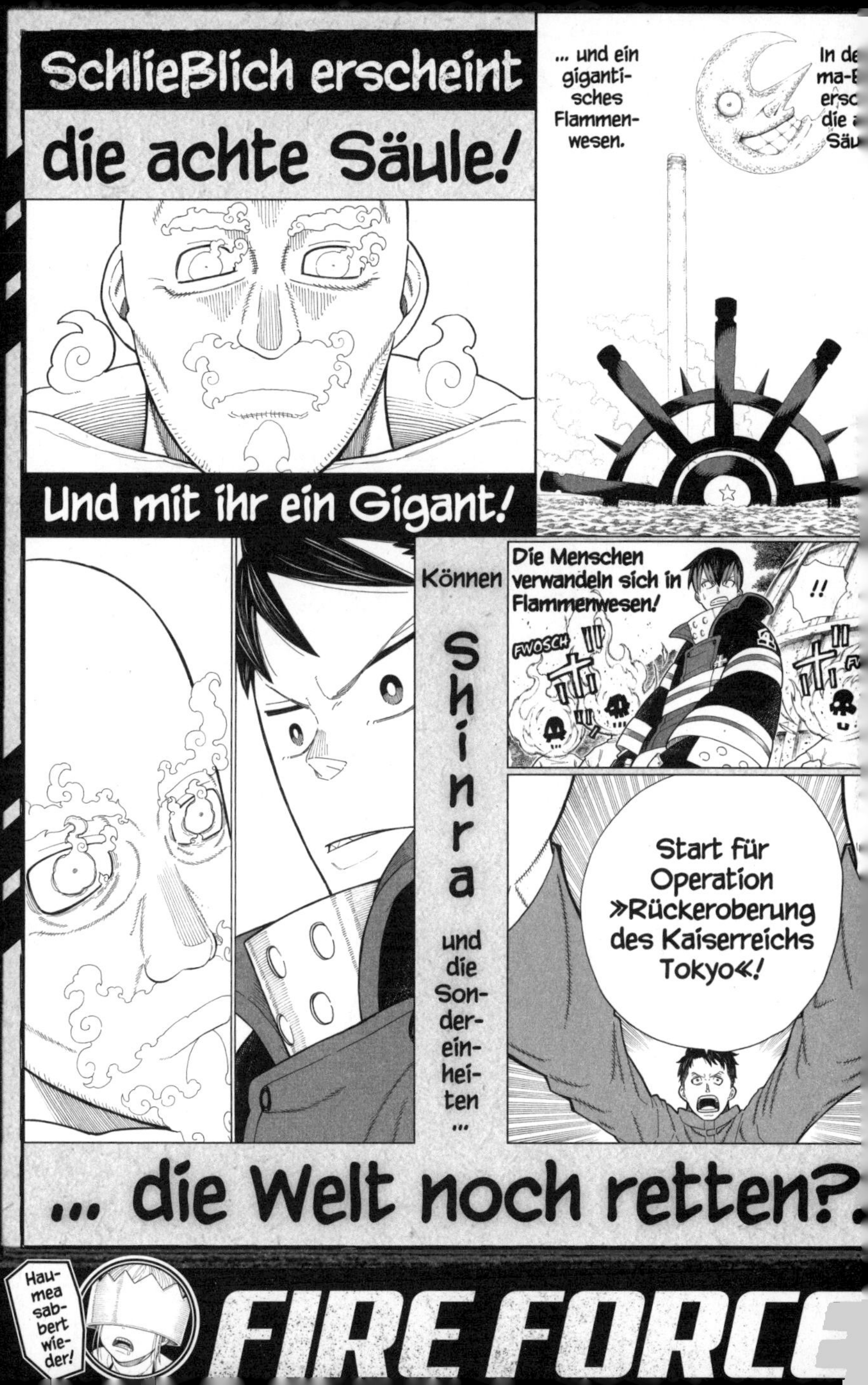

Schließlich erscheint
die achte Säule!
... und ein gigantisches Flammenwesen.
Und mit ihr ein Gigant!
Können
Shinra
und die Sondereinheiten ...
Die Menschen verwandeln sich in Flammenwesen!
FWOSCH
!!
Start für Operation »Rückeroberung des Kaiserreichs Tokyo«!
... die Welt noch retten?
Haumea sabbert wieder!
FIRE FORCE

Extra-Manga Atsushi-Bar

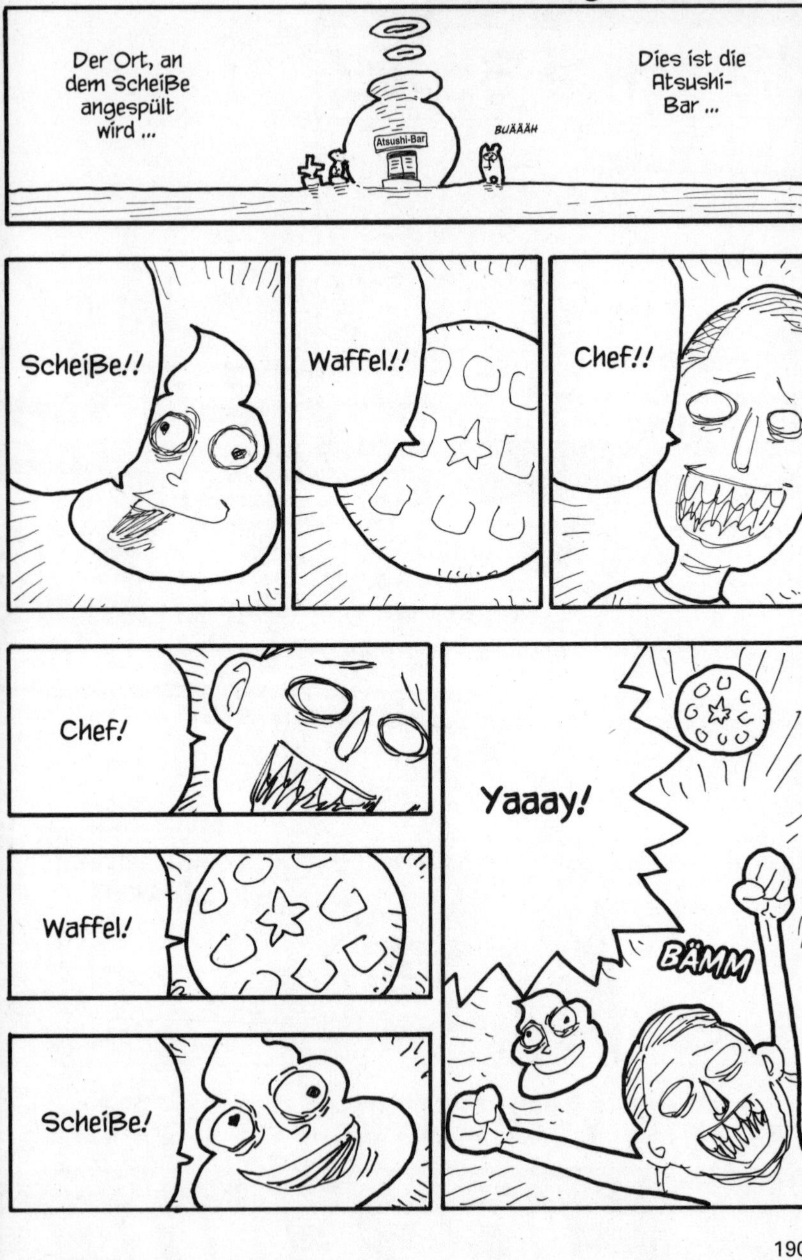

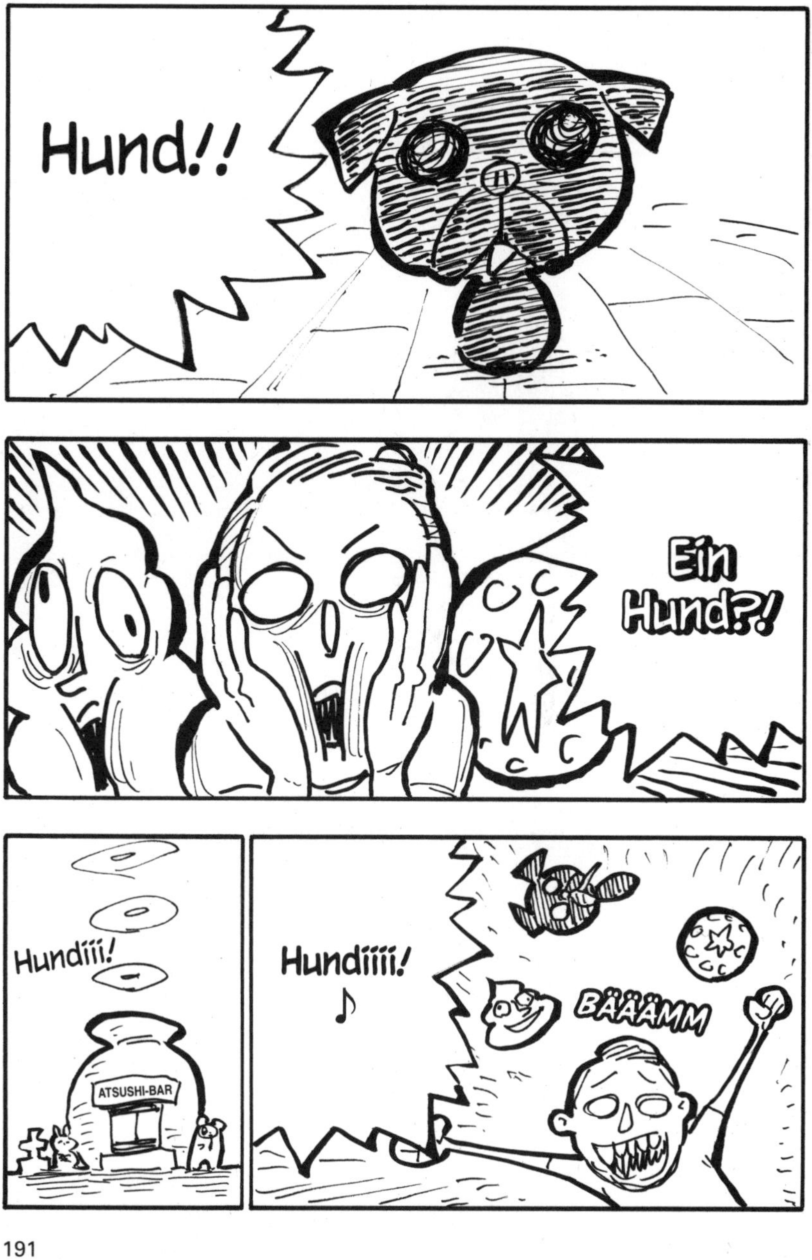
Hund!!
Ein Hund?!
Hundiii!
Hundiiii! ♪
BÄÄÄMM
ATSUSHI-BAR

TOKYOPOP GmbH
Hamburg

TOKYOPOP
2. Auflage, 2024
Deutsche Ausgabe/German Edition

Aus dem Japanischen von Miryll Ihrens

First published in Japan in 2020 by KODANSHA LTD., Tokyo.
Publication rights for this German edition arranged through KODANSHA LTD., Tokyo.

KODANSHA

Redaktion: Sabine Scholz
Lettering: Vibrant Publishing Studio
Herstellung: Shujun Wong
Druck und buchbinderische Verarbeitung:
CPI – Clausen & Bosse GmbH, Leck
Printed in Germany

MIX Papier FSC® C083411

Wir achten auf die Umwelt.
Dieses Produkt besteht aus FSC®-zertifizierten und anderen kontrollierten Materialien.

ISBN 978-3-8420-7121-6

www.tokyopop.de